D1688258

Karpfenzeit

**CHRISTOPHER
PASCHMANNS**

Impressum

HERAUSGEBER:
Christopher Paschmanns

VERTRIEB:
www.carpzilla.de

TEXT:
Christopher Paschmanns

EINBANDGESTALTUNG:
Silvia Lausch-Gülden
www.schmitz-druck-medien.de

FOTOS:
Christopher Paschmanns, Gastautoren und Freunde

TITELFOTO:
Denise Wey, Hauke Kleinen, Christopher Paschmanns

ZEICHNUNG:
Bastian Gierth – www.gierth-design.de

LEKTORAT:
Arnulf Ehrchen, Jan-Simon Saamen, Ingrid Paschmanns

GRAFISCHE GESTALTUNG:
Christopher Paschmanns, Silvia Lausch-Gülden, Jörg Sobiejewski

GESAMTHERSTELLUNG:
schmitzdruck&medien
Weihersfeld 41
41379 Brüggen
www.schmitz-druck-medien.de

klimaneutral
natureOffice.com | DE-205-312581
gedruckt

FSC MIX Papier aus verantwortungsvollen Quellen FSC® C022094

Copyright 2015 by Christopher Paschmanns „Karpfenzeit", Rauhäckerstr. 18, 90431 Nürnberg
Nachdruck, auch einzelner Teile, ist verboten. Das Urheberrecht und sämtliche weiteren Rechte sind dem Autor vorbehalten. Übersetzung, Speicherung, Vervielfältigung und Verbreitung einschließlich Übernahme auf elektronische Datenträger wie CD-ROM, USB, Bildplatte oder andere, sowie Einspeicherung in elektronische Medien wie Bildschirmtext oder Internet sind ohne vorherige schriftliche Genehmigung des Autors unzulässig und strafbar. Dritte Auflage von 2015.

ISBN 978-3-00-035830-2

Der Autor

Christopher Paschmanns wurde im Februar 1982 in Schwalmtal am Niederrhein geboren. Er studierte Literary, Cultural and Media Studies in Siegen, danach Journalistik und Kommunikationswissenschaften in Hamburg. Fünf Jahre lang war Christopher Consultant bei Prologic und DD Bait, beendete die Zusammenarbeit aber 2010, um als Redakteur seine Objektivität zu wahren. Denn bereits während des Studiums volontierte er beim Angelmagazin Rute & Rolle und wurde dort Redakteur. Christopher gründete mit Mark Dörner und Volker Seuß das Info- und Unterhaltungsportal www.carpzilla.de, veröffentlichte die Bücher Vom Wasser I und II und den Film Keep the Spirit. Seit 2013 arbeitet er als Marketing & Media Editor bei Korda. Heute lebt er wieder in der alten Heimat – zusammen mit Sohn Oskar und Freundin Denise. Karpfenzeit veröffentlichte er im November 2011. Eine zweite Auflage folgte 2012. Hier halten Sie die dritte Auflage in den Händen – erschienen 2015.

Für Euch

Für Liebe und Freundschaft, für Zuspruch und Hilfe, für Mut und Rat, für Beitrag, Bild und Meinung, für Inspiration, Geduld und Kritik...

Ingrid, Clemens und Alina Paschmanns, meine liebe Denise, Eva und Heiner Wey, Marko Schmitz, Hauke Kleinen und Lili Sträter, Jan-Simon Saamen, Christian Münz, Arnulf Ehrchen, Meik Pyka, Mark Dörner, Volker Seuß, Bastian Reetz, Sascha Pingel, Marcus und Michael Lechelt, Chris Ackermann, Klaus Wegmann, Jan Brauns, Jörg Sobiejewski, Andreas „Hansi" Heyer, Roland Mett, Silvia Lausch-Gülden, Maike Pollmanns, Etienne Gebel, Bastian Gierth und die Rute&Rolle-Redaktion...

Ich danke Euch, dieses Buch ist Euch gewidmet!

Inhaltsverzeichnis

Vorwort — 8

Einleitung – am Anfang war der Molch — 10
Der Schuppi — 11
Mein Stil — 14

Kapitel 1: Einer wie keiner — 16
Ein Fisch von Welt — 18
Cyprinus kann was ab — 20
Umsetzen: nein, danke! — 20
Männlein oder Weiblein? — 22
Fühlen — 22
Riechen — 22
Schmecken — 23
Sehen — 25
Hören — 26
Was sie fressen — 27
Wie sie fressen — 28
Karpfen kommunizieren — 29
Buckeln, Rollen, Springen — 30
Wie sich Flossenträger kratzen — 31
Unfangbare Fische – der Stil bestimmt die Fänge — 31
Intelligenz gegen Instinkt — 34
Charakterköpfe — 35
Zielfische — 38
Giganten — 39
Alte Moosbuckel — 41
Kein Zwiespalt — 43

Kapitel 2: Vom Spurenlesen – die „Location" — 44
Das Glück des Tüchtigen — 46

2.1 SPUREN SUCHEN, FISCHE FINDEN 51

Danke Google 51
Information ist alles (und nichts) 51
Spähen und Lauschen 52
Silhouetten im Lampenschein 57
Bodentypen 58
Mit Echolot und Unterwasserkamera 61
Echo – Warnsignal und Wegweiser 63
GPS & Co – digitale Revolution 64
Go Down – Chris Ackermann 65

2.2 WAS KARPFEN BEWEGT 75

Luftdruck 75
Die Bedeutung der Sprungschicht 76
Die magische Grenze – Michael Lechelt 77
Temperatur 80
Wind 83
Trübung 84
Regen 85
Wasserstände 86
Mondphasen 88
Angeldruck 88

Kapitel 3: Vom Fallenstellen 90

3.1 RIGS – MEINE FALLEN 92

Bitte beweg Dich 93
Hauptsache scharf 94
Ein Herz für Haken 94
Rig-Evolution 96
Steif und schwerelos 99
Pop Up-Hakmaschinen 100
Kontergewichte 101
Festblei-Formen 102
Sichere Zone 103
Haupt- und Schlagschnur 104

3.2 TARNEN, TÄUSCHEN UND VERSTECKEN — 105
Stalking – Schatten bei der Steinbrücke — 105
So lege ich ab — 109
Raffiniert absenken — 110
Präzise bleiben — 111
Hart auf hart vor Hindernissen — 112
Wenn Auftrieb hilft — 113
Das Rainbow Rig — 113
Umgelenkt – mein Meeting mit Mary — 116

3.3 TACKLE – DIE HARDWARE — 118
16 Tackle-Tipps — 120
Ruten — 123
Rollen — 124
Haus am See — 124
Boote — 125
Pod oder Sticks? — 125
Chaostage – Jan-Simon Saamen — 126

Kapitel 4: Vom Füttern — 134
Novembernächte — 137

4.1. FUTTERTAKTIKEN — 148
Selektion statt Attraktion – Klaus Wegmann — 148
An Großgewässern — 152
Karpfenmeere – Marcus Lechelt — 153
Gegen Mitesser — 159
Form und Größe — 160
Diese Farben fangen (meistens) — 161
Frage der Frequenz — 162
Out statt in und überall — 163
Instant-Taktik: große Flächen füttern — 164
Auf Tour — 165
Vor der Laichzeit — 167
Nach der Laichzeit — 168
Im Niemandsland — 168
Bei Plateaus — 168
Abseits geht's weiter — 169

4.2 KÖDERKUNDE — 170
Wunderköder Boilie — 170
Brotzeit statt bunte Tüte – Jan Brauns — 172
Mein Boilie — 174
Das Gerüst: Ballaststoffe und Binder — 174
Für Geschmack, Geruch und Gehalt — 176
Härter und Verteiler — 177
Körner und Kristalle — 178
Flüssige Zusätze — 178
Meine Instant-Köder – süß und sauer — 179
Gut konserviert — 182
Ohne Eier — 183
Partikel — 183
Kochkurs für Körner — 184
Tigernüsse — 185
Mais — 185
Hanf — 186
Weizen — 186
Reis — 186
Rosinen — 186
Für Hunde, Katzen und Karpfen — 186
Pellets — 187
Was kreucht und fleucht — 187

Kapitel 5: Geschichten vom Wasser — 188
Die Schönen und das Biest – Hauke Kleinen — 190
The Story about Big Scale – Meik Pyka — 197
Zurück zu den Wurzeln – Bastian Reetz — 201
Der Dinosaurier – Volker Seuß — 207
Zufall schafft Legenden – Mark Dörner — 215
Die Blaue Lagune – Christian Münz — 223
Der große Unbekannte – Sascha Pingel — 232

Zum Schluss — 239
Literaturverzeichnis — 240

Vorwort

„(...) wenige von denen, die großen Karpfen Fallen stellen, sind auch das, was ich als einen Karpfenfischer bezeichnen möchte. Angeln, das ist Hobby und Unterhaltung. Damit fängt man an und damit hört man auf. Doch Fischen hingegen, (...) zu fischen ist Auftrag und Berufung." Matthias Baltin in „Watercraft – Passion Karpfenangeln"

Dieses Buch ist das Werk meines besten Freundes. Es ist das Buch über eine gemeinsame Leidenschaft, das Buch über etwas, das wie ein Magnet auf das Leben so vieler Menschen einwirkt: Karpfenangeln. Es gibt zig Bücher über das Angeln auf Cyprinus carpio. Dieses hier ist anders! Es ist die Verschriftlichung eines gewaltigen Erfahrungsschatzes. Christophers Leben ist eng verflochten mit dem Angeln und wird bestimmt von dem Trieb, Fische zu jagen. Jeden Tag lebt er das, hat es als Rute&Rolle-Redakteur sogar zu seinem Beruf gemacht. Stetig versucht er, das Puzzle um die Fische zusammenzusetzen und zu verstehen, was für den Fang wirklich essentiell ist.

Ich erinnere mich an unsere erste gemeinsame Reise zum Lac de St. Cassien. Christopher und ich lernten uns auf einer Messe kennen und wir kamen schnell auf diesen See zu sprechen. Beide hatten wir schon dort geangelt und beide waren wir ihm verfallen. Im Mai 2006 standen wir gemeinsam an seinen Ufern, lebten unseren Traum vom Karpfenangeln und gingen in die Schule des legendärsten Gewässers dieser Erde, völlig gegensätzlich in unserer Art. Christopher machte es wahnsinnig, dass wir anfangs nicht fingen. Ständig stand er unter Strom. Er zog los und suchte, sprach mit anderen am See und tauschte Infos aus, wodurch wir letztendlich den Fischen auf die Spur kamen – eine unvergessliche Tour! Informationen sind ein zentraler Aspekt seines Fischens. Er sammelt sie und speichert sie ab. Wer hat was, wie, womit, wann gefangen und unter welchen Bedingungen? Es geht dabei nicht um Vermutungen. Christopher ist Realist, er arbeitet die Essenz aus all den Informationen, die er durch Erfahrungen oder Gespräche erhält, heraus. In diesem Buch können Sie die Entstehung seiner Erkenntnisse nachvollziehen. Oft habe ich mich beim Lesen anderer Texte übers Karpfenangeln gefragt, wie der Autor wohl zu seinen (manchmal haarsträubenden) Theorien gelangt ist. Diese Frage stellt sich hier nicht. Die Geschichten zu Ideen werden erzählt, wir werden mitgenommen auf die Reise durch das Wissen, die Gedanken, Ansichten und Erkenntnisse eines echten Fischers!

Christopher beleuchtet ganz offen Aspekte des Karpfenangelns aus seiner Perspektive und oftmals schaute ich verblüfft vom Manuskript auf. Wie viele Dinge genannt werden, die andere für sich behalten und nur zu ihrem eigenen Vorteil nutzen würden! Kompromisslos ehrlich stehen hier die echten Erkenntnisse seines Fischens, nicht nur Ausschnitte, oder Teilwahrheiten. Wie oft dachte ich: Das kann er nicht wirklich preisgeben! Und doch steht es hier. Dabei geht es um Karpfenangeln auf höchstem Niveau, nicht künstlich verkompliziert, sondern begrenzt auf die wirklich wichtigen, grundlegenden Erkenntnisse. Das Wissen eines Vollblutanglers, durch gute Beobachtungen und scharfsinnige Interpretationen auf den Punkt genau, spiegelt sich hier wieder.

Christopher wendet sich dem zu, was ihn instinktiv am meisten berührt: Fische. Mit ihm am Wasser bin ich immer wieder erstaunt, mit welcher Zielsicherheit er fängt – fast immer und fast überall. „Watercraft"? Vielleicht. Über die Jahre hat er gelernt, das Wasser zu lesen, die Zeichen richtig zu deuten. Christopher lässt sich auf ein Gewässer ein, er ist einfach am Wasser zu Hause. Und oftmals erkennt er die Vorteile einer Situation und fängt, während andere blanken. Was dabei wirklich in seinem Kopf vorgeht, es steht in diesem Buch geschrieben – ohne Ausnahme. Zu Papier gebracht von einem, der das eine beherrscht wie das andere: Fischen und Schreiben.

Doch es geht nicht nur um seine Worte. Über die Jahre hat Christopher Freundschaften zu vielen guten Anglern aufgebaut. So mancher große Name steht hier unter einem der zahlreichen Gastbeiträge. Und so fühlte ich mich beim Lesen oft zurückversetzt in meine Kindheit, in meine Phantasie und lauschte den großen Geschichten der Jäger am Lagerfeuer. Auch diese Erzählungen, eingebettet in die lebendige Sprache des Autors, machen dieses Buch besonders. Häufig habe ich schon Fachbücher zur Seite gelegt. Ich wollte nicht bloß lernen, ich wollte mich unterhalten, Zerstreuung finden, lesend Geschichten lauschen, sie miterleben. Dieses Buch ermöglicht das. Wenige habe ich bisher von solchem Format gefunden. Unaufdringlich, spannend, facettenreich, nicht dogmatisch und so reich an Wissen. Viele von Christophers Geschichten und Gedanken kannte ich schon aus unseren Unterhaltungen und doch habe ich sein Buch verschlungen. Ein Werk, das dem höchsten Anspruch eines Fachbuches genügt:
Es verlockt zum Lesen!

Jan-Simon Saamen

Einleitung

Am Anfang war der Molch

> „Suddenly fishing wasn't just a hobby anymore..."
> Terry Hearn, „In Pursuit of the Largest"

Das verheißungsvolle Glitzern des Sees in mondheller Nacht. Der Himmel, einem Planetarium gleich, kalt und klar zur Geisterstunde, wenn der Atem Nebel wirft. Ein Schwall vorm Kescher. Ein Jubelschrei in der Dunkelheit. Der Blick auf die Waage, das Zittern der Nadel. Die Reflektion der Morgensonne auf goldenen Schuppen. Der Geruch an den Ärmeln nach der Fotosession. Das ist Karpfenangeln, das ist meine Leidenschaft, das Leben am Wasser!

Der Schuppi...

Die Kindergärtnerin, voller Sorge, nahm meine Mutter zur Seite und sagte: „Frau Paschmanns, Ihr Junge hat kein Interesse an Autos, wie die anderen Kinder. Er spielt nur mit Tieren!" So begann es. Mit Kescher, Eimer und Gummistiefeln ausgerüstet wurde ich zum Wassergrabenforscher und schleppte meinen Eltern täglich andere Lebewesen an: Wasserasseln, Stichlinge, Kaulquappen, Gelbrandkäfer. Ganz hoch im Kurs standen die seltenen Molche. Becken voller Schwanzlurche zierten meinen Schreibtisch und regelmäßig büchsten Bergmolch & Co aus. Sogar, als Terrarien die Einrichtung meines Elternhauses ausmachten, nicht Möbel, als Riesenschlangen und Leguane mit mir ein Zimmer bewohnten, kam ich mit meinem Interesse für Tiere noch durch. Schon immer überwog dabei die Faszination für die Welt unter Wasser. „Meeresbiologe!" lautete die Antwort, wenn mein Opa seinen kleinen Enkel fragte, was er denn mal werden wolle. Doch das Meer war dann vielleicht doch zu groß. Es waren die Details, die mich fesselten. Wie viel Leben kann eine kleine Pfütze beherbergen, das vielen anderen Menschen verborgen bleibt? Schnell wurde der Kescher gegen eine Angel getauscht, die ersten Barsche unterm Steg gefangen. Ich trat einem Verein bei, machte meinen Sportfischerprüfung und angelte auf alles, was Flossen trug. Bis zu diesem entscheidenden Tag: 1996, ein frischer Junimorgen. Sonntag. Während in den umliegenden Dörfern höchstens die Bäcker schon wach waren, radelte ich mit einem Freund zum Diergartscher Baggersee, dem Gewässer des ASV Zanderfreunde von dem ich als Junge dachte, Kanada könnte nicht schöner sein. Schnell hatten wir rausgefunden, dass die kleinen Satzkarpfen über die flachen Sandstreifen einer Insel marodierten, besonders morgens. Mit Match-Ruten, Dosenmais und Maden lauerten wir ihnen dort auf. Mir fielen regelmäßig die Augen zu, bei dem Versuch, mich auf die winzige Spitze der Waggler-Pose zu konzentrieren. Um gegen die Müdigkeit anzukämpfen, vertrat ich mir die Beine und wanderte das Inselufer ab. Dann sah ich sie: Das Ufer machte einen Knick, ich stand verborgen hinter Schilf und vor mir, im nur rund einen Meter tiefen Wasser, wühlten drei Karpfen im leicht mit Kraut bedeckten Grund. Zwei der typischen Satzspiegler und ein dunkler, langer, riesiger Schuppi – der größte Karpfen, den ich je gesehen hatte! Ich zögerte keine Sekunde, eilte zurück, kurbelte ein und biss die klobige Montage ab. Das sagte mir mein Instinkt: Im glasklaren Wasser war selbst eine noch so kleine Pose zu groß. Nur den Haken knotete ich wieder an die Schnur, versteckte ihn in zwei Maiskörnern und rannte, was die Beine hergaben. Vor dem Schilf verlangsamte ich meine Schritte. Mein Herz pochte mir bis zum

Hals, als ich die Halme bei Seite drückte. Da waren sie noch. Mit zittrigen Fingern führte ich die viel zu lange Rute durchs Schilf und ließ den Mais nur einen Meter vom Schuppi entfernt zu Boden taumeln. Es ging ganz schnell: Der Fisch richtete sich in einer Wolke aus Sediment auf, machte einen Flossenschlag und inhalierte den Mais! Ich schlug an, die Rute krümmte sich und die Bremse surrte los. Ehe ich mich versah, stand ich bis zum Bauchnabel im Wasser vor der Insel und drillte, was ich für den Fisch meines Lebens hielt. An diesem Sonntag schlotterten mir noch bis zum Abend die Knie. Die Angst, diesen Fisch zu verlieren, war so groß. Die Freude, ihn tatsächlich zu landen, dann so überwältigend. Der Schuppi wog vielleicht 15 Pfund. Doch zu diesem Zeitpunkt dachte ich, niemals einen größeren zu fangen. Denn das war erst der Anfang. Von da an stand er im Mittelpunkt, der Karpfen. Alles, was zu diesen Fischen in Magazinen zu finden war, wurde in Ordnern abgeheftet. Auf Gartenstühlen unter winzigen Schirmen mit Luftmatratzen als Abhakmatten verbrachte ich mit meiner „Karpfen-Gang" zahllose unbequeme Nächte am Wasser. Die Abenteuer unserer Jugend. Wir lernten, dass Karpfen auf Maisteig flogen, dass Boilies größere Fische (damals bedeutete groß über zehn Pfund) brachten, dass einfache, günstige Melasse ein guter Lockstoff ist und dass Tackle keine Fische fängt, sondern Angler. Beim Festbleiangeln erfüllt auch eine Aalglocke ihren Zweck. Ob Rigs, Tackle oder Köder – noch heute bin ich da resistent gegen Trends und verwende, was wirklich Sinn macht. 1997 fing ich meinen ersten Boilie-Karpfen auf selbstgerollte Kugeln aus Vogelfutter und Fischmehl. Wenig später dann biss mein neuer Rekord, ein 17

Die vielen Nächte am Krickenbecker See prägten mich: einzigartige Fische, idyllische Natur und gute Freunde.

Pfünder – war ich stolz! Wir lernten schnell, doch waren wir in unserer 47 Hektar großen Welt gefangen. Mit dem Führerschein kam die Freiheit, mit den Wochenendjobs das Geld. Ich bemerkte, dass es im näheren Umkreis auch ganz andere Gewässer gab und größere Karpfen. Im Mai 2001 stand ich das erste Mal auf einem der alten, morschen Stege am Krickenbecker See und verliebte mich sofort. Ein milder Westwind kräuselte die Oberfläche, Seerosen in unerreichbarer Entfernung bedeckten weite Teile des 50 Hektar großen Sees, Gänse schnatterten, keine Menschen, kein Verkehrslärm weit und breit. Das Uferwasser pulsierte vor Leben: Jungfische, Larven, Schnecken – keine Frage, hier gab es große Karpfen! Ganz sicher, die Zeit am Krickenbecker See prägte meine Faszination für Gewässer dieser Art und ganz besonders für Charakterfische: alte, schön beschuppte, dunkle, große Karpfen! Einer der ersten Fische, die ich dort fing, wurde im Laufe der Jahre zur Legende: Black Mouth. Dieser 1,03 Meter lange Spiegler, ein echter Einzelgänger mit Vorliebe für Boilies, war mein erster 30-Pfünder. Dreimal fing ich den Kämpfer mit dem tiefschwarzen Maul mit Gewichten zwischen 19 und 19,5 Kilo. Diesen Fisch zu heben, seine Ausmaße und sein Aussehen, die Art, dort zu angeln, entflammten mein Feuer erst richtig. Doch die Zeit am Krickenbecker lehrte mich auch, dass Größe nicht alles ist. Februar 2005, mit meinem guten Freund Christian Münz, heute ein langjähriger Wegbegleiter, brach ich auf an diesen heiligen See, den Lac de St. Cassien, der vorher nur im Reich meiner Phantasie existierte. Allein schon sein Name schmeckte nach Abenteuer und ich wünschte mir nichts sehnlicher, als endlich einen Fuß an seine Ufer zu setzen! Wir durchfuhren die Nacht und waren überwältigt, als wir uns zum ersten Mal in seinem kristallklaren Wasser spiegelten. Diese Tour war für mich wegweisend, wenn unsere Mühen auch nur mit zwei kleinen, aber wunderschönen Spieglern belohnt wurden. Doch hier wurde meine Angelei in die richtige Richtung gelenkt. Wenn abends die Felsen auskühlten, das Thermometer unter Null sank, kauerte ich auf dem kalten Gestein und fröstelte, weil der Wind jede Kältebrücke in meiner Kleidung suchte. Ich wartete, bis am Firmament kein Stern mehr Platz fand, staunte über die Schattierungen des Dunkels auf dem Wasser und fühlte mich frei. Dort schöpfte ich die Gelegenheit aus, die einem der verlangsamte Rhythmus des Lebens am Wasser bieten kann: auf die Signale der Umwelt zu hören und auf die des Inneren. Seither gehören für mich Reisen zum Leben wie die Luft zum Atmen und jedes Mal, wenn ich aufbreche, verteidige ich ein Stück weit meine Freiheit. Karpfenangeln ist keine Rekordjagd, kein Vergleichssport. Es nervt mich, dass in unserer „Gemeinschaft" die Frage „Und, wie war die Tour?" meist auf das Ergebnis abzielt, nicht auf das Erlebnis. Karpfenangeln bietet uns die Chance auf große Fische, doch nicht minder die Möglichkeit, den Horizont zu erweitern und den Geist schweifen zu lassen. Darin fand ich meinen Stil.

Black Mouth, der große, dunkle Spiegler, entfachte meine Leidenschaft erst richtig.

Mein Stil

Mit dem Umzug in den Norden zum Studium in Hamburg im Herbst 2006 öffnete ich mir das „Tor zur Welt" erst richtig und beendete die kurze aber intensive Torfstich-Ära am Niederrhein. Meinem Beruf als Redakteur bei Rute & Rolle verdanke ich viele großartige Eindrücke, Abenteuer und auch große Fische. Ich schleppte auf Marlin vor Mauritius, auf die Lachse der Ostsee, pilkte auf Großdorsch vor Island, bot Grönlands Gefleckten Steinbeißern Naturköder an, jerkte auf Meterhechte auf Norwegens größtem Süßwasserfjord oder angelte auf die stolzen Comizo-Barben in der spanischen Extremadura. Dafür bin ich dankbar. Doch dem Karpfenangeln konnte all das nicht das Wasser reichen. Schnell wurde ich süchtig nach Abenteuern und begann eine Suche nach Abwechslung, Erlebnis und Vielfalt im Angeln, die wohl nicht mehr enden wird. Andere, Stereotypen brechende Herangehensweisen faszinieren mich besonders. Ich will mobil sein, in kurzer Zeit viel sehen und erleben. Meine Gewässer suche ich mir passend zur Saison aus. Ende März, Anfang April zum Beispiel bindet sich der Frühling in Norddeutschland noch die Schnürsenkel, in Südfrankreich ist er schon im vollen Lauf. Stets die besten Phasen abzupassen und immer zur rechten Zeit am rechten Ort zu sein, das ist mein Ziel. Natürlich gelingt das längst nicht immer, doch es ist planbar. Im ausführlichen Kapitel zur Suche von Fischen und Bedeutung äußerer Einflüsse bringe ich Ihnen meinen Weg näher. Karpfen direkt zu beangeln, sie also zu suchen, statt sie auszusitzen oder über lange Kampagnen auf einen Futterplatz zu binden, das ist mein Stil. In den vergangenen Jahren habe ich eine enorme Anzahl an sehr unterschiedlichen Gewässern im In- und Ausland befischt. Karpfen über 20 Kilo fing ich in mehr als 25 verschiedenen Gewässern – zum Beispiel im Torfstich, einem gigantischen Natursee in Mecklenburg-Vorpommern, der Weser und verschiedenen Baggerseen, im französischen Fluss, Altarm und so berühmten Seen wie dem wunderbaren Lac de St. Cassien oder dem hart beangelten Rainbow Lake.

Damit will ich nicht prahlen, sondern verdeutlichen, dass ich Eindrücke und Erfahrungen sammeln konnte, die ich gerne weiter gebe. Es gibt so viele Angler, die mehr gesehen und gefangen haben, die mehr wissen und können – zum Glück! Noch ein größeres Glück ist, dass ich einige davon Freunde nenne und manche haben sogar ihren Teil zu diesem Buch beigetragen. Ich habe es geschrieben, weil ich das Karpfenangeln lebe und atme und weil ich es liebe zu schreiben – besonders übers Angeln. Beides, schreiben wie angeln, bereichert das Leben. Es soll Sie zum Lesen verlocken und ich hoffe, dass Sie meine Geschichten mitfühlen, dass Sie Ratschläge durch Ihre eigenen Augen sehen und auf Ihre Gewässer übertragen können, dass Sie nach der Lektüre um Wissen und Eindrücke reicher sind und dass wir uns irgendwann mal am Wasser begegnen. Viel Spaß!

„Wer sich in seiner Passion verliert, ist weniger verloren als jemand, der seine Passion verliert." Alijn Danau, sinngemäß übersetzt aus „Karper en andere Muzen"

Rechts: Selbst in so ungewöhnlichen Gewässern können große Karpfen leben. Mein Angeln soll Abenteuer sein!

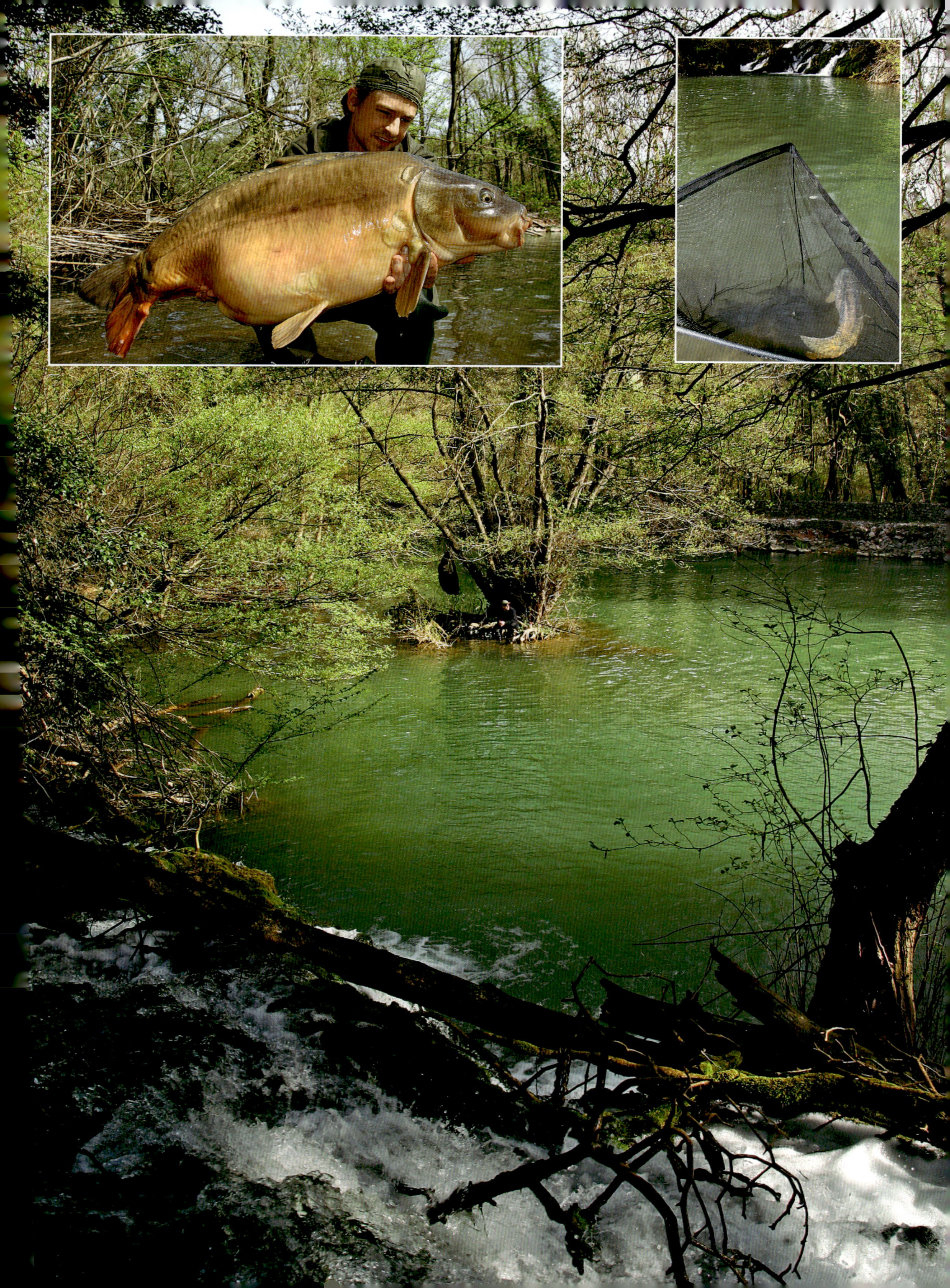

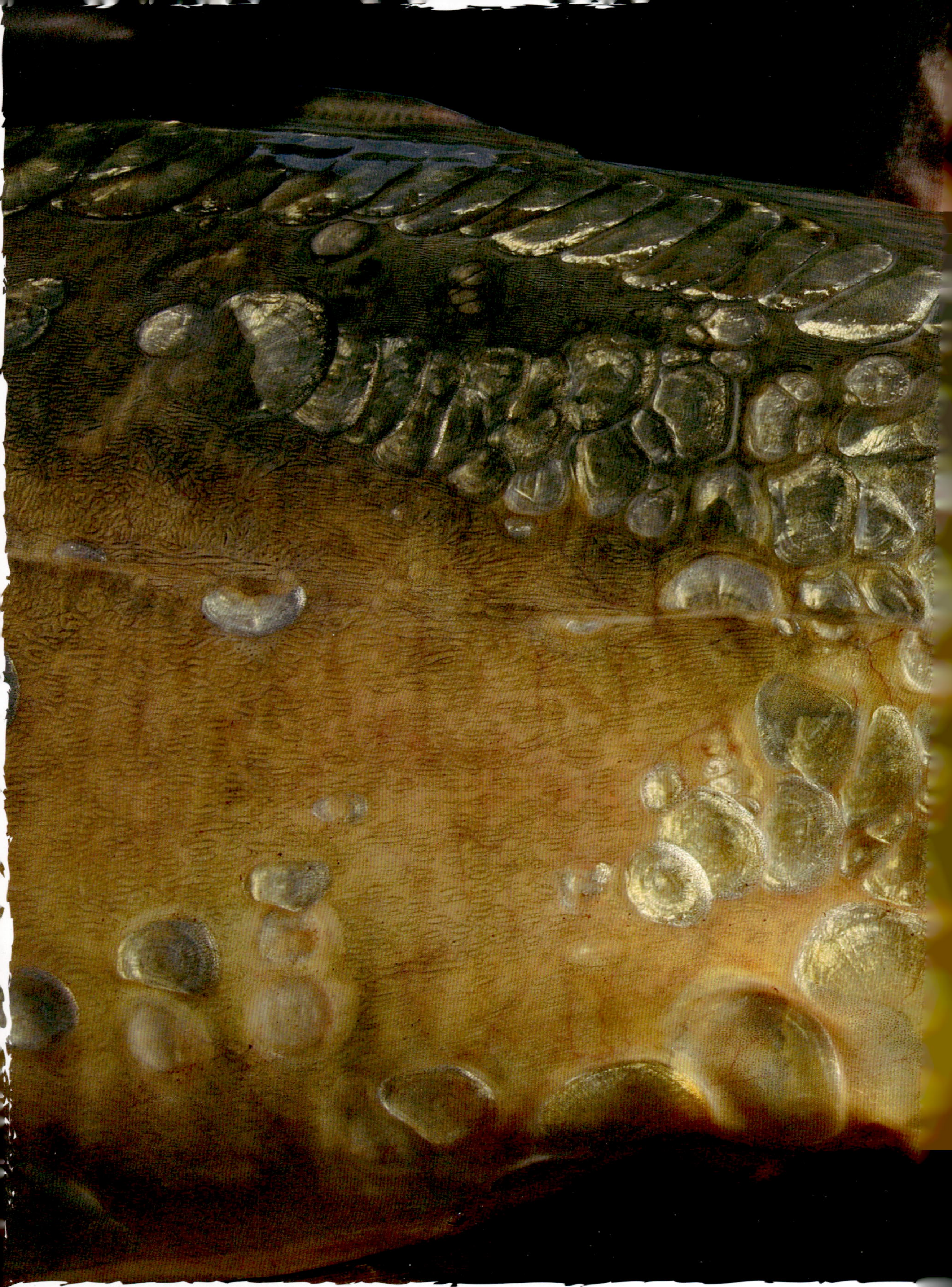

Kapitel 1

Einer wie keiner

Einer wie keiner

Wir wissen oft genau, wie schwer der große Spiegler im Vereinssee ist und wer ihn zuletzt fing. Wir geben unseren Lieblingen sogar Namen. Doch was wissen wir wirklich über die Biologie und Lebensweise des Fisches, dem wir huldigen wie einer heiligen Kuh? Ich will Ihnen den Fisch näher bringen, der unser Leben so bestimmt, seine Verhaltensweisen und Gewohnheiten. Keine Sorge, mit der Anzahl der Flossenstrahlen werde ich Ihnen nicht kommen. Hier steht nur, was für uns auch relevant ist. Darf ich vorstellen, der Karpfen:

Ein Fisch von Welt

Karpfen wurden schon vor Jahrhunderten domestiziert (Domestikation: Auslese durch Zucht). Die ursprünglichen, stromlinienförmigen Wildkarpfen begegnen uns kaum noch. Durch selektive Züchtung machte man sie schnellwüchsig, fleischreich, robust und gut verarbeitbar – also fast schuppenlos. Karpfen sind eben Haustiere, wie Rinder, Pferde oder Hunde. Da müssen wir uns doch nicht schämen, wenn wir zu ihnen eine besondere Bindung aufbauen, oder? Doch wie bei Hunden hatte die Zucht noch einen Nebeneffekt, dem der Karpfen einen Teil seiner Popularität als Zielfisch vieler Specimen Hunter verdankt: Individualität in Aussehen und Charakter! „Die sehen ja alle gleich aus", nörgelte schon so mancher Nichtangler, dem ich voll Stolz mein Fotoalbum zeigte. Bei Hechten, Rotaugen, Barschen, Forellen und vielen anderen Arten stimmt das auf den ersten Blick meistens auch. Bei Karpfen liegt nichts der Wahrheit ferner. Da sich die Tiere nach Jahrhunderte langer Zucht in ihrer Form sehr stark unterscheiden, können wir nicht, wie bei Hunden, von Rassen sprechen. Der Begriff Stämme trifft es nach Ansicht der Biologen eher. Wer genauer hinsieht erkennt so viele Unterschiede in Schuppenbild, Körperform, Flossengröße, Kopfform. Ja, sogar der Blick einzelner Fische ist einzigartig. Das ist eine klassische Vermenschlichung, doch manchem, besonders großen Karpfen dichte ich den arroganten Blick an: „Ich bin so schwer, Du kannst mir den Buckel runter rutschen!" Je nach Beschuppung spricht man von Spiegel-, Schuppen-, Zeil- oder

Zwei Fische einer Art könnten kaum unterschiedlicher aussehen. Karpfen werden nie langweilig!

„Rutsch mir doch den Buckel runter!" Manche Karpfen haben den arroganten Blick – wie dieser 51-Pfünder von Christian Münz

Nacktkarpfen. Nicht lachen, die korrekte Bezeichnung des Lederkarpfens ist Nacktkarpfen. „Und, wie war die Nacht?" „Gut, ich hatte einen dicken Nacktkarpfen!" Na, dann... Doch nicht nur Körperform und Beschuppung machen jeden Fisch zu einem Individuum, auch seine Färbung trägt dazu bei. Ausschlaggebend für die Farbe des Fisches ist sein Lebensraum, Wassertemperatur, pH-Wert und Qualität des Wassers. Ändern sich diese Umstände, zum Beispiel mit sinkenden Temperaturen im Winter, ändert sich auch die Färbung. Die Haut des Karpfens lässt sich in drei Schichten unterteilen: In der Oberhaut wird der schützende Schleim produziert, der den gesamte Körper des Fisches bedeckt. In der Lederhaut darunter liegen die Schuppen und Pigmentzellen, die für die Färbung verantwortlich sind. Die Lederhaut ist bereits mit dem Nervensystem des Fisches vernetzt. Darunter liegt die Unterhaut mit dem Fettgewebe. Kommt es zu Ausfällen in den Pigmentzellen, entstehen die Farbmutationen, über die wir uns besonders freuen – zum Beispiel „Two Tones".

Krapi, Karpe, Karppi, Carpe, Carp, Karpion, Koi, Krap, Kapor: Cyprinus carpio, der Karpfen hat viele Namen, denn er ist ein Fisch von Welt. Dabei kam er vor Christus bei uns in Mittel- und Westeuropa noch gar nicht vor. Es waren die Römer, die im wahrsten Sinne Geschmack am Karpfen fanden und ihn einbürgerten. Die Briten mögen zwar das moderne Karpfenangeln erfunden haben, den Karpfen aber hatten wir zuerst! Seine weiteste natürliche Verbreitung hat Cyprinus carpio im asiatischen Raum. In Europa nahm er von der Donau ausgehend nahezu alle Gewässer ein und kommt selbst im Brackwasser mit einem Salzgehalt von über zehn Promille klar. Wegen seiner Bedeutung als produktiver, schnellwüchsiger Speisefisch wurde er in Amerika, Afrika und Australien eingeführt. Heute besiedelt er die Reisfelder Indonesiens oder die Flüsse Thailands und wird sogar in Finnland von einer kleinen Gruppe Karpfenangler gezielt

Links:
Makro der Karpfenhaut.
Rechts:
Ein „Two Tone" aus Mecklenburg-Vorpommern.

befischt. Bestände, für die Angler regelmäßig auf Reisen gehen, finden wir außerhalb Europas noch in Marokko, Südafrika, Kanada und den USA. Beliebt ist der Karpfen aber längst nicht überall: Die Australier verarbeiten ihn zu Dünger und mancher Amerikaner bejagt ihn mit Pfeil und Bogen.

Cyprinus kann was ab

Neulich schlenderte ich mit meiner Liebsten über den berühmten Hamburger Fischmarkt am Elbufer. Und was jappste mich da hilflos und mit großen Augen aus einer Fischbude an – ein kleiner Spiegelkarpfen, auf Eis gebettet und lebendig zum Verkauf geboten! Am liebsten hätte ich ihn freigekauft und in die Elbe geworfen. Auch das macht den weltweiten Erfolgszug dieses Friedfisches aus, er ist verdammt robust! Verliert er Schuppen, wachsen sie nach. Werden ihm große Wunden zugefügt, heilen sie binnen kurzer Zeit ab – je älter der Fisch, desto schneller! Solange seine Kiemen feucht sind, kann er stundenlang außerhalb des Wassers überleben, ohne Schaden zu nehmen. Den Drill und kurzen Landgang zum Fototermin scheint er schnell zu vergessen. Der berühmte Spiegler Obelix aus dem Lac de St. Cassien wurde verbürgt 250 Mal gefangen. Und das sind nur die gemeldeten Landgänge – für einen Obelix ein Klacks. Wenn es auch in der Natur kaum vorkommt, Karpfen lassen sich mit diversen anderen Fischarten kreuzen. Mein Highlight: Cyprinus carpio x Tinca tinca. Das gibt's und stellen Sie sich doch mal eine 20-Kilo-Karpfen-Schleie vor!

Umsetzen: nein, danke!

Dass Karpfen so robust sind, macht auch eine echte Unsitte möglich: das Umsetzen. Immer wieder hört man von Fischen, die aus ihren Heimatgewässern geklaut wurden, um in andere, meist nicht öffentliche Gewässer umgesetzt zu werden. Die kommerziellen Seen (Paylakes) in Frankreich kamen dadurch sehr in Verruf. Doch auch in Deutschland wird es praktiziert. So kam mir zu Ohren, dass große Karpfen, die Berufsfischern in den Großgewässern Nord- und Ostdeutschlands ins Netz gehen, in Privatseen landen – an sich nichts anderes als in Frankreich oder Rumänien (wo Donau-Karpfen zu

Raduta-Riesen wurden). Nur stört es kaum jemanden, da nur wenige sich an die Großseen wagen und die Fische nicht mit der Angel, sondern mit Netzen gefangen wurden. Ich setze natürlich keine Karpfen um, doch ich kann mich nicht davon frei machen, umgesetzte Fische zu beangeln. Und Sie werden in diesem Buch auch den einen oder anderen Fisch sehen, der im Laufe seines Lebens das Gewässer wechselte. Der Venekotensee, Dewittsee, Diergartscher See, Heidsee, Eichbaumsee, Hohendeicher See, ja sogar der Lac de St. Cassien, alle und so viele mehr beherbergen geklaute Fische, ob wir wollen oder nicht! Was also tun? Dort nicht mehr angeln? Es ist wie es ist. Ich freue mich über meinen Fang, auch wenn er noch vor fünf oder zehn Jahren in einem anderen Gewässer schwamm. Eine klare Stellung zum Umsetzen habe ich trotzdem: NEIN! Nicht nur, dass dadurch Krankheiten eingeschleppt werden können, die den Bestand gefährden und es grundsätzlich nicht im Sinne der Kreatur ist. Auch platzen Träume anderer. Dass Gefühl, viel Zeit auf der Jagd nach einem bestimmten Fisch investiert zu haben, der längst nicht mehr im Gewässer schwimmt, ist mir wohlbekannt und ganz schön niederschmetternd...

Moby Dick der Spiegler machte am Venekotensee viele Angler glücklich.

Links: Eine klare Ansage, männlich! Mitte: Fotosession mit Bruce, einem der großen Männchen der Torfstiche am Niederrhein. Rechts: Meik Pyka mit Obelix. Mehr als 250 Landgänge sind bei diesem Traumfisch verbürgt.

Männlein oder Weiblein?

Schon oft, wenn ein guter Fisch vor mir auf der Abhakmatte lag, fragte ich mich: „Was bist Du eigentlich? Männlein oder Weiblein?" Milchner oder Rogner (oft auch Rogener) ist die korrekte Bezeichnung. Schließlich produzieren die Männchen Milch und die Weibchen Rogen. Und so beantworten uns – zumindest die Milchner – unsere Frage oft: Sie lassen Milch auf der Matte. Besonders im Frühjahr und während der frühsommerlichen Laichzeit, aber auch bis spät in den Herbst hinein. In der Laichzeit entwickeln Milchner einen Laichausschlag auf dem Kopf, Rogner verraten sich durch die Leibesfülle. Doch wer wird größer? Bei Meterhechten spricht man zu recht von „Muttis", männliche Hechte werden kaum so groß. Rogner wachsen zwar im Schnitt etwas schneller und werden etwas größer, echte Riesen müssen darum aber längst keine Karpfendamen sein! Viele große Fische tragen Frauennamen, ob das diesen Herren gefallen würde? An den flachen Torfstichen meiner Heimat waren alle Fische über 35 Pfund männlich. Viele Rogner erlagen während der Laichproduktion in den flachen, anfälligen Gewässern den harten Wintern. Kein Wunder, dass die alten Herren dominierten.

Fühlen

Nervenendknospen, die dem Tastsinn dienen, verteilen sich über den gesamten Körper des Karpfens und bündeln sich besonders an den Lippenrändern, den Barteln, der Kopfvorderseite und der Seitenlinie. Letztere dient dem Ferntastsinn wie ein Radar. Die Seitenlinie ist bei der Orientierung des Fisches das wichtigste Organ und ermöglicht ihm, kleinste Wasserbewegungen wahrzunehmen und zum Beispiel Hindernissen auszuweichen. Das sollten wir bedenken, wenn wir unsere Schnüre straff gespannt durch den See laufen lassen. Karpfen können unsere Leinen fühlen! Ich bin davon überzeugt, dass sie Veränderungen in ihrem eingegrenzten Lebensraum schnell wahrnehmen, zum Beispiel eben straffe Schnüre oder klobige Rigs. Sind Ihnen schon mal die ausgeprägten Poren unten am Karpfenschädel vor den Kiemendeckeln aufgefallen? Eine „Verlängerung" der Seitenlinie, die besonders bei großen, alten Fischen sehr deutlich zu sehen sein kann.

Riechen

Karpfen haben deutlich erkennbare, äußere Nasenöffnungen. Das verleitet einen Säuger wie den Menschen schnell zu der Annahme, dass Fische riechen wie wir. Anders als bei Menschen aber funktioniert der Geruchssinn bei Fischen unabhängig von der Atmung. Schließlich erfolgt der Wasserstrom zu den Kiemen durchs Maul des Karpfens. Wasser durchströmt durchgehend die Nasenöffnung der Tiere. Gerochen wird also ununterbrochen. Es gilt als erwiesen, dass der Geruchssinn dazu dient, andere Individuen einer Gruppe zu erkennen, Geschlechter zu differenzieren und sogar die Qualität des Wasser zu unterscheiden. Bei der Nahrungssuche aber spielt der Geruchssinn eine untergeordnete Rolle. Dass sollten wir uns in Erinnerung rufen, wenn wir wieder vorm Flavour-Regal stehen und uns fragen, was fängt. Jedenfalls lassen die meisten, gerade chemisch versetzten Düfte Karpfen ziemlich kalt, sie fangen nur Angler. Mal ehrlich, woher um alles in der Welt soll ein Karpfen auch wissen, wie eine Banane riecht?

Schmecken

Um Fressbares zu finden, verlassen sich Karpfen in erster Linie auf ihren ausgezeichneten, hoch differenzierten Geschmackssinn. Geschmeckt wird mit den zwei Bartelpaaren, Lippen, Gaumen und Kiemenbögen. Typisch für die Nahrungsaufnahme auf weichem Sediment ist, dass der Fisch Partikel einsaugt und im Maul filtert. Verwertbare Teile werden erkannt und dann entweder sofort in den Darm (Karpfen haben keinen Magen) geleitet oder ausgeblasen und erneut gezielt aufgesammelt. Die Geschmacksknospen in den Kiemenbögen ermöglichen den Fischen eine weitere Art der Nahrungsaufnahme. Die Bögen dienen den Fischen dann wie Walen die Barten, mit diesen Reusen filtern sie kleinste Flohkrebse aus dem Wasser. Doch wie differenzieren Karpfen

Links: Die Poren sind eine „Verlängerung" der Seitenlinie.
Rechts: Geschmacksknospen verteilen sich über den gesamten Maulbereich.

Der Geruchssinn funktioniert unabhängig von der Atmung, die Augen sind auf den Nahbereich ausgelegt.

fressbare von nicht verwertbaren Teilen? Hier kommen chemische Reize ins Spiel. Aminosäuren wie beispielsweise L-Arginin oder L-Alanin sind in Würmern, Krebstieren, Mollusken und Insektenlarven häufig. Diese senden chemische Reize aus, die von Karpfen gerochen und geschmeckt werden können. Sie helfen beim Aufspüren der Nahrung wie beim Prüfen auf Fressbarkeit. Ob und wie schnell Nahrung gefunden und auch angenommen wird, hängt also entscheidend von der Zusammensetzung ab. Besonders für unser Angelfutter ist die Erkenntnis wichtig: Manche Inhaltsstoffe werden von den Fischen sofort als fressbar anerkannt (dazu schreibe ich noch sehr detailliert in Kapitel 4.2 Köderkunde). Bei anderen müssen wir den Fischen erst beibringen, dass sie Nahrung darstellen. Karpfen können zwar zwischen süß, sauer, bitter und salzig unterscheiden. Wenn wir aber von geschmacklichen Vorlieben sprechen, sollten wir bedenken, dass unser Futter erstmal akzeptiert werden muss. Und das geht durch Füttern. Gerade an zum Beispiel den kaum beangelten Großgewässern Mecklenburg-Vorpommerns ist es ratsam, die Futterkampagne mit einer Mischung aus Boilies, Partikeln und Weichfutter zu starten. Letzteres ruft Mitesser wie Brassen auf den Plan, deren Aktivität lockt Karpfen und die vergorenen Partikel fressen alle gerne und sofort. Schnell fliegen ein paar Boilies mit in den Rüssel und schon ist die Lektion gelernt. Auf harte Boilies umstellen können wir dann später immer noch, um den Brassen ihre Lektion zu erteilen. Der stark ausgeprägte Geschmackssinn von Karpfen deutet auch darauf hin, dass sie gerne im Schutz der Dunkelheit fressen. Denn zur Nahrungssuche brauchen sie keine Augen und Nasen, es reicht der gute Geschmack. Der belgische Karpfenangler Alijn Danau wirft die Theorie ins Rennen, dass es bei starkem, auflandigem Wind auch deshalb gut läuft, da das Wasser umgewälzt, Geschmacksstoffe also freigesetzt werden. Es fällt den Fischen dann leichter, Nahrung zu finden. Dass Karpfen keinen Magen haben, die Verdauung im langen Darmtrakt erfolgt, ist für uns von Vorteil. Einige Futtermittelhersteller verwenden da gerne das Unwort „schnelle Darmpassage" für ihre gut verdaulichen Boilie-Mischungen. Effekt: Der Karpfen frisst und frisst. Aber tatsächlich: Da er keinen Magen besitzt, den er füllt, um dann die Nahrung zu verdauen, nimmt ein Karpfen wesentlich häufiger Futter auf als beispielsweise ein Hecht.

Sehen

Das Auge des Karpfens ist für scharfes Sehen im Nahbereich ausgelegt und kommt auch mit geringer Helligkeit klar, wie zum Beispiel zur Dämmerung. Vielleicht fressen die Fische auch deshalb besonders gerne im Morgengrauen. Jetzt reicht das Licht, um mögliche Gefahren auch zu sehen... Für einige Fischarten wurde nachgewiesen, dass die Stäbchenpigmente ihrer Augen zur Wellenlänge des Lichtes passen, das vom Wasser (Trübung, Tiefe) in dem der Fisch lebt, am besten durchgelassen wird. Die Fischaugen besitzen also die unter den gegebenen Umständen höchstmögliche Empfindlichkeit. Fische haben also keine Pupillen, die Schärfe abhängig von den Lichtverhältnissen korrigieren. Der Sehkegel eines Fisches vergößert sich also mit der Distanz zum Objekt. Karpfen sollen sehen, was sich in bis zu zehn Metern Entfernung befindet. Bei der Nahrungssuche spielt der Sehsinn also durchaus eine große Rolle! An Gewässern, wo Krebse die Hauptnahrung der Fische darstellen, machte ich die Erfahrung, dass die beste Beißzeit in den hellen Stunden lag. Bei der Jagd ist Sehen eben wichtig! Es ist ziemlich sicher, dass Karpfen Farben erkennen können. Dr. Werner Steffens schreibt in seinem sehr lesenswerten Buch „Der Karpfen" von Versuchen, bei denen die Fische deutlich auf Farb- aber auch auf Formreize reagierten. Fischaugen sind sogar sehr differenziert auf Farbunterscheidung ausgelegt und erkennen Farben im ultravioletten Bereich. Sie sollten Farben noch besser unterscheiden können als wir. Köder- und Futterfarben messe ich eine sehr große Bedeutung bei und setze sie in meiner Angelei auch entsprechend bewusst ein – dazu mehr in einem späteren Kapitel. Fischaugen sind in ihrem Aufbau

Dreidimensional können Karpfen nicht sehen.

Säugeraugen grundsätzlich aber gar nicht so unähnlich. Was wir nicht außer Acht lassen dürfen ist die Stellung der Augen. Sie sitzen bei Karpfen seitlich am Kopf. Dreidimensional sehen können sie nicht. Das wird aus diversen Unterwasseraufnahmen deutlich: Ist ein Karpfen beim Fressen skeptisch, stellt er sich leicht schräg, um die mögliche Gefahr (das Rig) zu beäugen. Tatsächlich gibt es Aufnahmen, die zeigen, wie ein Karpfen zunächst auf die beschriebene Art das Vorfach beäugt und dann bewusst den Haken getrennt vom Köder mit den Lippen oder (durch Muskelkraft beweglichen) Barteln berührt, bevor er das Weite sucht. Karpfen sehen mit dem einen Auge etwas völlig anderes als mit dem anderen. Dadurch haben sie ein recht großes Sichtfeld.

Hören

Im alten China wurden Goldfische mit Glöckchen an die Futterstelle gelockt. In Teichwirtschaften verbinden Karpfen das Aufprasseln des Futters mit Fütterung. Sie hören sehr gut, auch wenn das Innenohr unter den Kiemendeckeln von außen unsichtbar ist. Wegen seiner höheren Dichte ist Wasser ein wesentlich besserer Leiter von Schalldruck (der auch auf die Seitenlinie von Karpfen wirkt) als Luft. Daher pflanzen sich Schallwellen unter Wasser bis zu 4,8 mal so schnell fort und haben eine größere Reichweite als in der Luft. Von professionellen Stippern kennen wir in der Redaktion den Spruch: „Heute brauchen die Jungs Sound!" Mit Jungs sind Rotaugen & Co gemeint und Sound erzeugen Stipper zum Beispiel, indem sie Futterballen laut aufklatschen lassen oder das Futter im Pole Cup (Futterhilfe zum Aufsetzen auf die Spitze der Stippe) geräuschvoll aufs Wasser schleudern. Hierzu eine Geschichte vom Cassien, in der Meik Pyka die Hauptrolle spielt: Im Sommer 2010 fischte Meik auf dem Platz Bivvy Point im Südarm. Nachtangeln ist zwischen Juni und September verboten, die meisten am See hielten sich aber nicht an diese Regel. Meik holte seine Ruten rechtzeitig ein, bestieg dann sein Boot und verteilte großflächig einige Kilo Boilies. Er griff mit zwei Händen in den Eimer und warf die Kugeln hoch in die Luft. Lautstark prasselten sie allabendlich auf die Oberfläche, das Geräusch hallte nur so über den See. Doch morgens, nachdem Meik seine Montagen wieder ausgelegt hatte, hallten seine Bissanzeiger dauerhaft. Und neben vielen großen Fischen fing er einen bekannten Schuppi über 50 Pfund. Meik ist sich ganz sicher, dass die Fische auf das Geräusch reagierten. Im Folgejahr wiederholte er so eine Erfolgsserie mit der gleichen Taktik. Die Bedeutung des Gehörs von Fischen bei der Nahrungssuche wurde kaum untersucht. Roland Kurt, selbst Karpfenangler, veröffentlichte das Buch „Stumm wie ein Fisch? Das akustische Leben im Süßwasser". Mit einem

Hydrofon erforschte er die Bioakustik unter Wasser und kam zu sehr interessanten Ergebnissen. So erzeugen Fische schon beim Fressen Geräusche, Schnecken- oder Muschelgehäuse knacken unter der Last der Schlundzähne und letztere erzeugen rhythmische Mahllaute. Karpfen können also hören, wenn ihre Artgenossen oder andere Friedfische fressen und kommen dann auch schnell „zu Tisch"! Dieses Phänomen wurde als „Crunch-Effekt" bekannt. Und mit ganzen Hanfkörnern, Eier- oder Muschelschalen im Boilie und natürlich auf Partikelplätzen machen wir uns die Fresslaute zu nutze! Auch ihre Beute können Karpfen hören. Wie an Land verursachen Insekten ein Konzert unter der Oberfläche. Geräusche, die sie vernehmen. Karpfen können nicht nur

Rechts: Da fragt man sich doch, wie das ohne Probleme den Darm passieren kann, oder?

ausgezeichnet hören, sie erzeugen auch Geräusche. Diese Trommellaute können nahe an der Grenze zum Infraschall liegen – vom Menschen ohne Hilfsmittel kaum zu hören. Große Karpfen mit voluminöser Schwimmblase erzeugen besonders tieffrequente Sounds, die sich von denen kleinerer Fische unterscheiden. Es liegt nahe, dass also auch diese Geräusche zur Verständigung untereinander dienen. Karpfen erkennen sich womöglich durch ihre Lautäußerungen. Vielleicht unterscheiden sie nur ihre eigene Art anhand der Laute von anderen, vielleicht erkennen sie sogar einzelne Individuen einer Gruppe? Sicher ist aber, dass ihr Gehör auch zur Gefahrenerkennung dient und folgende Geräusche werden den Fischen bestimmt nicht entgehen: einschlagende Bleie, Paddelschläge, Trittgeräusche, Motoren und Echolote, das Surren der Schnur im Wind... Sie wissen, worauf ich hinaus will? Wenn wir am Wasser sind, werden es die Fische schon merken. Je kleiner und ruhiger das Gewässer, desto eher.

Was sie fressen

Große Karpfen sind Allesfresser. Wofür sie eine Vorliebe entwickeln, hängt zum Beispiel von der Jahreszeit ab. Wir essen Saisongemüse, Karpfen suchen nach saisonal auftretender Nahrung. Im April steht zum Beispiel Brassenlaich auf dem Speiseplan. Wo die „Schleimer" laichen, sind also auch die Karpfen nicht weit. Oft fressen sie hier erst den Laich und gehen dann einen Monat später im selben Gewässerbereich zum Liebesspiel über. Natürlich rächen sich die Brassen-Eltern dann. Sind Krebse während ihrer Häutung weich und schutzlos, gibt's für Karpfen nur noch einen Leckerbissen: Krebsfleisch! Neben diesen sonst so wehrhaften Tieren fressen sie hauptsächlich Zuckmücken- und andere Insektenlarven, Würmer, verschiedene Wasserflöhe, -asseln, -käfer, deren

Larven, Eintagsfliegenlarven, diverse Muscheln und gerne Wasserschnecken. Auch kleine Fische und sogar Molche wurden schon in Karpfendärmen gefunden. Mir ist der mit Foto belegte Fang eines 47-Pfund-Schuppis aus der französischen Rhône bekannt, der eine Krebsimitation aus Gummi voll inhalierte, mit der es ein Angler eigentlich auf Zander abgesehen hatte. Häufiger als räuberische Vorlieben zeigen Karpfen Salathunger. Grünzeug wird oft verputzt. Dass erklärt auch, warum Getreide in Zuchtteichen genauso gut ankommt wie an natürlichen Gewässern. Egal wie hart die Nahrung ist, die Schlundzähne auf den Schlundknochen großer Karpfen mahlen sie zu verdaulichem Brei. Darum sind steinharte Boilies auch so selektiv. Ach ja, Boilies gehören auch auf Karpfens Diät-Plan. Boilies? Ja, an Gewässern wie dem Cassien, der seit mehr als 30 Jahren alljährlich von Hunderten Karpfenfreunden bereist wird, sind die Kugeln längst Bestandteil der natürlichen Nahrung geworden. Das sollten wir auch bedenken, wenn wir extra für die Cassien-Tour über ausgefeilten Boilie-Mischungen brüten. Völlig unnötig: Ausgewaschene, unkomplizierte Köder sind oft einfach besser.

Wie sie fressen

Die breite Nahrungspalette des Karpfens vor Augen ist klar, dass er sehr unterschiedlich frisst. Typisch ist das Gründeln: Sediment wird inhaliert und nach kleinen Nahrungspartikel gefiltert. Partikel wie Hanf und Weizen werden auch so gefressen. Größere Futterteile wie Boilies, frei liegende Muscheln oder Schnecken werden kraftvoll angesaugt, je nach Körperbau und individuellem Fressverhalten des Fisches auch aus weiterer Distanz. Ganz sicher stülpen Karpfen aber auch ihre Lippen direkt am Grund über wehrhafte oder festgesetzte Nahrung wie Krebse und Muscheln und reißen sie förmlich vom Boden. Besonders bei sehr großen Fischen mit ausladenden Wampen fallen oft Schürfverletzungen unterm Bauch auf. Diese entstehen beim Fressen und sprechen dafür, dass sich eben dieser Fisch bei der Nahrungsaufnahme dicht am Boden aufhält. Eine sehr interessante Beobachtung dazu lesen Sie in Chris Ackermanns Gastkapitel. Nur soviel: Wer die Rig-Länge wirklich dem Fressverhalten seines Zielfisches anpasst, ist klar im Vorteil.

Futter finden die Fische längst nicht nur grundnah. Es wird von der Oberfläche aufgenommen oder von frei im Wasser hängenden Ästen gerupft. Davon erzählte mir auch Chris, der wie kein zweiter die Unterwasserwelt mit Brille, Flossen und Schnorchel erforscht. Er beobachtete Karpfen, die in frei hängendem Geäst winzige Schnecken sammelten. Unter den Ästen verteilte er Hanf, der den Schnecken in Größe, Aussehen und sogar Gehäusestärke sehr ähnelt. Auch aufs Haar zog Chris mit einer feinen Nähnadel Hanfkörnchen und fing prompt Fische. Am Bleibtreusee in Köln beobachtete ich vom Boot aus einen sehr großen Schuppi dabei, wie er oben auf einem Krautfeld, dicht unter der Oberfläche, Nahrung sammelte. In einer späteren Krautprobe fand ich auch hier unzählige, winzige Schnecken. Der Däne Mads Grosell, eine Berühmtheit der dortigen Specimen Hunter-Szene, traute seinen Augen nicht, als er am gigantischen Lac de St. Croix Karpfen über tieferem Wasser rund zwei Meter unter der Oberfläche entdeckte. Mit offenen Mäulern zogen sie durch dichte Schwärme von Süßwassergarnelen.

Treten diese nahrhaften Tiere saisonal massenhaft auf, sind die Fische am Grund sicher fast unfangbar. Ein Zig Rig, bei dem der Köder überall in der Wassersäule angeboten werden kann, wäre dann eine Möglichkeit.

Karpfen kommunizieren

Von Natur aus bewegen sich Karpfen meistens in Trupps von zwei oder Schwärmen von bis zu mehreren hundert Fischen. Dabei ist an Gewässern mit großem Mischbestand deutlich zu beobachten, dass sich Fische von annähernd gleicher Größe zusammenschließen und zusammen fressen. Natürlich begegnen sich dann Schulen mit unterschiedlich großen Individuen auf Futterplätzen. Im Sommer sonnen sich auch Alt und Jung, Groß und Klein bunt gemischt gemeinsam. Sonst aber umgeben sie sich am liebsten mit ihresgleichen. Wenn sie meistens im Schwarm auftreten, sich also sozial verhalten, verständigen sich Karpfen dann untereinander? Über Laute habe ich mich bereits ausgelassen, doch erwiesen ist auch, dass sie über chemische Reize die Geschlechter und sogar einzelne Individuen unterscheiden! Nicht umsonst schwimmen

Links: „Ich lasse Dich los, aber wehe Du petzt!" Rechts: Stellen wir uns geschickt an, sprechen sich die Fische untereinander nicht ab...

ganz bestimmte Fische gerne zusammen und viele bekannte Riesen haben kleinere „Schatten". Wissenschaftlich belegt wurde auch, dass manche Fischarten Alarmreaktionen auf von Feinden abgegebene Substanzen zeigen: Lachse beispielsweise reagierten auf den Geruch von Bären- und Hundepfoten oder sogar der menschlichen Hand! Elritzen wurden durch Wasser, in dem sich ein Hecht befand, in Alarm versetzt. Karpfen können in ihrer Epidermis, der Schleimhaut, ein Pheromon produzieren, das als Schreckstoff fungiert – beispielsweise bei Hautverletzungen. Artgenossen nehmen diese Warnsignale sofort wahr und es wird sogar angenommen, dass auch artverwandte Fische diesen Schreckstoff untereinander erkennen – womöglich also Brassen, Karpfen und Schleien. Angelte ich an kleinen Gewässern oder gleich vor den Füßen und setzte meine Fänge umgehend zurück, hatte das Auswirkungen auf das Verhalten der Gruppe – ich bekam oft erstmal länger keine Bisse mehr! Und diese Erfahrung habe nicht nur ich gemacht. Besonders problematisch wird es dann, wenn unser Gewässer nur eine

Ruhezone (zum Beispiel versunkenes Geäst) hat und wir in direkter Nähe dieses Platzes angeln. Fische suchen nach dem Fang den Schutz ihrer Ruhezone auf und verschrecken dort ihre Artgenossen. Was tun? Tja, wo erlaubt, würde da nur eine unschöne Variante helfen: Hältern. Ein Fisch im Sack kann keinen Artgenossen verschrecken. Aber aus dem Alter sind wir raus, oder?! An einem größeren Baggersee angelte ich direkt vor der Krone einer versunkenen Birke und setzte einen besonders auffälligen Spiegler gleich nach dem Fang zurück. Wenig später beobachtete ich ihn, wie er nervös im Holz auf und ab schwamm. Die Bissanzeiger blieben erst mal stumm. Einige Meter weiter zog sich eine Landzunge in den See. Dahinter lag eine Bucht, in die bei einem Sturm Birken gestürzt waren. Auch hier suchten die Karpfen gerne Schutz. Meine nächsten Fänge trug ich also in der Abhakmatte um die Landzunge und ließ sie dort wieder ins Wasser gleiten, damit sie sich in den nächstliegenden Bäumen ausruhen. Verrückt, aber effektiv! Bis zu 23 Fische fing ich dort in kurzen Sessions von rund zehn Stunden, die meisten wogen über zehn Kilo. Insgesamt hatte ich 99 Runs von Karpfen in zehn Kurz-Sessions. So schlecht kann die Taktik nicht gewesen sein.

Buckeln, Rollen, Springen

Zum Glück verraten sich Karpfen an vielen Gewässern. Sie schrauben ihre Leiber aus dem Wasser oder durchtrennen nur kurz mit ihren Buckeln die Oberfläche. Am Glabbacher Bruch, einem Torfstich am Niederrhein, den ich sehr intensiv beangelte, beobachtete ich während der Laichzeit noch ein anderes Verhalten: Einige, definitiv unterschiedliche Karpfen hoben ihre Köpfe aus dem Wasser, als wollten sie springen. Stattdessen ließen sie sich einfach rückwärts und völlig lautlos wieder hinab gleiten. Warum? Mir gefällt ja die Erklärung, dass Karpfen aus purer Lebensfreude Luftsprünge machen. Andere Autoren schreiben, dass sie sich so von Parasiten befreien, oder ihre Kiemenreusen von Sediment reinigen, das sich beim Fressen dort ansammelte. Dafür spricht, dass auch andere große Friedfische wie Schleien oder Brassen buckeln oder rollen – im Gegensatz zu Raubfischen. Gerade an besonders schlammigen Gewässern, wo sich beim Fressen viele Partikel in den Kiemen fangen, sollten sich Karpfen dann besonders oft zeigen. Ich habe einige Jahre an schlammigen Torfstichen gefischt und

Links: Verraten! Im Morgengrauen ist ein Fisch gerollt. Rechts: Chris Ackermann fotografierte diese „Schubberstelle"

während zum Beispiel am Krickenbecker See das Springen zum Sonnenaufgang gehörte, sah oder hörte ich am Dewittsee in etlichen Nächten und Tagen nur genau drei Fische dabei. Fakt ist, dass Karpfen auf ihren Zugrouten springen und uns so anzeigen, wo sie regelmäßig durchs Gewässer streunen. Das würde ich zumindest für Frühjahr und Herbst unterschreiben. Im Sommer, wenn die Fische sonnenbaden, springen sie oft auch einfach nur willkürlich. Konnte ich einen Karpfen beim Buckeln über meinem Futterplatz ertappen, blieb ich selten Schneider, sprang hingegen ein Fisch genau über dem Köder, war das längst keine Garantie für einen Biss. Die nahe liegende Erklärung: Fische, die springen, sind auf der Durchreise. Andererseits beobachtete ich schon, dass Karpfen ihr Kommen ankündigten. Wenn Sie mal in der warmen Jahreszeit am Cassien waren, kennen Sie das vielleicht. Irgendwo da draußen springt ein Karpfen. Die Nacht ist zu dunkel, um die Ringe zu sehen. Doch Ihr Gehör erlaubt Ihnen, die Distanz einzuordnen. In den folgenden Stunden hören Sie immer wieder einen Sprung, die Fische kommen näher. Da, sie sind wohl schon ganz nah und plötzlich springt keiner mehr. Dann reißt Sie ein Vollrun aus den Gedanken – die Fische sind angekommen! Ob Buckeln oder Springen, können wir einen Karpfen dabei beobachten, wissen wir, in welche Richtung er ungefähr unterwegs ist. Mir und vielen Freunden ist aufgefallen, dass Karpfen nach dem Zurücksetzen mehrmals buckeln. Oft hinterlassen sie dann einen auffälligen Blasenteppich an der Oberfläche. Womöglich unterstützt dieses Verhalten also auch ganz einfach den Druckausgleich?! Uns wollen sich die Fische an der Oberfläche bestimmt nicht verraten, doch vielleicht ihren Artgenossen? Nicht vergessen dürfen wir, dass springende oder rollende Fische Geräusche erzeugen, sogar sehr unterschiedliche. Warum also sollten diese nicht der Kommunikation dienen?

Wie sich Flossenträger kratzen

Sind Ihnen schon mal folgende Stellen im Flachwasser aufgefallen: Ein Wurzelstubben in einem ansonsten verkrauteten Gewässerabschnitt, doch um die Wurzel ist der Boden blank und sandig, als wäre hier gekehrt worden. Oder ein quer über den Boden hängender Ast, der zwischen Grund und Holz nicht viel Platz bietet. Darunter ist es ebenso völlig blank gefegt. Solche Stellen sind Garantie-Plätze für einen Run und entstehen durch ein typisches Verhalten unserer Lieblingsfische. Denn Karpfen kratzen sich, besser gesagt: Sie schubbern ihre Flanken über den Boden, besonders gerne an Holz oder unter einem Ast hindurch. Sicher befreien sie sich so von Hautparasiten wie Karpfenläusen und Fischegeln. Doch auch, wenn sie in einem Fressrausch sind, reiben sie ab und zu ihre Flanke über den Boden, als wollten sie mit der Aufregung klarkommen. Warum auch immer sie es machen, sollten Sie einen solchen Platz finden, hüten Sie Ihr Geheimnis und freuen Sie sich!

Unfangbare Fische – der Stil bestimmt die Fänge

Dass regelmäßig zwei ganz bestimmte Fische kurz nacheinander gefangen werden, hört man häufig. Ein Beweis dafür, dass diese Tiere auch nach einer Trennung (durch den Fang) wieder zueinander finden. Doch es ist auch gut möglich, dass zwei Fische

Ein kurzes Vorfach brachte uns zusammen: Ein Schuppi-Riese, der einfach anders tickte.

dauerhaft zusammen schwimmen, aber nur der eine an den Haken geht. Mit Klaus Wegmann sprach ich über einen solchen Fall. Er fischte an einem nur einen Hektar kleinen See, an dem er zwei große Spiegler im Frühjahr beobachten konnte. Sehr intensiv angelte er eine Saison lang an dem dünn besetzten Gewässer. Den einen der beiden Großen fing er dreimal. Fast den gesamten Seebestand konnte er auf seine Matte legen. Viele der Fische bissen mehrmals im Laufe des Jahres. Nur den zweiten Großen fing er nie. Warum nicht? Eine Erklärung ist, dass die beiden größten Karpfen des Sees zusammen umherziehen und auch fressen. Der eine ist dabei forscher und gieriger, einfach durchsetzungsfähiger auf dem Futterplatz. Während der andere sich zurücknimmt, vorsichtiger und bedachter frisst. Natürlich landet das Eisen immer in der Unterlippe des Gierigen. Der Scheue wird alarmiert und sucht das Weite. Alle Tiere, die sich sozial verhalten, lernen voneinander. Dazu muss nicht jedes einzelne Individuum eine schlechte Erfahrung machen. Es reicht, wenn ein Fisch im Trupp mit schlechtem Beispiel vorangeht. Es ist nicht erwiesen, dass Karpfen innerhalb eines Trupps Hierarchien entwickeln. Aber auch das ist durchaus möglich und viele Verhaltensweisen deuten darauf hin. Zwar fressen Groß und Klein auch schon mal gemeinsam auf einem Platz, oft aber machen die Halbstarken die Biege, wenn die Gruppe großer Fische aufläuft.

Von einem kleinen Baggersee, den ich selbst intensiv beangelte, weiß ich ein ähnliches Beispiel zu berichten, wie das von Klaus. Ein massiver, über 20 Kilo wiegender Schuppi wurde hier in sechs Jahren trotz intensivem Beangelns durch gute Angler nur zweimal gefangen, aber ständig beobachtet. Beim Schnorcheln im Sommer wurde ein sehr großer, markanter Spiegler entdeckt, der noch nie in einem Kescher landete – bei nur vier Hektar Wasserfläche! Wieso? Von Geisterfischen wird gemunkelt und viele glauben nicht daran. Doch leider müssen wir uns wohl damit abfinden, dass manche Karpfen einfach nie am Haken hängen bleiben. Vielleicht werden diese Sonderfälle von durchsetzungsfähigeren Fischen ausgebremst, sprich gewarnt?!

Oft aber liegt es auch einfach am Stil der Angler: An einem kleinen Vereinssee gab es auch einen solchen Sonderling in Sachen Verhalten. Allerdings aus gutem Grund. Der gewaltige Schuppi wurde mit 23 Kilo Gewicht in einem nahegelegenen Fluss gefangen und in den See gesetzt. Es heißt oft, dass Fische, die das Gewässer unfreiwillig wechseln, zunächst sehr leicht zu fangen sind, da sie sich an ihre neue Umgebung nicht gut gewöhnen oder einfach noch nicht mit Angeldruck vertraut sind. Zumindest war das am Cassien so. Der gesamte Großfischbestand eines kleineren Stausees aus der Nähe wurde in den Cassien gesetzt, darunter viele Schuppis über 20 Kilo! Nach Aussage des Cassien-Kenners Steve Briggs waren es rund 20 verschiedene Vierziger, die in den See kamen. Und in der Zeit danach wurden einige dieser markanten Tiere sehr häufig gefangen! Dann bissen nicht selten mehrere Karpfen in Serie, die sicher schon zuvor in ihrer alten Heimat gemeinsam umherzogen. Der Fluss-Schuppi im kleinen Vereinssee aber wurde nicht zurückgefangen, zwei Jahre lang! Und das trotz Angeldruck. Regelmäßig ließ er sich beim Sonnen auf den stolzen Buckel schauen. Dass er in bester Verfassung war, sogar noch wuchs, war unverkennbar. Eines Sommertages, genau zwei Jahre, nachdem die Dame das Gewässer gewechselt hatte, fuhr dort ein Freund eine Rute mit extrem kurzem Vorfach per Futterboot raus. Er fischte zuvor an einem anderen Gewässer mit sehr dichtem Fischbestand, wo er mit Rigs experimentierte. Eigentlich wollte er nur ganz spontan mit seiner Freundin Sonne tanken, baden und nebenbei ein paar Stunden angeln. Also gab er sich keine große Mühe, beköderte die nur rund zehn bis 15 Zentimeter kurzen Vorfächer, die noch montiert waren und hielt eine halbe Stunde später den großen Schuppi auf den Armen! Im Spätherbst desselben Jahres umarmte ich das Tier dann auch, natürlich war dabei ein kurzes Vorfach im Spiel...

Sind Koi die klügeren Karpfen? Diese beiden zumindest bissen auf Boilies.

Das nennt sich Dressur. Blöd nur, dass auch Vögel sich vieles beibringen lassen – großartiges Bild von Jan-Simon.

Auch ein Koi, der regelmäßig an der Oberfläche beim Sonnen mit seiner Schönheit prahlte, biss im zuletzt beschriebenen Gewässer noch nie! Wobei ich viele solcher Beispiele mit den hübschen Farbmutationen nennen könnte. Ein Grund für das andersartige Verhalten der Japaner kann sein, dass Koi (japanisch: Karpfen, Mehrzahl: Koi) von Cyprinus carpio haematopterus, der asiatischen Unterart des Karpfens, abstammen. Auffällig bei echten Koi ist, dass sie recht kleine Mäuler haben. Das spricht für kleine Köder wie Partikel, Würmer oder Maden. Auch kommt hinzu, dass Koi oft aus Teichen stammen, wo sie lange mit ihresgleichen umherzogen und auf bestimmtes Futter konditioniert wurden. Kommen sie in größere, natürliche Gewässer, schließen sie sich zwar oft den Karpfen an, deren Fressverhalten adaptieren sie aber nicht zwangsläufig. Ich denke, dass sie oft zurückhaltender fressen als ihre meist größeren, farblosen Artgenossen. Mit einigen Koi durfte ich mich selbst schon in Szene setzen und die fing ich alle sehr unterschiedlich: Einen Fisch warf ich gezielt mit zwei Körnern Dosenmais an, die er prompt inhalierte. Einen weiteren „stalkte" ich mit einem kleinen Rotwurm. Am Cassien fing ich einen der wenigen Koi, die regelmäßig auf Boilies gefangen werden. Er biss nachmittags, während ein Mistral über den See tobte. Zur Laichzeit beobachtete ich die Fische beim Liebesspiel im Westarm des Sees und war erstaunt, wie viele Koi hier tatsächlich leben! Mein Lieblings-Koi wird Fuchur genannt und lebt in einem kleineren Baggersee. Er wurde einem Teichbesitzer wohl zu groß und wechselte den Lebensraum. Jedenfalls war er plötzlich da und galt zunächst als unfangbar. Doch dann, eines Nachts, glitt nach einem Vollrun dieses prachtvolle Tier in meinen Kescher. Der 24-Millimeter-Fischboilie passte kaum in sein Maul. In einem Zeitraum von zehn Monaten besuchte ich den See dreimal für jeweils zwei Nächte. Fuchur fing ich als einziger am See jedes Mal und immer auf dicke Fischmurmeln. Ein echter Regelbrecher in Sachen Koi-Benehmen.

Intelligenz gegen Instinkt

„Zweifellos gibt uns der Karpfen zu denken und mehr als das: Wer die Bekanntschaft wirklich großer Karpfen machen will, muss denken wie ein Karpfen. Man könnte fast sagen: Die meisten Karpfen fängt man ohne Rute." Roger Bowskill, Fänger zweier Redmire-Riesen im Jahre 1967, in James A. Gibbinsons „Der Karpfen"

Unter allen Wirbeltieren haben Fische die einfachsten Gehirne. Nein, von intelligenten Karpfen können wir da wirklich nicht sprechen, auch wenn wir es nach einer Nacht ohne Biss gerne würden. Intelligent sind wir und da liegt das Problem. Karpfen bedienen sich ganz unbewusst einer viel mächtigeren, für das Überleben in ihrer Welt und die Gefahrenerkennung wirkungsvolleren Kraft: dem Instinkt! Während wir noch über der kniffligen Montage tüfteln, haben die Fische längst gespürt, dass etwas faul ist. Vielleicht ist Ihnen das auch schon mal aufgefallen: Die dauerhaft erfolgreichen Großfischangler stehen sich nicht selbst mit Theorien und Vermutungen im Weg rum. Ja, tatsächlich gehen sie oft stumpfer vor, als es den Theoretikern lieb ist – konsequent, ohne Zweifel, instinktiver. Abschalten sollten wir unser Köpfchen natürlich nicht. Nur müssen wir uns darüber bewusst werden, dass Karpfen keinen Verstand brauchen, um zu handeln. Zwar nicht klug, aber lernfähig sind Fische auf jeden Fall. Der Koi Fuchur zum Beispiel hat in seiner früheren Heimat sicher nie einen Boilie gesehen. Im See schloss er sich schnell den weniger bunten Artgenossen an und adaptierte nach einer längeren Zeit dann doch ihr Fressverhalten. Natürlich lernen sie auch aus schlechten Erfahrungen: An frischen Boilies bleiben sie öfter mal „hängen", wo Schnüre durchs Wasser laufen, lauert Gefahr, bewegt sich der Hakenköder unnatürlich, lieber liegen lassen! Ein Altbestand in einem stillgelegten Kanal lernte von zugesetzten Fischen, Brot von der Oberfläche zu fressen. Die Zugesetzten stammten aus einem Burgweiher und wurden täglich mit Brot gefüttert. Für die Angler, die es merkten, begann eine Traumzeit und es war regelrecht einfach, Fische über 30 Pfund an der Oberfläche zu fangen. Bis alle Großen ein paar schlechte Erfahrungen mehr auf dem Buckel hatten und fortan nur noch sehr, sehr selten ihre Köpfe hoben...

Charakterköpfe

„Glaub mir Chris, wenn Du Sunrise fangen willst, leg die Montage in dem Sechs-Meter-Loch ab!" überzeugte mich Meik Pyka. Ich platzierte mein Rig mit einem harten 24-Millimeter-Boilie genau dort, wo mein Freund es empfahl. Er kannte sich schließlich aus an dem kleinen Baggersee. In der ersten Nacht fing ich einige Fische auf den anderen beiden Ruten, die wesentlich flacher lagen. Sechs Meter, na ja, die tiefste Stelle des Sees hatte gerade mal acht Meter und es war Anfang Juli. Bisse bekam ich auf zwei bis

Sunrise biss tief, die anderen eher flach. Und Meik wusste das ganz genau – eben zwei echte Charaktere.

vier Metern. Bis zum Vormittag des zweiten Tages ließ ich die Rute unberührt. Den Köder kontrollierte ich nicht. An diesem Sonntag brannte die Sonne und wir zerliefen wie Eis, als wir einpackten. Nur die Ruten lagen noch aus. Plötzlich ein Pieper! Mit den Augen fixierte ich den Swinger – es war das Rig im Loch. Noch ein Pieper, dann hob sich der Swinger Richtung Blank. „Das ist sie!", rief Meik: „Sunny!" Schnell war ich am Stock und machte Druck, um den Fisch vom Holz fernzuhalten. Er kämpfte ruhig und blieb tief. Meik ging mit dem Kescher bis zum Bauchnabel ins warme Sommerwasser. „Vorsichtig, es ist Sunrise!" flüsterte er, nachdem er ihre helle Flanke das erste Mal aufleuchten sah. Na danke, dachte ich mir und versuchte, das Zittern meiner Hände zu ignorieren. Der Fisch schoss an Meik vorbei in ein Seerosenfeld der angrenzenden Bucht. Genau sah ich dieses massive Tier, wie es mit dem Kopf zu den Seiten schlug und immer wieder durch die Stängel zog – mir schlotterten die Knie! Dann endlich führte Meik den Kescher unter den Fisch und lachte mich mit seinem typischen Lausbuben-Grinsen an: „Hab ich doch gesagt, Du hast Sunny!" Ich schrie vor Freude, warf die Rute beiseite und sprang kopfüber ins Wasser.

Karpfen haben Charakter, sie halten sich an feste Uhrzeiten und ziehen bestimmte Gewässerbereiche vor. Nicht nur an kleinen Baggerseen. Wer mit dem hochgesteckten Ziel, den berühmten Bulldozer zu fangen, an den Lac de la Fôret d'Orient fuhr, wusste auch genau, in welche Bucht er sich setzen musste: die bei Géraudot am Nordufer des

Der Dragger lebt im Nordarm und steht auf Weizen

Sees, denn nirgends sonst wurde die Dampfwalze meines Wissens je gehakt. Viele der alten Originale des Lac de St. Cassien haben Vorlieben in Sachen Platz und Köder. Bei manchen durfte ich es selbst erfahren. Der bekannte Schuppenkarpfen Dragger zum Beispiel wird zwar häufig und an vielen Stellen des Sees gefangen, in den Sommermonaten aber hält er sich bevorzugt am Ende des Nordarms auf. Und er liebt Weizen. Zumindest konnten Christian Münz und ich den Fisch im August 2007 nach einer Futterkampagne mit Weizen auf dem Ruine genannten Platz gleich zweimal in einer Woche fangen – fast auf Ansage. Meik machte es vor und fing den Fisch hier bei ähnlicher Vorgehensweise schon viermal. Achim Reich fotografierte ich den alten Recken dort auch schon im August des Vorjahres. Bemerkenswert: Überhaupt fingen wir 2007 einige der Fische wieder, die ich schon in 2006 auf eben diesem Platz zu eben dieser Zeit dort auf

Sommergäste am Cassien.

der Matte hatte. Zufall? Ganz bestimmt nicht – Karpfen sind Gewohnheitstiere, auch in der Gruppe! Ganze Schwärme zeigen alljährlich gleiche Wanderungen. Noch ein Beispiel: Ein guter Freund befischt seit Jahren die ganz großen Seen Mecklenburg-Vorpommerns. An einem mehrere tausend Hektar riesigen Wasser fing er zwei Jahre in Folge einen bestimmten alten Spiegler in einer großen Bucht. Der einzige regelmäßige Wiederfang, denn seine anderen Fänge begegneten ihm (noch) nicht erneut. Im Tierreich ist es üblich, dass alte und oder besonders große Individuen zurückfallen, sich also vom Schwarm oder der Herde trennen. Auch bei Karpfen gibt es viele Beispiele für große Einzelfische, die dauerhaft alleine unterwegs sind. Übrigens sind besonders Karpfen, die sehr regelmäßig gefangen werden, oft Einzelgänger. Das ist Ihnen ganz sicher schon aufgefallen. Gerne spricht man da von „Boilie-Karpfen", echte Fressmaschinchen eben, die besonders gut auf unser Futter anspringen und entsprechend oft gehakt werden. Das ist auch der Grund für die Einsamkeit: Ein Fisch, der auf dem Futterplatz den gierigen Rüpel markiert und dauernd gehakt wird, verschreckt seine Artgenossen.

Während andere ein nomadisches Verhalten zeigen, bevorzugen viele Einzelgänger bestimmte Gebiete. Doch zu einer besonderen Zeit werden wir alle Individuen eines Gewässers auf engem Raum antreffen: zur Laichzeit! Ist Ihnen schon mal aufgefallen, dass gewisse Fische ausschließlich in den Monaten Mai oder Juni einen Landgang machen? An den Torfstichen meiner Heimat war das so. Hier konnten nur kleine Teile der Wasserflächen befischt werden. An Einzelgänger, die sich einen Lieblingsbereich außer

Reichweite aussuchten, war eben kein Rankommen – außer zur Laichzeit, dann siegte der Trieb, die Fische wurden mobil und fangbar! Dass in einem Gewässer sesshafte und nomadische Karpfen leben, ist wohl eher die Regel. Oft verändern einzelne Fische im Laufe ihres Lebens auch die Gewohnheiten – nicht selten sicher auch eine Reaktion auf Angeldruck und Wiederfänge. Da fällt mir ein Beispiel vom Cassien ein: Hörte man noch vor wenigen Jahren besonders häufig von Fängen der riesigen Bernadette aus dem Südarm, wurde dieser Fisch in jüngerer Vergangenheit auch regelmäßig im Nordarm gefangen, besonders in der Nähe des Schongebietes. Karpfen können in kurzer Zeit enorme Strecken zurücklegen. Dr. Werner Steffens erwähnt in „Der Karpfen" einen markierten Fisch, der bei Langenargen in den Bodensee gesetzt wurde. Einen Tag später schon ging er beim etwa 25 Kilometer (Wasserweg) entfernten Meersburg wieder ins Netz!

Zielfische

Ob es nun besonders schöne oder große Karpfen sind, Zielfische gehören für mich dazu. Immer wieder muss ich einen bestimmten Fisch einfach haben und fange natürlich längst nicht jeden... Der Fang beginnt mit der Vorbereitung: Recherche. Wer hat den Fisch gefangen, wann, wo, auf welchen Köder, mit welchem Rig? Sind Überschneidungen erkennbar? Wurde der Karpfen vermehrt auf einem bestimmten Plateau gefangen, biss er bevorzugt auf Fisch-Boilies, hat er jemals nachts den Weg in den Kescher gefunden, kam er nach einer bestimmten Futtertaktik? Solche Informationen sind extrem wichtig. Doch stellen Sie niemals Ihren Instinkt ab. Wenn eben nur die eine Sandbank beangelt wird, ist klar, warum der Dicke nur dort fällt. Wenn die Kids aus dem Verein von ihrem Taschengeld Mais kaufen, gleich drei Wochen der Sommerferien am See verbringen und den Seerekord fangen, ist das toll, aber nicht so hilfreich für uns. Ordnen Sie die Informationen richtig ein und schreiben sie nieder. Im Jahr 2005 angelte ich intensiv am Heidsee (Blaue Lagune, siehe Gastkapitel von Christian Münz) am Niederrhein. Dieser offene, strukturierte Baggersee mit rund 50 Hektar Fläche hatte damals einen extrem dünnen Bestand von nicht mehr als zwölf durch Fänge bekannter Karpfen. Der interessanteste Fisch dort war ein über 30 Pfund schwerer, perfekter Zeilenkarpfen – mein Zielfisch. Durch seine U-Form wurde der See in zwei große Buchten geteilt, die unterschiedlichen Einflüssen ausgesetzt waren. Ich entschied mich damals zunächst für die Südbucht mit ihrer großen Insel. Recht schnell fing ich hier einen schweren Spiegler, den ich Big Head taufte. Er biss in drei Metern Tiefe an der Inselflanke auf sandigem Boden auf einen Pop Up. An genau dieser Stelle wurde er in den folgenden Jahren noch viermal gefangen – auf Ansage und dank des Wissens um sein bevorzugtes Areal! Nach ein paar Nächten ohne Fisch wechselte ich in die Westbucht. In der Zwischenzeit hatte ich mehr Informationen eingeholt. Der Zeiler wurde zu diesem Zeitpunkt überhaupt erst zweimal gefangen, beide Male aber am Ende der Westbucht. Nach mehrmaligem Füttern im Bereich eines Plateaus im offenen Wasser am Ende dieser Bucht, fischte ich hier die erste Nacht – und fing prompt den Zeiler und einen weiteren, unbekannten Spiegler! 50 Hektar Wasser, etwas Recherche, gute Vorbereitung, ein bisschen Glück und der Zielfisch lag im Kescher. Es hört sich verrückt an, doch auch an zehn- oder hundertmal so großen Gewässern ist die Zielfischjagd nicht aussichtslos! Doch natürlich läuft es bei

Der Zeiler aus der Blauen Lagune – ein besonders wichtiger Fisch für mich.

mir nicht immer so glatt. Schon alleine die Tatsache, dass bestimmte Karpfen nur alle paar Jahre, manche einmal oder auch zweimal jährlich gefangen werden, bereitet mir arge Kopfschmerzen. Oft kann das Datum des nächsten Fangs bei solchen Fischen schon grob im Kalender angestrichen werden. Die Zeit zwischen diesen Tagen wird er einfach nicht beißen, komme was wolle. Doch was bewegt Karpfen dazu, an bestimmten Plätzen zu bestimmten Zeiten diesen einen Fehler zu machen? Besonders erstaunlich ist das an stark beangelten Gewässern. Wie schaffen es Fische an 364 von 365 Tagen einem Haken zu entgehen? Vielleicht stellen sie ihr Fressverhalten um, vielleicht sind es auch bestimmte äußere Bedingungen von Druck über Temperatur, die solche Karpfen unvorsichtig machen. Egal, Hauptsache wir wissen, wann unsere Rigs mit welchen Ködern wo liegen müssen...und haben an den entsprechenden Tagen auch die so dringend nötige Zeit...

Giganten

Er ist vielfältig, er hat Charakter und viele Angler haben ihn zum Fressen gern, den Karpfen. Was ihn aber bei Verwertern wie Verehrern besonders beliebt macht, ist seine Kampfkraft und Größe. War vor noch nicht allzu langer Zeit ein 50-Pfünder eine echte Sensation, liest man heute schon von 70, ja sogar 80 Pfund schweren Riesen. Im kommerziell bewirtschafteten Etang de Graviers wurde der erste fast 90-Pfünder (44,9 Kilo) gefangen, die Fische im bekannten Rainbow Lake (Lac de Curton) platzen aus allen Nähten und Peter Schwedes fing in einem öffentlichen See Frankreichs einen 83-Pfünder.

Links: Körbchenmuscheln machen Karpfen kapital. Rechts: „Keep smiling", auch wenn es kein Riese ist!

Der beim Verfassen dieses Buches aktuelle Rekordschuppenkarpfen, gefangen von Markus Pelzer, bringt es auf unglaubliche 40,2 Kilo. Die Dame heißt Mary und lebt in einem nur sieben Hektar kleinen Baggersee – in Deutschland! Unser größter Spiegler heißt Veronika und wiegt über 39 Kilo. Die meisten richtig großen Karpfen kommen mittlerweile aus ganz normalen Baggerseen. Und die sind oft nicht größer als ein paar Hektar, meist über 30 Jahre alt und haben eine gute Wasserqualität. Es handelt sich oft um klare Seen mit reichlich Kraut. Dieses birgt eine Menge natürlicher, besonders energiereicher Nahrung wie Wasserschnecken. Viele jüngere Baggerseen entwickeln sich in genau diese Richtung! Das lässt doch hoffen. In zahlreichen Gewässern, ob Fluss, See oder Kanal, sind erst seit ein paar Jahren sehr gute Abwachsraten der Fische zu beobachten. Grund hierfür sind, neben verbesserter Wasserqualität und milderen Temperaturen, die aus Südostasien über das Ballastwasser von Schiffen eingeschleppten Körbchenmuscheln (Corbicula fluminea und C. fluminalis). Ungeniert lümmeln sie haufenweise und schutzlos auf freien Sand- wie Schlammflächen und sind regelrecht vermehrungswütig. Die Fortpflanzungszeit der erstgenannten Art reicht von Mai bis September, die von C. fluminalis von Oktober bis März. In diesen Zeiträumen kann jedes erwachsene Tier bis zu 8000 Jungtiere absetzen. Auch unser Angelfutter steuert natürlich seinen Teil bei. Jeder 50-Pfünder hat auch mal 30 Pfund gewogen und war mit diesem Gewicht schon interessant genug, um Karpfenangler am Gewässer zu versammeln. Je größer der Fisch wurde, desto größer auch seine Jägergemeinde und damit auch der Futtereintrag. Eine entsprechende Besatzpolitik ist eine weitere Voraussetzung. Wird der Vereinssee alljährlich mit Kleinkarpfen zugeschüttet, ist die Konkurrenz um die Nahrung zu hoch und es schwinden die Chancen auf Wachstum. Echte Rekordfischgewässer haben in den seltensten Fällen gute Fischbestände. Ein weiterer entscheidender Faktor ist die geografische Lage der entsprechenden Gewässer. Große Karpfen werden mittlerweile aus allen Ecken des Landes gemeldet. Doch besonders oft kommen sie aus drei Regionen Deutschlands: Auf Platz eins des Großfischtreppchens: das Rheintal, besser gesagt die Oberrheinische Tiefebene im Süd-Westen mit den Ballungsräumen Frankfurt am Main, Mainz, Wiesbaden, Heidelberg, Ludwigshafen und Karlsruhe. Diese Region hat die mildesten Winter und wärmsten Sommer ganz

Deutschlands, weswegen hier neben Weinreben, Mandelbäumen und Feigen besonders Karpfen prächtig gedeihen. Eine weitere Region, die durch besonders viele Großkarpfen von sich reden macht, ist der Niederrhein und Teile des Ruhrgebiets. Zum Ausbau der Infrastruktur und im Zuge der Rheinbegradigung entstanden hier zahllose Baggerseen, die den Fluss und die größeren Straßen flankieren. Viele dieser Gewässer beherbergen mittlerweile echte Schätze. Auf einem Rang mit diesem Revier stehen die Gewässer im Kölner Raum. Besonders hervorzuheben ist die Ville-Seen-Platte südwestlich von Köln, die im Zuge des Braunkohleabbaus entstand.

Alte Moosbuckel

Karpfen sind im Vergleich zu artverwandten Fischen besonders schnellwüchsig – ein Grund für ihren weltweiten Siegeszug und ihre wirtschaftliche Bedeutung. Bei uns werden sie schon mit vier bis fünf Jahren geschlechtsreif. Unter den richtigen Voraussetzungen, guten klimatische Bedingungen und mit reichlich Futter können sie zu Riesen werden. Mit den Genen hat es weniger zu tun. Doch auch das andere Extrem ist möglich: Dr. Werner Steffens berichtet von einem Experiment der Universität Stuttgart-Hohenheim. Bei minimaler Nahrungsaufnahme erreichten Karpfen hier in einem Becken in 12 Jahren nur ein Gewicht von 20 Gramm! Auch das Alter zieht an unseren geschätzten Cypriniden nicht spurlos vorbei. Vielleicht macht auch das diese Fische so charakteristisch und liebenswert, denn die Jahre sieht man ihnen an wie Greisen: Sie erblinden und ihr Rückgrat verkrümmt sich. Karpfen mit mehr als 60 Jahren auf dem Buckel sind sehr wahrscheinlich, 47 Jahre sind verbürgt. Und wie wir Menschen nehmen die Tiere im hohen Alter ab. Ich erwähnte schon den alten Recken Obelix aus dem Cassien. Er wurde in seinen besten Jahren mit über 50 Pfund gefangen. Gegen Ende seines langen Lebens brachte er „nur" noch 32 Pfund auf die Waage.

Wie alt dieser Urian wohl ist?

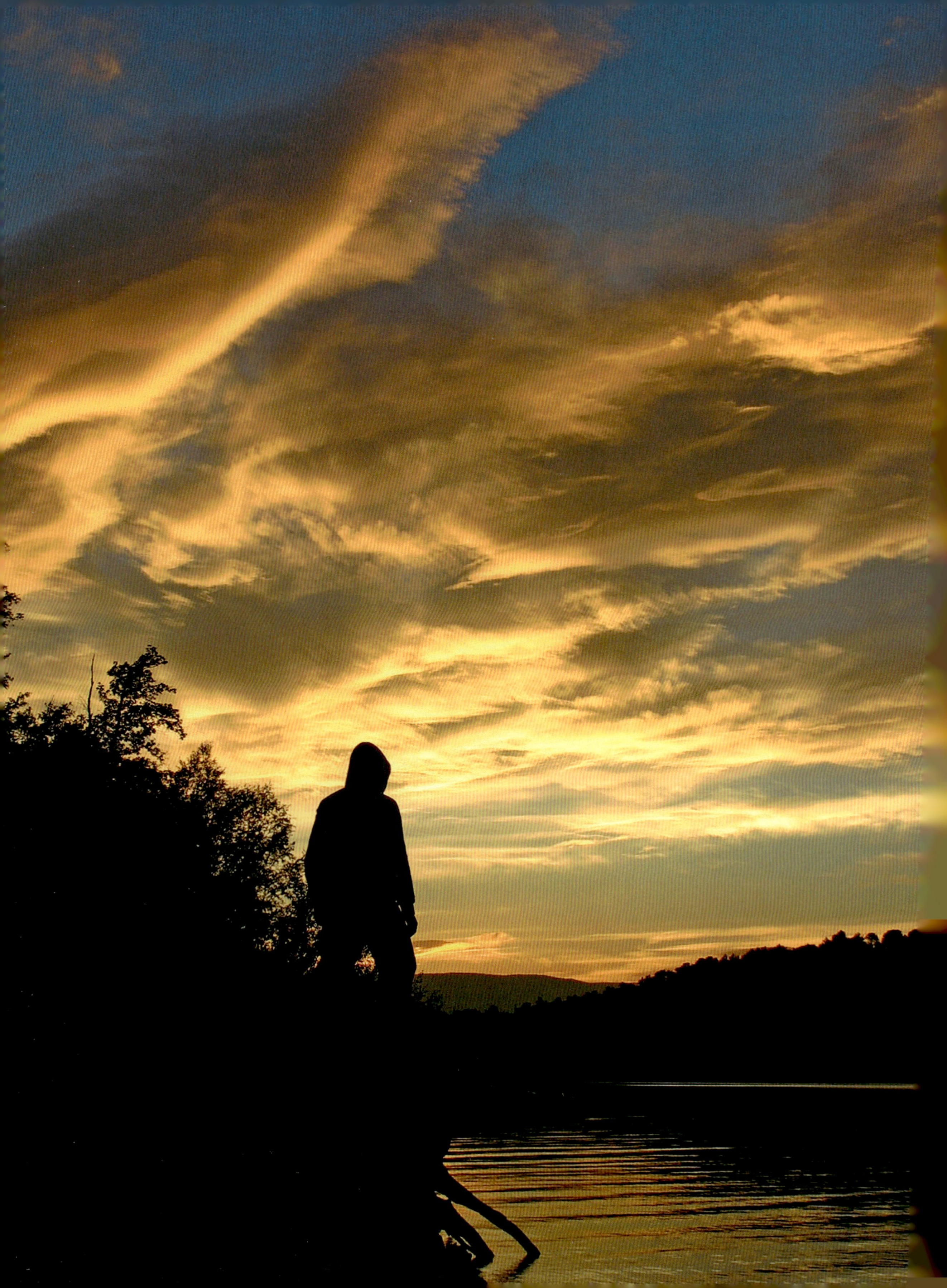

Kein Zwiespalt

Durchblättern wir die Fachpresse und klicken uns durchs Web, sind Riesen-Karpfen allgegenwärtig. Vom Wunsch nach großen Fischen kann sich niemand freisprechen. Doch gerade „Youngster" gewinnen schnell den Eindruck, mithalten zu müssen. Karpfenangeln ist mehr als die bloße Jagd nach Kilos. Das wurde oft gesagt und noch öfter geschrieben. Und doch ist unsere Szene so geprägt von Neid und Missgunst. Fänge werden seltener bewundert und bejubelt als bewertet und eingeordnet. Der Fisch biss eine Stunde nach Sonnenuntergang, Nachtangeln war aber gar nicht erlaubt. Ein Angler zog seine Montagen weiter raus als erlaubt, angelte womöglich im Schongebiet, ist gesponsert, Vollzeitangler, bekam durch Glück den besten Platz, hat ein paar Kilos draufgerechnet... Ein Weg, die Fänge anderer abzuwerten, findet sich immer. Nur warum?

Ganz links: Karpfenangeln ist weit mehr als die Jagd nach Kilos! Links: Jeder fängt mal klein an, auch die Fische....

Ich angle für mich, nicht für ein Bewertungskomitee, das beurteilt, in welcher Liga ich mitspielen darf. Ich freue mich, wenn Freunde erfolgreich sind, fiebere mit, wenn sie auf Tour sind oder Zielfische jagen, kann die Enttäuschung nach einem verlorenen Fisch mitfühlen. Ich mag es, wenn andere Angler in den Zeitschriften schöne Bilder publizieren und besonders, wenn sie auf den Fotos auch mal lachen, statt mit bösem Blick den Fischkopf zu fixieren. Mir gefallen alte, dunkle Fische, echte Charakterköpfe eben. Vor den Rekordjägern der Szene habe ich Respekt, doch das ist nicht mein Weg. Ein 50-Pfünder ist und bleibt für mich genauso sensationell wie ein dunkler, langer Wildschuppi oder hübsch beschuppter Spiegler. „Kilos oder Abenteuer?", fragte Peter Schwedes im Artikel über seinen Riesen aus einem öffentlichen Gewässer. Ein Zwiespalt, dem auch ich mich lange nicht entziehen konnte. Was will ich wirklich? Angeln, reisen und empfinden, das weiß ich heute! Mich treibt die Sehnsucht nach Ferne, eine stete Rastlosigkeit. Der Blick auf die Waage gehört dazu. Doch das Gefühl von Freiheit, am Morgen nach einer erfolgreichen Nacht, fernab der Welt voller Verpflichtungen und Druck, mit dem Leben am Wasser zu erwachen, lasse ich mir nicht durch ein abstraktes Zahlenspiel beschränken.

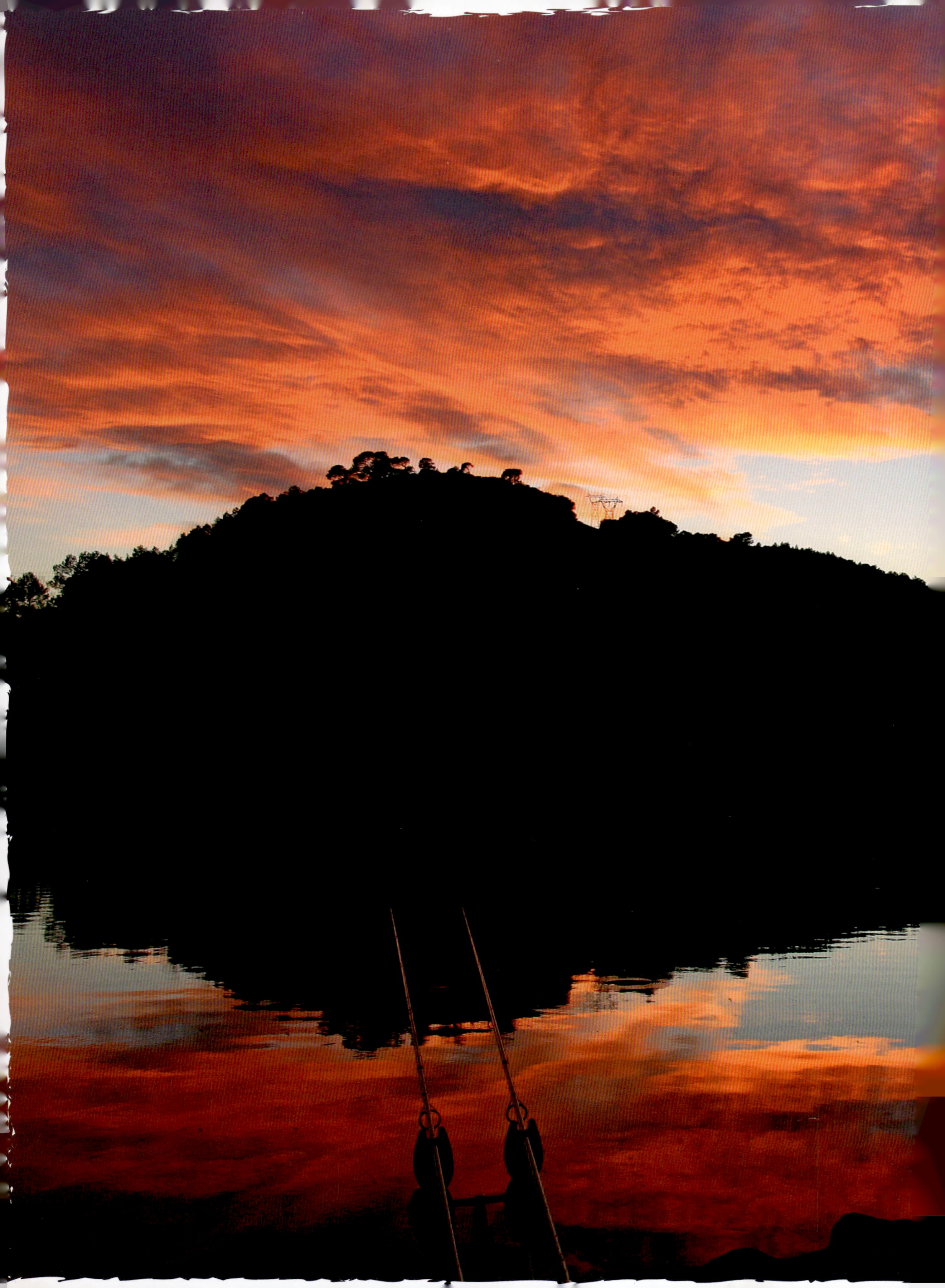

Kapitel 2

Vom Spurenlesen

Vom Spurenlesen – die „Location"

„Charlie konnte zwar nicht schreiben, lesen konnte er allemal. Er las Ebbe und Flut an den Felsen ab, er las das Leben der Tiere aus ihren Spuren, er las das Wetter von morgen in den Wolkenformationen, die Jahreszeit im Flug der Zugvögel und die Härte des kommenden Winters am Pelz des Bärenspinners. Alles, was man wissen musste, stand irgendwo geschrieben. Diese Sprache der Natur, der Sinn für ihre Zeichen und Muster, ist uns Südländern beinahe abhanden gekommen."
Alvah Simon, „Nördlich der Nacht – Meine Reise ins ewige Eis"

Der Abenteurer Alvah beschreibt im Zitat oben den Inuk Charlie, einen grönländischen Jäger vor dem er großen Respekt hat. Denn Charlie wuchs da auf, wo wir keine Woche überleben könnten. Und er verfügt über eine Gabe, die wir unter Karpfenanglern wohl „Watercraft" nennen. Dieses magische Wort, für das es keine greifbare Definition gibt, bezeichnet für mich den puren Instinkt, das Gespür fürs Wasser. Ich las mal den Satz: Watercraft hat man, oder eben nicht. Doch das sehe ich anders: Das Gespür fürs Wasser wächst mit der Erfahrung. Wer schon als Knirps mit Kescher und Stiefeln Kaulquappen jagte, begann früher und einfach unbewusst, Erkenntnisse zu sammeln. In die Wiege gelegt wird dieses Gespür wohl nicht mal den Inuit oder anderen Naturvölkern. Also dann, schlagen wir dem Glück ein Schnippchen, schärfen die Sinne, gehen auf die Suche nach Fischen, deren Spuren und den besten Stellen im Wandel der Jahreszeiten.

Das Glück des Tüchtigen

„Glück, Zufall? Gehört unbedingt dazu, wer wollte das abstreiten? Aber wir wollen den nötigen Anteil möglichst gering halten, auf das Glück des Tüchtigen hinarbeiten."
Wulf Plickat, „Modernes Karpfenangeln"

„Mama, das hat doch mit Glück nichts zu tun!" Stolz wie Oskar radelte ich nach Hause, um von meinem kapitalen Döbel zu berichten. Und meiner Mutter fiel nichts Besseres ein, als: „Freut mich, dass Du so ein Glück gehabt hast!" Wie könnte ich ihr das verübeln. Doch wäre sie nur dabei gewesen, mit mir durch die Brennnesseln gekrochen. Wie viele Male verscheuchte ich den dicken Schatten in der Schwalm, dem kleinen Flüsschen unweit meines Zuhauses. Geduldig musste ich warten, bis sich der Fisch wieder unter der überhängenden Weide einfand. Die Rute war viel zu kurz, um drei Maden in die richtige Drift zu bringen, genau aufs Maul des Döbels zu. Zig Male trieben sie unbeachtet vorbei. Dann verschwanden sie ruckartig im Maul des Fisches, ich schlug an und mit einem lauten „Pfitsch" schoss die Montage an mir vorbei ins Gebüsch – zu früh. Und doch raffte ich mich wieder auf, versuchte es erneut und fing ihn tatsächlich noch, den alten Dickkopf. Das ist lange her. Heute ist Angeln Teil meines Jobs und meine liebe Mama hat eingesehen, dass gute Fänge eben doch nicht so viel mit Glück zu tun haben. Schließlich schreibe ich die meiste Zeit über Techniken und Taktiken, die uns Angler am Wasser weiterbringen sollen. Doch sehen wir es realistisch: Glück beim Angeln bedeutet, zur richtigen Zeit am richtigen Ort zu sein. Und schon wird es viel greifbarer, das gute Glück. Denn auf einmal können wir es beeinflussen. Wenn wir im Hochsommer lieber bei Tiefdruck und schwerer Bewölkung an den flachen See fahren, als bei 30 Grad im Schatten, feilen wir schon an unserem Glück. Genauso, wenn wir Mond, Wind und Temperatur beachten. Bevor ich mit Ihnen auf Spurensuche gehe und meine Erfahrungen mit den äußeren Einflüssen schildere, erzähle ich Ihnen eine Geschichte aus einem vergangenen Sommer. Von zwei Nächten an der notorisch schwierigen Weser, zwei großen Fischen und vielen Karpfenanglern, die mir noch heute gerne auf die Schulter klopfen und sagen: „Mann Junge, da hast Du echt ganz schön Glück gehabt!" Ja schon, aber eben nicht nur...

Zu Gast auf den Weserwiesen bei Minden.

WESER-WIESEN

Es war am 16. August, Meik Pykas Geburtstag. Und die Party stieg dort, wo sich mein Freund dieser Tage am wohlsten fühlte: am Ufer der Weser nördlich von Minden. Als ich am frühen Abend ankam, war die Partygemeinde längst versammelt, die Stimmung ausgelassen. Schnell organisierte ich mir eine Erlaubniskarte für das verlängerte Wochenende und machte mir ein Bild von der Situation. Wirklich viel Platz stand mir nicht zur Verfügung. Stromab angelten Philipp und Thomas aus Erfurt – auch Gäste. Stromauf lagen die Montagen von Meik und Mark. Also warf ich mehr oder weniger blind zwei Ruten in den einzigen noch unbefischten Buhnen aus. Gute Gespräche, Leckeres vom Grill und das eine oder andere Kaltgetränk ließen mich schnell vergessen, dass meine Rigs genauso gut auf Land liegen könnten. Dabei waren die Bedingungen perfekt: Im August, nach einer langen, heißen Phase, hatte sich eine milde Wetterlage stabilisiert. Seit Tagen blies ein Südwestwind über die Weser. An vielen Gewässern setzt in genau dieser Zeit ein großes Fressen ein. In dieser Nacht hallte aber nur das Schnarchen der Schlafenden über die Weserwiesen, keiner der zehn Bissanzeiger gab einen Ton von sich. Was sollten wir auch erwarten? Nach einer Woche mit nur einer Barbe und einem Döbel packten Philipp und Thomas am Morgen ein. Für mich war das nur gut, denn jetzt würden die stromauf ziehenden Fische zuerst über meine Köder kommen. Die beiden hatten strategisch eigentlich sehr günstig gesessen. Sie fischten vor und in den ersten beiden Buhnen, die stromauf eines Durchbruchs der Weser in einen großen Baggersee liegen. Fische, die den See verließen, würden sie so abpassen. Doch den Platz übernahm ich bewusst nicht. In einem der vielen Gespräche mit Meik über die Geheimnisse dieses Stromes erzählte er mir, dass er im besagten Baggersee zwar schon Fische fing und sehr viele beobachtete. Er habe aber noch nie einen Biss in dem gut 20 Meter breiten Durchlauf bekommen.

Eine Beobachtung, die ich auch an einem geschleusten Nebenarm der Elbe in Hamburg machte. In einem größeren Yachthafen fing ich bei fast jedem Besuch Fische. Im Durchgang zum Hafen biss, trotz markanter Strukturen und einer Steinschüttung die vor Krebsen nur so wimmelte, ganz selten ein Karpfen. Nicht überall fressen die Fische also auch auf ihren Zugrouten. Ich blieb bei meinen zwei Buhnen, die etwa 150 Meter weiter stromauf lagen. Die mit Steinen aufgeschütteten Buhnen dieses Weserabschnittes liegen knapp unter Wasser. Nur wenn sich ein Lastkahn durch den Fluss schiebt, werden die Steine durch den Sog freigelegt und die Enden der Buhnen werden erkennbar. Mit einer Jig-Rute und einem Gummifisch am 15-Gramm-Kopf inspizierte ich meine Buhnen genauer. Spinnfischen mit Grundkontakt ist eine gute Methode, um etwas über die Bodenbeschaffenheit eines Gewässers zu erfahren und nebenbei vielleicht noch Fische zu fangen. Tatsächlich bissen ein paar mittlere Barsche und ein übermütiger Hecht-Zwerg schüttelte sich kurz vor der Landung ab. Viel interessanter aber: Dort, wo der letzte Stein des Buhnenkopfs am Grund lag, zog sich ein etwa zwei Meter langer Sandstreifen in Richtung Flussmitte. An der straffen Rute mit geflochtener Schnur und dem schweren Jig konnte ich hervorragend den Boden abtasten. In den Buhnen selbst lagen viele Steine. Der Sandgrund gefiel mir besser. Hier könnte ich die Montagen sauber präsentieren und nicht selten ist Flusssand gespickt mit Körbchenmuscheln – leichte Beute für Weserbullen!

KEINE BARBE
Am Abend warf ich beide Montagen auf die Sandstreifen vor den Buhnen. Ich verteilte mit der Kelle rund zwei Kilo 24er Boilies, kontrollierte die Bremsen und Bissanzeiger, folgte mit hoffnungsvollem Blick einem Stück Treibgut stromab und kehrte zu den anderen zurück. Mittlerweile hatte die Dunkelheit übernommen. Im Schein zahlloser Teelichter saßen wir beisammen und redeten durcheinander. Plötzlich übertönte ein schrilles Piepen alle Stimmen. 15 Augenpaare stierten ungläubig auf eine Rute am Weserufer und ich rannte, was meine Beine hergaben. Es war die linke, also die Rute stromauf. Als ich sie aufnahm, setze sich mein Gegenüber kaum zur Wehr. Schon kam Enttäuschung in mir auf – nur eine Barbe? Carsten eilte mit dem Kescher zu mir, krempelte sich die Hose hoch und stieg barfuss in den Fluss. „Mach dir keinen Stress, das ist nur ne Barbe", sagte ich. In der Buhne machte der Fisch eine einzige, träge Flucht, dann glitt er in den Kescher, doch Carstens Rücken versperrte mir die Sicht. „Das ist keine Barbe!" hauchte Carsten mit zittriger Stimme in die frühe Nacht und wuchtete einen massiven Schuppi auf die Matte. Als ich wenig später die Waage stemmte, umzingelte mich die Partygemeinde. Es wurde geschätzt und gestaunt. „Boah", „Heftig!", „Das gibt's doch nicht", klang es aus der Menge. Bei 22 Kilo blieb der Zeiger stehen und ich war erst mal sprachlos. Jeder Nichtangler, der diesen Schuppi zu Gesicht bekäme, würde sagen: „Oh Gott, ist das hässlich!" Doch wir Karpfenangler dort auf diesem Sommerfeld der Weser bestaunten einen uralten, verbauten, echten Charakterfisch. Ein Weser-Original, das schon so einige Stromkilometer auf dem narbigen Buckel hatte. Natürlich drehten sich die euphorischen Gespräche bis tief in die Nacht hinein nur um dieses Ereignis.

SCHLEIMSCHNECKEN

Alles schlief, nur mein Schatten huschte durch die Wiese. Ich hatte keine Idee, wie spät es war und ob es den dicken Schuppi nur in meinen Träumen gab. Doch ein Fallbiss auf der rechten Rute weckte mich aus dem Tiefschlaf. Voller Ekel sprintete ich durchs Feld. Denn wenn nicht die Nesseln brannten, kreuzte ich mit meinen nackten Beinen den Fresspfad einer Nacktschnecke. Zu tausenden schmierten sich die Viecher durchs Gestrüpp und blieben besonders gerne an meinen Beinen kleben. Tatsächlich hing der Swinger voll durch. Ich nahm Schnur auf, bis ich Kontakt hatte und plötzlich explodierte fast die Bremse. Der Fisch nahm rasant Schnur. Nach drei kräftigen Fluchten endete der Drill aber auch schon, und die gute Barbe ließ sich wie ein nasser Sack in den Kescher ziehen – völlig entkräftet. Noch in den Maschen löste ich den Haken, kontrollierte die Montage und warf sie wieder aus. Ein paar Boilies hinterher, ab in den Schlafsack! Als mir die Funkbox den nächsten Drop Back meldete, graute bereits der Morgen. Völlig übermüdet versuchte ich, meinen Wiesenpfad zu finden und möglichst keine Schnecke zu berühren. Ich war noch gut 15 Meter von der Rute und dem Drill mit einer weiteren vermeintlichen Barbe entfernt, da wurde die Spitze zur Wasseroberfläche gebogen und Schnur von der Rolle gerissen – Vollrun! In drei Sätzen war ich an der Rute, nahm sie auf, spürte, dass die Schnur irgendwo hing, erhöhte den Druck und plötzlich wurde alles schlaff. Nein! Verloren! Ungläubig stand ich am Ufer und blickte ins Wasser. Dann wurden meine Augen immer größer, denn zu meinen Füßen schwamm ein großer Spiegler. Er hatte einen leichten Drall zur Seite, als müsse er eine Last ziehen. Und erst jetzt bemerkte ich mein Blei unter seiner Flanke, sah aus dem Augenwinkel, dass sich die schlaffe

„Mach Dir keinen Stress, das ist nur ne Barbe". Vonwegen...

Wir fotografierten den Spiegler unter den Trauerweiden im Fluss.

Schnur wieder straffte und realisierte endlich. So schnell ich konnte kurbelte ich Schnur auf, sah, wie der Bogen zum Fisch enger wurde und plötzlich hatte ich Kontakt! Vorsichtig balancierte ich mich rückwärts drei Schritte zurück, tastete nach dem Kescher, kletterte die Steinschüttung hinab und schöpfte den Großen ab, noch bevor er sich wirklich wehren konnte. Was war geschehen? Der Fisch musste, nachdem er sich gehakt hatte, in die Buhne geflohen sein, darum der Fallbiss. Dabei blieb sicher die Schnur an der Spitze des Buhnenkopfes hängen und der Karpfen zog wie um einen Umlenker, darum der Run. Als ich die Rute aufnahm, löste sich die Schnur und erschlaffte, bis ich wieder Kontakt zum Fisch herstellte. Schnaufend trug ich meine Beute zur Matte und schaute zu Meiks Zelt unter einer Weide stromauf. Er lag in seinem Schlafsack und schaute hinaus. Einen Kommentar brachte er nicht hervor, nur Kopfschütteln. Um Milligramm verfehlte der Spiegler die 20-Kilo-Marke. Als wir den zweiten alten Recken ablichteten, sagte keiner was. Das war einfach zu unrealistisch. Ich grinste und war berauscht. Vielleicht vom Sekt der Schuppi-Feier am Vorabend. Wohl eher aber, weil ich endlich realisierte, was mir da gelungen war.

RIGS FÜR DEN STROM:

Besonders bei Strömung ist es wichtig, dass alles fangfähig am Grund liegt, bis ein Karpfen den Köder nimmt. Darum band ich rund 25 Zentimeter lange Mono-Vorfächer aus 0,50-Millimeter-Schnur. Auf die Haare zog ich jeweils zwei 24-Millimeter-Boilies – schwere Köderpakete, die von der Strömung kaum bewegt werden und nicht so schnell in Döbel- oder Barbenmäulern landen würden. 180-Gramm-Bleie im Safety Clip sollten reichen, auch wenn sich noch ein eiliger Kahn verspätet durch den Fluss schieben würde.

Spuren suchen, Fische finden

„Most of my carp fishing is based around letting the fish tell me what to do."
Terry Hearn, „Still Searching"

Die meiste Zeit bleiben uns unsere Zielfische verborgen. Doch wenn wir es darauf anlegen, werden wir sie häufiger bemerken, als manch einer glauben mag. Sehen müssen wir sie gar nicht unbedingt. Wir können sie auch so aufspüren, also packen wir es an!

Danke Google

Mit Google können wir an großen wie kleinen Gewässern schon heiße Bereiche finden, ohne überhaupt jemals dort gewesen zu sein. Wer www.google.de öffnet, kann in der Leiste oben links auf Maps klicken und sich jeden Fleck der Welt aus der Luft ansehen, als Karte oder Satellitenbild. Noch besser ist das Programm Google Earth, das Sie sich kostenlos runterladen oder über Google Maps aufrufen können. Ich habe mittlerweile beide Programme auf meinem Smartphone immer dabei. Gewässer lassen sich nicht nur von oben genau studieren und einzelne Abschnitte als Bild abspeichern, sogar die Distanzen vom angedachten Angelplatz zu potenziellen Hotspots können mit einem Lineal abgemessen werden. Die Satellitenbilder vieler, gerade klarer Gewässer sind so genau, dass wir Plateaus, Seerosenfelder und Landzungen erkennen. Doch nach so auffälligen Stellen suche ich gar nicht unbedingt, denn die fallen jedem gleich ins Auge. Der Blick von oben ermöglicht mir, ein Gewässer einzuschätzen: Wo liegen Verengungen, die die Fische passieren müssen? Wo bündeln sich heiße Stellen? Nicht die zwei nahe beieinander liegenden Häfen sind so interessant, vielmehr ist es die Fläche dazwischen, die mich aufmerksam macht. An den Häfen wird bestimmt schon gefischt, doch füttert auch jemand im freien Bereich dazwischen? Auch den Hauptkörper eines Gewässers nehme ich ganz genau unter die Lupe. Große Wasserflächen ziehen besonders im Sommer, Herbst und bei hohem Angeldruck Karpfen magisch an, sie bieten den Fischen Platz und Ruhe. Von wo aus kann ich hierher fischen, wie weit ist es? Fragen, die sich so im Vorfeld beantworten lassen. Doch Vorsicht, hören Sie immer auf Ihren Instinkt! Wie oft schon plante ich anhand des Blicks von oben und vor Ort sah die Welt ganz anders aus. Dann können wir uns nicht an Plänen festklammern. Google-Kartendienste sind tolle Hilfsmittel zur Orientierung, mehr nicht.

Information ist alles (und nichts)

Vielleicht ist das eine journalistentypische Charaktereigenschaft, doch ich sammle und speichere alle Infos zu Gewässern. Auch bin ich da akribisch und habe – wie viele von uns Jägern und Sammlern – ein fotografisches Gedächtnis, wenn es um Fische geht. Oft, wenn ich mit Freunden alte Fotos sichte, erinnere ich mich genau an die Fangumstände und Fischgewichte. „Dass Du Dich daran noch erinnerst...", höre ich dann manchmal schon fast vorwurfsvoll. Doch ich denke, damit ein Ass im Ärmel zu haben. Informationen finden Sie auch im Internet, doch am besten sammeln wir sie vor Ort. Zunächst verschaffe ich mir einen Eindruck von den Umständen über und unter Wasser. Welche Stellen sind dauerhaft besetzt? Welche Plätze erwiesen sich in der Vergangenheit als gut und gab es dafür nahe liegende Gründe? Reagieren die Fische auf Wind oder andere Einflüsse und zu welchen Zeiten fressen sie? Wie angeln die anderen? Gibt es Stereotype bei der Rig- und Futterwahl? Wie häufig kommen sie ans Wasser und wann, an Wochenenden oder unter der Woche? Wie viel Angelzeit investieren sie, wie häufig füttern sie und vor allem: welche Mengen? Zumindest teilweise werden Sie diese Infos alleine durch Beobachtungen und Gespräche mit Anglern vor Ort erhalten. Und ich sage hier bewusst Angler, nicht Karpfenangler! Mir haben in Hamburg an einem Elb-Arm die Vertikal-Angler sehr geholfen. Die Jungs sind regelmäßig auf dem Wasser und können immer genau sagen, an welchen Stellen keine Zelte stehen. Ich erkundige mich gerne bei Anglern aller Art, um einen guten Eindruck zu machen und mit den Klischees aufzuräumen, die wir Karpfenangler so in die Welt tragen. Wenn dann die Frage kommt: „Ach, bist Du auch einer von diesen Karpfen-Verrückten?", lache ich halt mit, bin ich ja auch… Die Jungs mit Feeder-, Match- oder Stipprute können uns jedenfalls schnell sagen, ob der Bestand an Satzkarpfen oder Großbrassen dicht ist…

Rechts: Unter dem überhängenden Ast oben im Bild fing ich etliche Fische auf weiße Pop Ups.

Eine Goldgrube für relevante Informationen sind aber Karpfenangler, die das bestimmte Gewässer bereits abgehakt haben. Vielleicht können Sie Infos zu anderen Gewässern im Tausch anbieten? So handhabe ich es oft und bin dabei absolut integer! Der Ruf ist da wichtig: Wer Infos will, muss sie strikt für sich behalten können! Auch Informationen dienen nur der Orientierung, lassen Sie sich bloß nicht von den Ansichten anderer vereinnahmen. Ich selbst ertappe mich oft dabei, Standards zu übernehmen und muss mich erst mal wieder wachrütteln, um zu meinem ganz eigenen Stil zurückzufinden. Also: Haben Sie Selbstvertrauen! Um Infos richtig einordnen zu können, ist eine Menge Erfahrung nötig. Die kommt mit der Angelzeit. Viel Zeit am Wasser zu verbringen, mit und ohne Ruten, ist der beste Weg zum Erfolg. Ich hatte meine großen Sternstunden immer dann, wenn ich am Puls der Zeit des jeweiligen Gewässers war. Nur wer draußen ist und die Augen offen hält, weiß, was am Wasser passiert (und behält es bestenfalls erstmal für sich). Jetzt gehen wir aber endlich auf Spurensuche.

Spähen und Lauschen

All die klassischen, viel zitierten Hotspots sind am Wasser schnell gefunden: Krautfelder, Seerosen, Schilf, Bäume im Wasser, Landzungen über Wasser, die sich womöglich unter der Oberfläche fortsetzen, Plateaus und Kanten, Löcher und Rinnen, Häfen, Poller und Bootsanleger, Übergänge von Steinschüttung zu Spundwand und so weiter. Mit einer Polbrille und geschultem Blick, Boot und Echolot oder der Lotrute werden wir schnell fündig – etwas Fleiß vorausgesetzt. Warum ich welche Plätze und Bodentypen bevorzuge und wie ich sie beangle, beschreibe ich später noch ausführlich. Doch lieber finde ich Fische ganz direkt als indirekt: mit Augen und Ohren! Ihre Zugrouten verraten Karpfen an manchen Gewässern durch Springen und Rollen. An der Hamburger Dove Elbe, einem geschleusten Elbarm, verriet mir ein einziger buckelnder Fisch den Hotspot schlechthin.

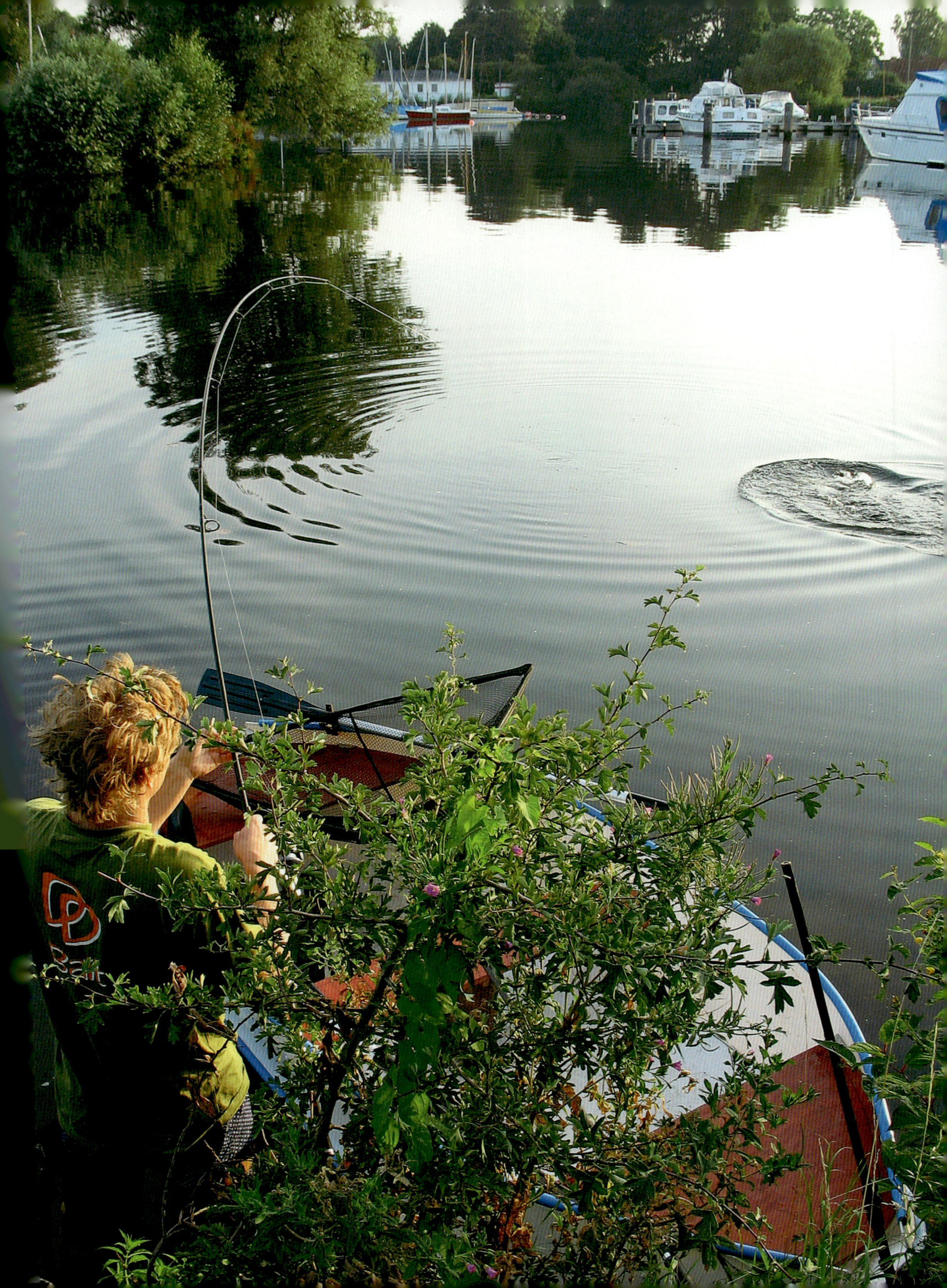

Zwei gute 30er, die in anderthalb Metern Tiefe unterm Baum bissen.

Es war ein lauer Juliabend, ich hatte die Ruten längst in einer Hafeneinfahrt ausgelegt, saß im Gras und beobachtete das Wasser. Heimlich und geräuschlos teilte ein guter Fisch mit seinem Rücken das Wasser direkt unter einem überhängenden Baum. Ohne lange zu zögern, hole ich eine Montage ein und montierte ein Pop Up Rig, da ich an der Stelle mit unsauberem Boden rechnete. Die Montage ruderte ich dorthin, wo sich die letzten Ringe gerade verloren. Eine Stunde später glitt der erste Fisch von diesem Mini-Spot in nicht mal anderthalb Metern Wassertiefe in den Kescher, drei weitere folgten bis zum frühen Morgen. Von den rund 45 Läufen, die ich an diesem Platz hatte, kamen 40 unterm Baum! Mittlerweile wurde der schöne, weit überhängende Ast des Baumes, unter dem ich immer den Poppy platzierte, entfernt. Er störte wohl die Ordnung im Yachthafenbereich. Meine Sorge, dass der Platz jetzt nicht mehr laufen würde, bestätigte sich in der ersten Saison nicht. Ich fing dort nach wie vor! Doch mittlerweile bleiben die Bisse aus, die Fische haben den Hotspot anscheinend „vergessen". Ruhezonen sind auch bei einer Wanderung am Wasser schnell gefunden. In klaren Gewässern werden Sie die großen Schatten unserer Schätzchen oft unter den überhängenden Bäumen ziehen sehen, oder ein breiter Rücken ist zwischen den Pflanzen einer Krautbank erkennbar. Besonders gut aber gelingt mir die gezielte Suche lautlos vom driftenden Boot aus. Wie angewurzelt stehe ich dann im Kahn, den Schirm des Caps tief im Gesicht, die Polarisations-Brille auf der Nase und suche das Wasser ab. Unscheinbare Stellen wie versunkene Boote, die bereits beschriebenen „Schubberplätze", Kiesflächen auf Sandgrund oder zum Beispiel größere einzelne Steine sind im flacheren, klaren Wasser schnell gefunden. Wie Fraßlöcher genau aussehen, beschreibt Ihnen Chris Ackermann in seinem Gastbeitrag übers Schnorcheln. Doch die kleinen Krater sind auch vom Boot aus gut zu entdecken. Ein Aquascope (Hilfsmittel aus dem Segelbedarf) oder ein Eimer ohne Boden erleichtern die Spurensuche. Am eindrucksvollsten ist es, Karpfen direkt zu beobachten. Und gute Indikatoren sind Koi! Ich kenne viele Gewässer, an denen einzelne Koi mit normalen Karpfen umherziehen. An Forellenseen ist das ähnlich: Dort sind es die Goldforellen, die ihre Artgenossen immer wieder verraten. Oft genug sah ich schon von weitem einen farbigen Fleck an der Oberfläche, der sich bewegte. Als ich mich dem Koi näherte, war er umgeben von vielen großen, dunklen Umrissen: Karpfen!

Bevor ich in den Norden zog, lebte ich am Niederrhein. Besuche ich dort meine Familie, verbinde ich das gerne mit einer Nacht an meinem damaligen Hausgewässer: dem Venekotensee. Oft nehme ich mir dann freitags frei und komme donnerstags abends spät an. Nach einem gemeinsamen Abendessen mit meinen Eltern schlendere ich durch die Dunkelheit am See und sperre die Lauscher auf. All zu oft haben sich die sonst so heimlichen Karpfen dann verraten! Und springen oder rollen sie vermehrt in einem bestimmten Bereich, weiß ich, wo ich angeln muss. Zuvor verteile ich dort aber noch etwas Futter: ein paar Boilies, Pellets und Partikel. Bei Nacht sind auch gute Augen Gold wert, unterstützt durch starke Lampen!

Links: Aquascope, ein nützliches Hilfsmittel.
Rechts: Vom Boot mit Pol-Brille suche ich gerne.
Unten: Der Spiegler vor dem Koi wiegt über 20 Kilo!

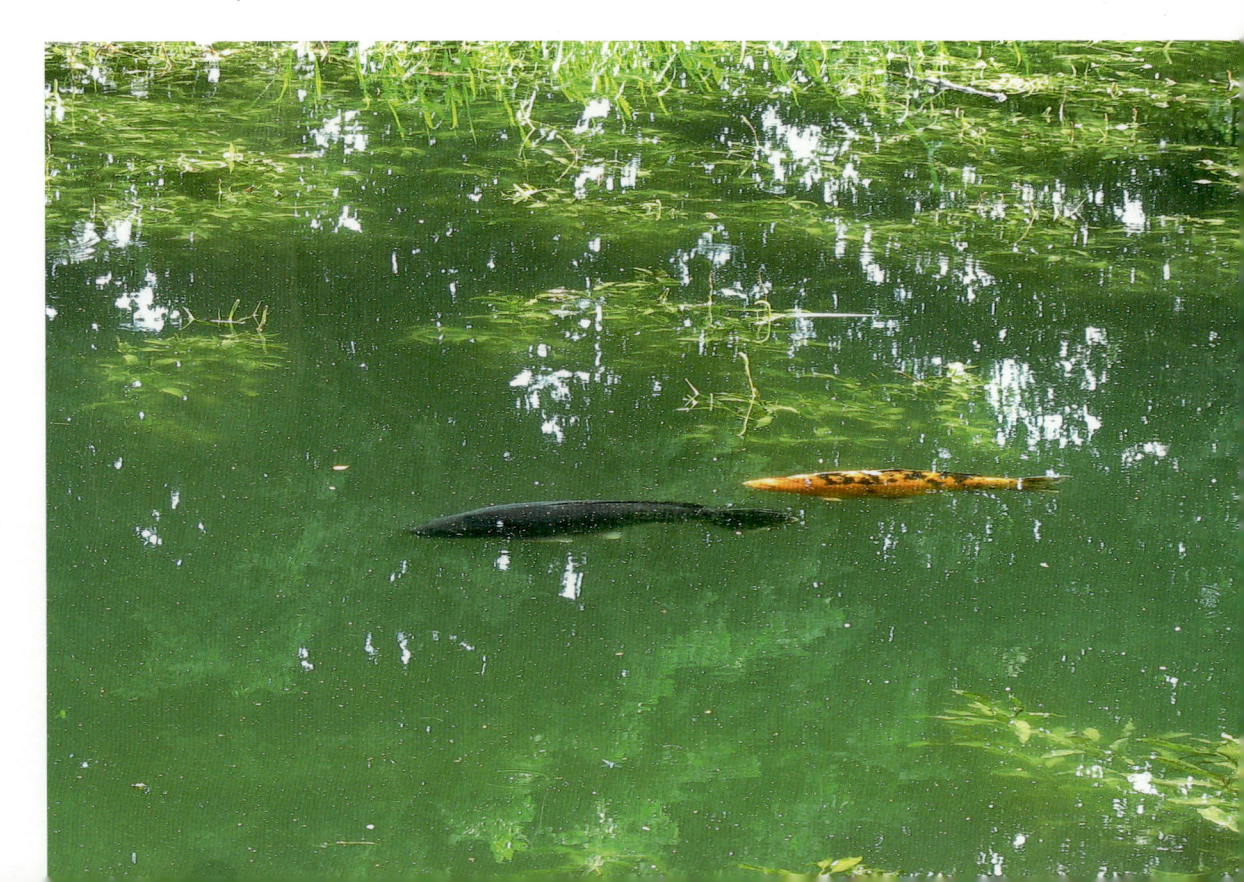

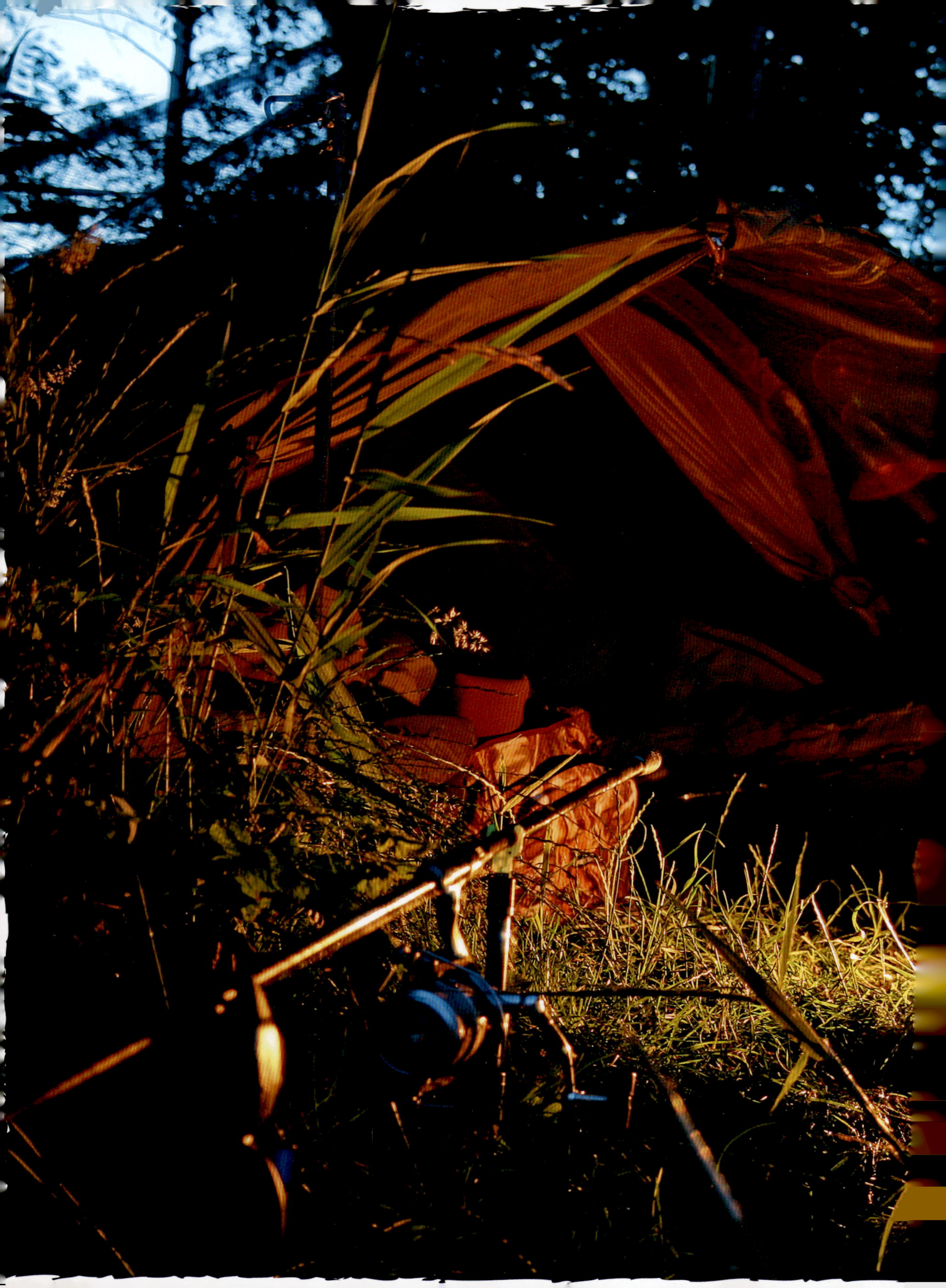

Silhouetten im Lampenschein

Lautlos setze ich die Paddel auf und treibe das Faltboot kraftvoll voran. Nur die Ringe an der Oberfläche könnten mich verraten. Immer weiter entfernt sich das flackernde Teelicht am Ufer. Phantome spielen im Nebel Verstecken. Wie Teer liegt das Wasser bei Nacht. Doch ich fühle, dass die Welt unter der Oberfläche jetzt im Mai in Bewegung ist. Dem Ziel schon sehr nahe, wende ich das Boot und drücke mich aus der Brust raus vorwärts voran. Die weiße Rinde der Birke, die dem letzten Sturm nicht trotzte und deren Krone bis weit unter die Oberfläche ragt, zeichnet sich gegen das diesige Nachtschwarz ab. Es ist soweit, ich lege die Ruder leise ins Boot, lasse es gleiten und richte mich auf. Dann lege ich mir die schwere Taschenlampe auf die Schulter und richte ihren kräftigen Lichtstrahl aufs Wasser. Sofort wird der Strahl von einer freigefressenen Sandfläche reflektiert. Die angrenzenden Krautwände ragen anderthalb Meter hoch. Langsam drifte ich weiter. Das Licht flieht über das Wasser wie ein Scheinwerferkegel auf Häftlingssuche in Hollywoodstreifen über Gefängnisausbrüche. Wie panisch entschwinden die Nebelschwaden. Dann halte ich inne: Im Schein der Lampe zeichnet sich ganz deutlich die Silhouette eines großen Spieglers ab! Da, ein zweiter kommt auf die Bühne, gefolgt von mehreren kleinen Schuppis! Die Fische sind also wieder hier, wie schon vor zwei Wochen, bei meinem letzten Besuch. Auch da kam ich erst im Dunkeln an und musste mich bei der Suche im Flachwasser auf Licht verlassen. Ohne Scheu, als würden sie das Licht nicht bemerken, marodieren die Tiere weiter an den Krautfahnen lang. Immer wieder, wenig zielgerichtet, senkt einer den Kopf, um dann mit stülpenden Lippen Sediment auszublasen. Ich suche in dem Bereich nach einer krautfreien Stelle und werde fündig. Ohne ein Geräusch paddle ich genau über den Sandfleck, öffne die Rolle an der Rute im Boot und lasse die Montage von Hand hinab auf die helle Stelle im Kegel meiner Kopflampe – tiefer als 80 Zentimeter ist es sicher nicht. Deutlich erkenne ich den weißen Pop Up. Im gesamten Bereich verteile ich einige weiße Bodenköder. Viele Boilies bleiben deutlich sichtbar auf den massiven Krautwänden liegen. Wenn ich mich im Kreis drehe, leuchten rund 15 weiße Punkte um den Hakenköder – perfekt! Mit offener Rolle steuere ich mein Teelicht an und achte peinlichst darauf, dass die Schnur sauber abläuft. Die kleine Flamme hat ihren Wachs noch nicht veratmet, da habe ich schon den ersten Karpfensack im Wasser. Am Morgen kommt dann noch ein zweiter guter Dreißiger dazu, auch genau wie bei meinem letzten Besuch...

Das erste Mal las ich von der Taktik, Fische nachts aktiv im Schein der Lampe zu suchen, in einem Artikel vom Belgier Tommy de Cleen. In Benelux wird sie angewendet, um klare Kanäle abzulaufen und Fische zu suchen. Doch sie klappt auch in klaren Seen vom Ufer oder Boot aus hervorragend und ist extrem spannend. Sogar an einem über 600 Hektar großen Natursee in Mecklenburg-Vorpommern fand ich im Mai so die Bereiche am Schilf, wo die Fische bevorzugt fressen. Denn ich beobachtete sie dabei im Schein meiner Lampe!

Bodentypen

Mit Posen-Lotmontage und Tastblei entdecken wir vom Ufer aus Strukturen, erkunden die Tiefenverhältnisse und ertasten über die Rutenspitze die Bodenbeschaffenheit. Mit etwas Übung entwickelt man schnell ein Gefühl dafür, welche Reaktionen der Rutenspitze für welchen Bodentyp stehen, wenn man das Blei langsam über den Grund zieht. Bewegt es sich nur schwerfällig bei gekrümmter Spitze: Schlamm. Harter Boden und viele kleine Rucke: grober Kies. Kaum Widerstand: Sand. Lehm, Algen oder Kraut bleiben oft am Blei hängen. Unbeschichtete Bleie mit Noppen für bessere Fühlung sind ideal, denn beschichtete Bleie nehmen den Geruch des Bodens nicht an. Vermuten Sie Faulschlamm, lassen Sie das Blei einige Zeit darin liegen, kurbeln zügig ein und nehmen eine Geruchsprobe. Wenn wir uns weniger für die Struktur des Bodens und mehr für die Tiefe und Beschaffenheit interessieren, reicht auch ein Lotblei ohne Pose: Auswerfen, grob zählen, wie lange das Blei braucht, um den Boden zu erreichen und langsam darüber schleifen, bis Sie interessante Beschaffenheiten oder Tiefen gefunden haben. Mittlerweile entspricht meine Zählgeschwindigkeit der Sinkgeschwindigkeit des Bleis auf einen Meter genau. Und eine Markerpose setze ich kaum noch ein. Welcher Untergrund produktiv ist, hängt stark vom Gewässer und der dort vertretenen natürlichen Nahrung ab. Harte Stellen suchen, heißt es oft. Doch das würde ich so nicht unterstreichen. An den Torfstichen, die ich intensiv beangelte, passierte das sehr häufig: Holte ich nach einem Fehlwurf die Rute ein, hing eine kleine rote Zuckmückenlarve im Hakenbogen und wand sich. Die Stelle, wo das Blei in den Boden einschlug, konnte nicht schlecht sein, denn wo eine Larve ist, sitzt oft der ganze Grund voll! Diese natürlichen Fressplätze gezielt zu finden, war leider unmöglich. Doch wenn sich mal eine Larve hakte, dann immer auf weichem Grund. Allerdings nie in den extrem verschlammten Bereichen. Das zeichnete sich jedenfalls deutlich an den Torfstichen ab: Produktiv waren besonders die Areale mit sandiger Bodenbasis und etwas weichem Sediment darauf. Die wirklich verschlammten Bereiche (und Faulschlamm gab es wegen der geringen Wassertiefen nicht) brachten mir zumindest keine Fische. Oft wird aber auch einfach die Bedeutung der Präsentation unterschätzt: Legen wir auf sehr weichem Boden einen Futterplatz an, graben die Fische beim Fressen das Futter und, mit Pech, eben auch den Hakenköder immer weiter ein. Das entspricht ihrer natürlichen Nahrungsaufnahme. Doch ich denke, dass der Köder so oft liegen bleibt. Anders auf härteren Stellen: Hier ist das weiche Sediment beim Fressen schnell abgetragen. Bei den Ausnahme-Sessions, die ich an solchen Seen erlebte, landete das Blei nach vielen Bissen plötzlich auf hartem Boden. Den Schlamm hatten die Fische längst beiseite geräumt. Zusammengefasst: An den Torfstichen fraßen die Fische im weichen

Ich stehe auf Kies, doch die Fische fressen auf weichem Boden rund 15 Meter vom Ufer entfernt.

Boden, härtere Stellen boten sich aber zum Füttern und Fischen an. Ganz anders zum Beispiel am Cassien. Hier kann ich das nicht nur durch Fänge, auch durch Beobachtungen beweisen: Gerne platziere ich Ruten zum Beispiel mit einzelnen Tigernüssen weit hinten in den ruhigen Nordarmbuchten. Darüber wird zwar viel geschrieben, es macht aber doch kaum jemand. Im klaren Wasser fand ich dort schon häufig deutliche Fraßspuren. Und die zeichneten sich immer in weicherem Boden ab. Oft wechseln sich hier harte, sandige Flächen mit dunklen, weicheren Flächen ab. An vielen Stellen kommt auch sehr weicher Boden vor, der auf den ersten Blick wie Sand aussieht, greift man allerdings hinein, ist nur die oberste Schicht hell, darunter kommt dunkles Sediment zu Tage und färbt das Wasser ein. Sollten Sie mal wieder am heiligen See sein und im Nordarm den Platz „Rotkehlchen" befischen, schauen Sie links vom Platz vorm Schilf nach. Da finden

Der Leder aus dem Cassien biss vorm Schilf und machte meinen kürzesten Trip zur Traumtour.

Sie solchen Boden und meistens auch Tausende Brassenfraßlöcher. Doch gehen wir noch tiefer ins Detail: Bei einer Sommer-Session im Südarm fand ich beim Schnorcheln vor einem Schilffeld in drei Metern Tiefe einen Streifen, der aussah, wie ein von Wildschweinen durchpflügter Acker. Diese Fraßfurche zog sich über mehrere Meter Länge auf einer Breite von rund 50 Zentimetern entlang des Schilffeldes, auf das der Wind stand. Die Größe der einzelnen Löcher deutete auf gute Fische. Doch interessanter war, dass die Fraßfläche wie mit dem Lineal gezogen erst in rund einem Meter Entfernung vom Schilf begann. Ich platziere eigentlich meine Montagen am liebsten sehr nah an solchen Schilfkanten, sogar manchmal darin, deshalb war ich hier etwas irritiert. Doch eine Bodenprobe erklärte schnell, warum so nah am Schilf kein Rüsselabdruck war: Die dichten Wurzeln des Schilfs hatten den Boden hier förmlich verschlossen, viel zu holen gab es da nicht. Anders dort, wo die Wurzeln endeten. Also verteilte ich über die ganze Furchenlänge zerkleinerte Tigers und reichlich Hanf und tauchte eine Montage dort ab. Die Rute brachte drei Fische, einen kleinen Spiegler, den Leder „Half Tail", ein echtes Original des Sees und einen guten Schuppi. Mit diesem Beispiel will ich Ihnen nicht raten, am Cassien ausschließlich auf weichem Boden zu fischen. An vielen Stellen ist das gar nicht möglich. Doch es gibt solche Bereiche, die sehr produktiv sind. Die Ebene im Tiefen vor „Ruine" ist so ein ganz heißer Bereich für den Sommer und Herbst, wenn die Fische tief fressen. Auch dort ist der Boden recht weich. Oder am Fuße des Steilufers zur Brücke hin gesehen vom Kühlschrankplatz. Je nach Wassertiefe in fünf bis neun Metern liegt hier ein Bereich mit weichem Boden, auf dem regelmäßig Fische fressen. Zusammengefasst: An „übersichtlichen", also ebenen Stellen ist weicher Grund, falls vorhanden, eine gute Wahl. In extrem strukturierten Bereichen, zum Beispiel direkt in den Steilufern, kommt es eher darauf an, die Köder auffällig zu präsentieren. Ein Beispiel: Das Steilufer im Nordarm ist bekannt. Kommt man von der Staumauer, macht es einen Knick nach links in den „Kühlschrank". Hier fanden wir beim Schnorcheln viele kleinere Bereiche mit dem sonst so produktiven weichen Boden. Sie lagen zwischen den vielen verschiedenen, großen Felsen. Doch in sieben Tagen Angeln biss hier nichts. Das Ufer fällt dort steil ab und bildet mehrere Treppenabsätze. Einer stach durch seine Größe hervor. Die Montage auf dem eigentlich völlig uninteressanten Schotterboden der „Stufe" hakte jeden Tag zwei Fische! Viele meiner Freunde wissen Ähnliches zu berichten und legen in den Steilufern ihre Montagen zum Beispiel bewusst mitten auf besonders großen Steinen ab, damit die Köder streunenden Fischen schneller auffallen. Auf den wenigen Schlammplätzen würden wir sie hier eher verstecken.

Links: das Steilufer. Mitte: Klaus Wegmann fotografiert Christians ersten Cassien-Fisch, gefangen im Steilufer. Rechts: Der Übergang von Stein zu Schlamm am Einlauf im Südarm ist gut zu erkennen.

Zurück nach Deutschland: An den gigantischen Wasserflächen der Naturseen Mecklenburg-Vorpommerns, Schleswig-Holsteins und Brandenburgs kann die Stellenwahl auch vom Untergrund bestimmt werden. Ich verlasse mich da auf die langjährige Erfahrung von Marcus Lechelt. Er verriet mir, dass Bereiche mit grobkiesigem Boden und leichtem Krautbestand an vielen Seen, aber dort nur in wenigen Bereichen zu finden und immer sehr gut sind. Ein wichtiger Hinweis, wenn man sich vor lauter möglichen Hotspots nicht für einen entscheiden kann.

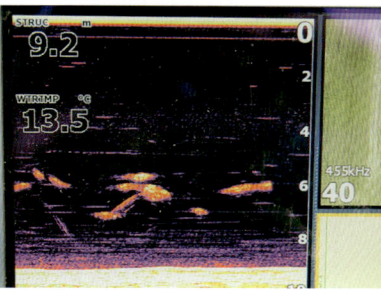

Wir glaubten kaum, was wir da sahen: Karpfen auf dem Echolot und dem Monitor der Kamera!

Mit Echolot und Unterwasserkamera

Ein Boot bietet uns die Möglichkeit, bei der Stellensuche Echolot, GPS, Unterwasserkamera und Tastblei oder -Stab einzusetzen. Geübte können schnell den Bodengrund anhand der angezeigten Grayline (zeigt die Dichte des Bodens) bestimmen – je massiver, desto härter. Trotzdem habe ich beim Loten vom Boot aus immer ein 150-Gramm-Blei an einer Spule dicker Geflochtener zum Tasten dabei. Die Geflochtene überträgt die Signale des Bleis perfekt und ich weiß schnell, wie der Boden wirklich beschaffen ist. Doch wonach suche ich auf dem Display des Echolotes: nach Bodenstrukturen oder Karpfen? Im Winter halte ich Ausschau nach Fischsignalen – nicht zwangsläufig von Karpfen, auch Weißfisch-Ansammlungen sind willkommen. In der kalten Jahreszeit sammeln sich viele Fische in bestimmten Bereichen, zum Beispiel in Häfen. Und wo sich Rotaugen und Brassen wohlfühlen, kann es Karpfen nicht schlecht gehen. Im Frühjahr, Sommer und Herbst suchte ich bisher nur Strukturen, also Kanten, Plateaus, Kraut und ähnliches. Doch ein Schlüsselerlebnis änderte das:

Es war der Anruf meines Freundes Hauke Kleinen, der uns zu diesem Test brachte: „Das musst Du sehen! Ich war mit der Unterwasserkamera auf unserem Futterplatz und da liegt nix mehr! Das Plateau sieht aus wie blank gefegt!" Haukes Stimme am Telefon klang aufgeregt. Am Folgetag fanden wir uns zu zweit am Ufer des Baggersees ein. Im Gepäck: Schlauchboot, Unterwasserkamera, ein modernes Lowrance HDS 10-Echolot mit Structure Scan-Technologie und ein Eagle Cuda 240, das schon ein paar Jährchen auf dem Buckel hat. Hauke und mich interessierte vor allem eines: Welchen Vorteil bringt das moderne, digitale HDS-Gerät mit Structure Scan gegenüber meinem langjährigen, analogen Begleiter? Und wie sieht der Boden tatsächlich aus, den wir anhand der Darstellung auf dem Display deuten? Analoge Geräte errechnen nach der

Beim Echolot-Einsatz gilt: Weniger ist mehr!

Durchschnittstiefe im Echo-Kegel einen Mittelwert, der auf dem Display als Tiefe angezeigt wird. Kleinere Strukturen, zum Beispiel Steine oder Wurzeln, werden dadurch geschluckt. Anders auf dem digitalen Gerät: Hier sind auch kleinere Veränderungen am Grund deutlich zu erkennen – schon allein das Farbdisplay ist sehr hilfreich. Ein Beispiel: Hauke hatte Recht, der Futterplatz war absolut blank gefressen. Umliegend zeigten beide Lote nur Schlamm und die Unterwasserkamera bestätigte das: echter Modder. Auf dem Plateau, das zu Beginn der Futterkampagne ähnlich aussah, glänzte heller Sandboden. Die Bodenhärte zeigten beide Geräte deutlich. Doch was das ältere Gerät nicht anzeigte, waren Wurzelstubben, vielleicht von alten, abgestorbenen Krautfeldern. Hier hatten die Fische anscheinend besonders wild gefressen, denn die Wurzeln waren regelrecht untergraben. Während das HDS verdeutlichte, dass etwas am Boden ist, zeigte das analoge Echolot wieder eine eher unebene Bodenfläche an. Ohne die Unterwasserkamera hätten wir die Wurzeln allerdings nie entdeckt. Und zur folgenden Begegnung wäre es auch nicht gekommen: Ein großer Schwall an der Oberfläche kündigte es schon an: Fisch in Bootsnähe! Wir waren rund 20 Meter vom Plateau-Futterplatz entfernt, da erschienen die ersten großen Sicheln auf beiden Displays. Brassen oder sogar Karpfen? Ich ließ die Unterwasserkamera zum Grund. Neun Meter Tiefe zeigten beide Lote, die Sicheln waren in rund sechs Metern. Als die Kamera den Grund erreichte, zog ich geschätzte drei Meter Kabel zurück ins Boot. Gespannt starrten wir auf den Bildschirm, bis es geschah: Ein stattlicher Karpfen steuerte schnurstracks auf die Kamera zu und drehte nur wenige Zentimeter davor ab. Sekunden später folgte ein weiterer, dann noch einer. Binnen kurzer Zeit zählten wir sechs verschiedene Fische, darunter ein Spiegler über 15 Kilo, den Hauke schon fing und einer der großen Schuppis des Sees mit über 20 Kilo – Wahnsinn! Besonders die Neugierde der Fische erstaunte uns. Unsere Schlussfolgerung: Die Karpfen hielten sich im Freiwasser unweit der seit Tagen reich gedeckten Futterstelle auf (die übrigens auch in genau sechs Metern Tiefe lag), um beizeiten zu fressen. Seither achte ich auch auf Fischanzeigen, die denen auf den Displays entsprechen und orientierte mich beim Ablegen der Montagen an den Tiefen, in denen ich die Anzeigen erkenne.

Echo – Warnsignal und Wegweiser

Eigentlich sollten wir annehmen, dass die Echos unserer Geräte Karpfen verscheuchen. Halten Sie mal Ihre Hand unter den Geber, die Echos sind wie leichte Schläge in den Fingerknochen zu spüren – unangenehm. Analoge Geräte arbeiten mit einer Sendeleistung von bis zu 8000 Watt, um auch in großen Tiefen noch ein vernünftiges Bild des Bodens zu erzeugen. Schalten wir so einen Kasten beim Karpfenangeln ein, gleicht es einer Buschtrommel. Besser können wir den Fischen gar nicht verraten, dass wir da sind. Digitale Geräte, zum Beispiel mit der Broadband-Technik, die statt heftiger Signale in kurzen Intervallen ein leichtes Signal konstant aussendet, kommen mit nur 250 Watt klar – das ist dann schon eher ein Flüstern statt Schreien. Trotzdem: Ein Karpfen hat mit seiner großen Schwimmblase einen Resonanzkörper, der auf solche Echos empfindlich reagieren sollte. Andere Fische wie Hechte oder Zander auch. Nicht umsonst schalten erfahrene Vertikalangler ihr Lot aus, wenn sie den Hotspot gefunden haben. Auch Wallerangler nutzen Echolote mit Vorsicht. Ich bin mir ganz sicher, dass Karpfen an stark beangelten Gewässern, die dauernd von nach Strukturen suchenden Anglern befahren werden, das Gebersignal mit Gefahr verbinden. Am Lac de St. Cassien ist für mich deshalb klar: Weniger ist mehr! Und auch am Rainbow Lake beschränkten wir uns beim „Sondieren" des Gewässers auf ein paar wenige Minuten, statt stundenlang kreuz und quer über die Stellen zu rudern und auf den Bildschirm zu starren. An unserem Testgewässer hingegen sind nur selten Boote unterwegs und noch seltener mit eingeschalteten Echoloten. Womöglich reagierten die Fische tatsächlich einfach nur mit typischer Neugierde auf die Signale und natürlich auf die quietsch-gelbe Unterwasserkamera. Darum

Den Hotspot sahen wir zuerst auf der Structure Scan-Karte, markierten ihn, fanden einen Steinhaufen und fingen Fische mit 43 und 54 Pfund!

fangen wohl auch Fluo Pop Ups so gut. Dennoch kann ich Ihnen nur raten, den Einsatz eines Lotes beim Karpfenangeln auf das Nötigste zu beschränken. Noch etwas habe ich aus dieser Aktion gelernt: Den in England längst gängigen Zig Rigs muss ich unbedingt mal eine Chance geben. Denn das kann ich garantieren: Wäre der Kamerakopf nicht zu groß gewesen, die Fische hätten ihn wirklich inhaliert!

GPS & Co – digitale Revolution

GPS-Geräte machen Bojen unnötig. Gut, denn deren Schnüre erkennen Karpfen und suchen das Weite. Oder sie verfangen sich im Drill darin. Bojen werden von Bootsfahrern gehoben und sie verraten Mitanglern unsere Futterstellen. Bei uns im Norden attackieren sogar die Möven liebend gerne Bojen. Das Global Positioning System, kurz GPS, ist also eine Revolution. Und in Kombination mit der neuen Structure Scan- oder Side Imaging-Technologie von Lowrance und Humminbird verschafft es uns einen großen Vorteil: Der Geber solcher Geräte scannt die Wasserfläche und den Boden nach links und rechts vom Boot ab. Das Structure Scan-Modul beispielsweise ist zum normalen Echolot zuschaltbar und arbeitet mit einem eigenen Geber unterm Boot. (Ich gehe hier nur auf die Lowrance-Technologie ein, da ich mit den Humminbird-Modellen noch nicht vertraut bin). Auf dem Echolot-Display können bis zu vier Anzeigen gleichzeitig laufen. Wir verwenden in der Regel drei: die Echolot-Anzeige, Structure Scan und GPS. Nicht nur Fische können auf dem Bild des Structure Scans erkannt werden, besonders auffällige Bodenstrukturen stechen ins Auge. Ein Beispiel aus der Praxis: Im vergangenen Herbst fischte ich mit Hauke zusammen an einem Stausee in Frankreich (siehe Beitrag Novembernächte). Eine erste Erkundungstour mit dem HDS 10-Echolot ergab, dass der See eigentlich keine nennenswerten Strukturen hat – eine Badewanne. In einiger Distanz zum Ufer fuhren wir an einer großen Bucht entlang und schon fiel uns auf dem Structure Scan Display rund 20 Meter entfernt etwas auf, das wir genauer unter die Lupe nehmen wollten. Also setzten wir per Fingertipp aufs Display (Touchscreen-Funktion) einen GPS-Punkt auf die interessante Stelle und steuerten sie präzise an. Als wir den vermeintlichen Hotspot erreichten, erschien die Struktur auch auf dem Display des normalen Echolots. Mit einem Klopfblei tastete ich die Struktur ab und es bestätigte sich unsere Deutung des Displaybildes: ein großer Steinhaufen. Die Rute, deren Montage ich hier platzierte, brachte zwar nur zwei Karpfen, die wogen aber 21,5 und 27 Kilo!

Doch all diese digitale Technik ersetzt nicht unseren Instinkt und gegen unsere Beobachtungsgabe sind Lote chancenlos. Besonders, wenn wir unsere Sinne auch unter Wasser einsetzen. Wenn es die Bedingungen zulassen, gehe ich auf Spurensuche mit Schnorchel, Brille und Flossen. Ein wahrer Meister in Sachen Tauchen ist aber Chris Ackermann. Ich halte ihn für einen der besten Karpfenangler und habe großen Respekt davor, dass er selbst bei unter vier Grad Wassertemperatur schon in die Welt unserer Lieblinge abtauchte. Er weiß, worauf es unter Wasser ankommt:

Go down

von Chris Ackermann

Mit den Jahren habe ich neben dem Angeln noch eine weitere Leidenschaft für mich entdeckt: das Schnorcheln. Es ist zu einem festen Teil meiner Angelei geworden, bringt es mich in manchen Situationen doch ein ganzes Stück weiter. Wer die Welt unter Wasser für sich entdeckt, wird sehr schnell die Vor- und Nachteile zu spüren bekommen, welche mit der Passion Schnorcheln zusammenhängen. In den folgenden Zeilen möchte ich einige Erlebnisse wiedergeben, die mir echtes Kopfzerbrechen bereiteten und mein Handeln am Wasser beeinflussten. Ich will auf meine Vorgehensweisen in bestimmten Situationen eingehen und denjenigen, die sich dieser Herausforderung stellen möchten, ein paar Tipps mit auf den Weg geben.

Chris mit dem gewaltigen Joe. Lesen Sie, wie es zu dieser Begegnung kam.

DIE SACHE MIT DER SCHNUR

Dass Karpfen schnurscheue Wesen sind, weiß ja bekanntlich jeder. Und doch sitzen die Hanger oder Swinger auf vielen Bildern in Presse und Internet immer schön knapp unterm Blank – die Schnur ist gestrafft. Es macht recht wenig Sinn, eine Beschwerung in Form von „Petzbleien", einem Absenkblei oder dem von mir nicht wirklich bevorzugten Leadcore anzubringen, um dann gleich nach dem Wurf die Schnur zu spannen und den Swinger einzuhängen. Wie wichtig das richtige Absenken der Hauptschnur wirklich ist, kann ich vielleicht anhand dieses Beispiels klar machen: 2005 am Mary-Joe-Pool (Heimat des Rekordschuppenkarpfens Mary). Der riesige Spiegler Joe stand nun schon seit einigen Tagen in dieser einen Bucht. Ich war mir sicher, dass meine Chancen gut standen. Da er Pop Ups zu lieben scheint, bot ich einen in einer kleinen Krautlücke an. Der Platz befand sich in unmittelbarer Ufernähe direkt unter einem übers Wasser hängenden Baum. Meine Rute lag im Gestrüpp. Auf optische oder akustische Bissanzeiger verzichtete ich, die Schnur blieb schlaff. Angespannt lag ich auf einem dicken Ast des alten Baumes. Unter mir dümpelte Joe umher, ganz in seiner Nähe mein kleiner, weißer Poppy. Immer wieder kam er zu dem hellen Ding zurück. Er wurde hektisch. „Er will, er ist einfach zu neugierig, ganz sicher!", dachte ich. Als er langsamer wurde und sich meinem Hakenköder näherte, stockte mir der Atem. Joe sank zu Boden. Sein Maul war nur noch wenige Zentimeter von der Falle entfernt. Doch dann ergriff der Riese panikartig die Flucht und ich war den Tränen nahe. Erst ein paar Stunden zuvor war mir der Riesen-Schuppi Mary vorm Kescher ausgestiegen und nun versagte auch noch der Versuch, das zweite Hängebauchschweinchen zu fangen. Ich rappelte mich auf und zog meine Flossen, Brille und Schnorchel an. Dann glitt ich gemächlich zu dem kleinen, einsamen Poppy. Die ersten Zentimeter meiner Schnur lagen fein säuberlich durch drei dicke Petzbleie abgesenkt auf dem leicht schlammigen Untergrund, kurz danach schoss ein Krautfeld in die Höhe und mit ihm eineinhalb Meter Hauptschnur. Joe hatte das einzige kleine Stückchen frei durchs Wasser laufende Schnur berührt und war wie von der Tarantel gestochen geflüchtet. Ein besseres Absenken war hier durch einfaches Auswerfen nicht möglich. Die folgenden Sitzungen platzierte ich meine Montagen wieder per Hand unter Wasser und fixierte, wie schon so viele Male zuvor, auch die letzten Zentimeter Schnur mit kleinen Kieselsteinchen – dann aber noch gewissenhafter...

DIE SACHE MIT DER VORFACHLÄNGE

2003, also zwei Jahre vor diesem Erlebnis, wurde ich auf Joe aufmerksam. Thomas, der Vater meines Freundes Marco, fing den damals 23 Kilo schweren Spiegler zweimal innerhalb kürzester Zeit. Ich war hin und weg von dem ungewöhnlich geformten Fisch, da ich so markante Fische liebe. Klar war: „Den will ich", und so nahm das Schicksal seinen Lauf. Ich sah meinen Liebling nahezu bei jedem Schnorchelgang. Mal stand er wie angewurzelt im dichten Kraut, mal schwamm er gemütlich durch versunkene Bäume und andere Male sah ich ihn beim Fressen. Die Art und Weise, wie dieser Fisch Nahrung zu sich nahm, faszinierte mich, und stimmte mich zugleich nachdenklich, doch lest selbst: Die Sonne erhob sich gerade aus ihrem nächtlichen Schlaf. Die Lichtverhältnisse waren für mein Vorhaben nicht gerade optimal, dennoch begab ich mich hinab in diese andere Welt. Derzeit hielt sich Joe oft in der Nähe eines umgestürzten Baumes auf. Ganz leise

Joes Baum – ein Gigant in seinem Unterstand.

paddelte ich mit flachem Atem Richtung Baum. Kaum war ich auf der Höhe des Geästs sah ich den grauen Riesen auch schon, neben ihm der Riese Mary. Der Anblick dieser beiden Giganten war überwältigend. Sie waren dabei, sich die Ranzen voll zu fressen, beide jedoch auf eine komplett unterschiedliche Art und Weise. Während Mary diverse Partikelchen und anderes Fressbares aus fünf bis zehn Zentimeter Entfernung recht hektisch in ihr verhältnismäßig kleines Maul saugte, lag Joe mit dem Bauch auf dem Grund und bewegte sich kaum. Zentimeter für Zentimeter arbeitete er sich vor, schien alles ganz genau unter die Lupe zu nehmen. Ich beobachtete die beiden noch ein paar Minuten, dann verzog mich zurück an Land. Zu lang hatte ich mit angesehen, wie die Fische meiner Begierde fraßen ohne dass meine Haken dort lagen... Wenig später war ich wieder am versunkenen Baum, mit dabei zwei Rigs in 20 bis 25 Zentimeter Standardlänge. Eines versehen mit dem kleinen Schneemann, das andere mit einem kleinen, weißen Pop Up. Ganz langsam ließ ich meine Hakenköder neben die beiden sinken und entschwand so leise wie ich gekommen war. Die beiden fraßen immer noch. Bessere Karten hätte ich nicht haben können! Der Biss kam keine zehn Minuten später. Die Rute bog sich leicht durch und Schnur wurde von der Rolle gezogen. Ich nahm sie auf, sah eine helle Silhouette auf Höhe des Baumes unter Wasser und schon war die Schnur wieder schlaff. Der Fisch war geschlitzt und ich am Boden zerstört... Ich suchte verzweifelt einen Grund, weshalb dieser Fisch ausstieg. Aufgrund des hellen Schattens war ich mir sicher, Joe verloren zu haben – warum? Ich erinnerte mich zurück an Thomas Fänge. Seine Rigs waren richtig kurz, keine zehn Zentimeter lang und gebunden mit harter Mono. Die Lösung lag plötzlich greifbar nahe. Ein Fisch, der sich so langsam bewegt, der so akribisch den Untergrund untersucht, hat bei einem langen Vorfach größere Chancen, den Hakenköder wieder auszublasen, als das bei einem sehr kurzen der Fall ist. Ich beschloss, künftig kurz zu fischen, auch wenn ich Mary so eher nicht fangen würde, da der Köder, sollte sie ihn ansaugen, auf halbem Wege stoppen oder sie nur knapp haken würde. Einen Monat nach dieser Einsicht fing ich Joe auf einen sinkenden Boilie am acht Zentimeter kurzen Stiffrig. Ich bin mir sicher, dass mein Vorfach mit verantwortlich war, dass ich den Fisch so schnell fangen konnte. Klar wurde Joe nach mir auch auf längere Rigs gefangen, ich aber bin davon überzeugt, dass er mit kürzeren schon öfter gefangen worden wäre.

67

NOCH EIN BEISPIEL

Ende Mai, ein See in Deutschland. Ich fuhr mit meinem Auto an der steilen Uferböschung des Sees vorbei, auf dem Weg zum Nachbargewässer, als ich zwei Fische keine drei Meter vom Ufer entfernt schwimmen sah. Ich parkte die Karre, stieg aus und lief zu der steilen Böschung zurück. Sie waren noch da, schienen allerdings nicht in Fresslaune zu sein. Ich lief zurück zum Auto, schnappte mir ne Dose Mais und warf ein paar Körnchen in die Nähe der beiden Fische. Es dauerte nicht lange bis einer der beiden anfing, die Körnchen einzusaugen. Das war mein Zeichen! Zurück zum Wagen, Rute in die Hand und ab zu meinen zwei neuen Freunden da unten. Vorsichtig überwarf ich sie mit meinen drei Maiskörnchen an freier Leine und kurbelte es in die Nähe der Fische. Sie schienen sofort zu spüren, dass etwas nicht stimmte, wurden unruhig und suchten das Weite. Bewegungslos harrte ich eine satte Stunde mit der Rute in der Rechten aus. Dann kam der Dickere der beiden zurück auf die Bildfläche. Ich schätze ihn auf 25 Kilo, den anderen Fisch auf rund 20 Kilo – richtige Granaten also. Zielstrebig schwamm er auf meine drei Körnchen zu. Eigentlich war er noch viel zu weit weg, um sie einzusaugen doch plötzlich stiegen die Körner wie von Geisterhand ergriffen vom Boden hoch. Der Dicke saugte meinen Köder aus bestimmt 20 Zentimetern ein und spuckte ihn, nachdem er etwas weiter geschwommen war, einfach wieder aus. Bitte fragt mich nicht, weshalb ich nicht anschlug. Ich war einfach zu perplex und alles ging so schnell. Der andere Kamerad gefiel mir da schon besser. Er saugte das Teil, kurz nachdem der richtige Mops es ausgespuckt hatte, aus nächster Nähe ein und ich konnte den 20 Kilo wiegenden Fisch in meinen Armen wiegen! Es zeigte mir, wie wichtig Vorfachlängen sein können, wenn man es auf bestimmte Fische abgesehen hat. Mit einer Festbleimontage hätte ich den Dicken mit einem langen Vorfach sicher gehakt, vom kleineren allerdings eventuell noch nicht einmal den Biss mitbekommen. Zwei Tage nach dem Fang des kleineren der beiden Riesen fand ich mich wieder am betreffenden Wasser ein, gerüstet mit der Info, dass der „Digge" etwas mehr Abstand hält. Ich fing ihn keine halbe Stunde, nachdem ich meine freie Leine wieder an der steilen Böschung auslegte...

WIE IN TRANCE

Ich hatte noch eine halbe Stunde, bevor meine Nachtschicht beginnen sollte. Also ließ ich mich mit Schnorchel, Flossen und Brille durch den Mary-Joe-Pool gleiten. Wer diese Zeilen liest, mag denken, ich hätte mein komplettes Leben an diesem einen See verbracht, insgesamt waren es in zwei Jahren, die ich dort angelte, keine 60 Nächte. Joe, der graue Riese, stand zusammen mit der schönen Mary in der Nähe des versunkenen Baumes an dem ich ihn damals verlor. Beide Fische fraßen wieder auf ihre eigene Art, und als ich mich ihnen näherte, entschwand Mary in tieferes Wasser. Joe schien mich nicht zu bemerken, lag auf dem leicht schlammigen Untergrund und fraß, was er da zum Fressen finden konnte. Langsam ließ ich mich absinken, streckte meine Arme aus und umschlang ihn. Es war das erste Mal, dass ich ihn für mich alleine hatte. Ohne Haken, ohne Gegenwehr, nur er und ich. Es dauerte eine Weile, ehe er sich von mir löste und Mary folgte. Zum damaligen Zeitpunkt spekulierten wir noch über das Gewicht der beiden. Ein Jahr zuvor waren sie von der 30-Kilo-Marke noch ein Stück, wenn auch nicht all zu weit, entfernt. Auch andere Fische habe ich in tranceähnlichen Zuständen beobachtet. Ich bin mir ziemlich sicher, dass es gerade die Phasen nach dem Fressen sind, die sie zum Ausruhen nutzen. Der kleine Kamerad aus dem nächsten Beispiel hatte sicherlich gefressen, da gab es keine Zweifel: Den grünen, gefüllten Eimer fest im Griff glitt ich durch das glasklare Wasser eines mir sehr vertrauten Baggersees. Mary und Co hatte ich bereits einige Jahre hinter mir gelassen. Ich war auf der Suche nach neuen Schätzen. Eine Spieglerdame hatte es mir angetan. Ich hatte sie im Jahre 1999 bereits fangen können. Nur zwei Kilo schwer, mit einer wunderschönen Halbzeile. 2003 hatte ich abermals die Ehre, diesmal allerdings wog sie schon elf Kilo mehr. Im Jahr 2010 war ich auf der „Jagd" nach einem Fisch, den ich auf 30 Kilo schätzte. „Sie" war einer der Fische, die über die letzten Jahre gewaltig in die Höhe schossen. Von drei Fängen abgesehen wurde die riesige Halbzeile immer in einem bestimmten Bereich gefangen. Wenn sie biss, blieb es meist bei der einen Aktion. Ich fing ganz gut an diesem See, kontinuierlich, und richtig schöne Fische waren auch dabei. Nur sie würde ich mit meiner flexiblen Herangehensweise, dem Aufspüren der Fische, um sie dort mit einer Leckerei zum schnellen Biss zu verführen, nicht fangen. Ich inspizierte den Bereich, an dem die Riesen-Lady meist gefangen wurde und

Nervenkitzel pur: Schauen Sie genau hin, da liegen nicht nur Kiesel! Wenige Zentimeter links vom Kopf dieses Riesen befindet sich der Hakenköder.

sah diese eine Straße, die von dem seichten Wasser entlang einer Inselgruppe hinab in tieferes Wasser und dann wieder hinauf führte. Im 10 bis 20 Zentimeter hohen Bodenkraut waren einzelne Krater zu erkennen. Wühlstellen eines oder nur sehr weniger Fische. Anfang der 90er hatte ich echte Fressstellen mit „Vorgärten" des heimischen Flusskrebses verwechselt. Nur durch das im Krater befindliche Loch, aus dem mir dann ein Krebs entgegen schielte, konnte ich sie unterscheiden. Das hier waren echte Fraßlöcher. Mir war klar, dass ich hier, auf dieser gut 30 Meter langen Straße, meine Süße am ehesten fangen würde. Also verteilte ich über einige Tage mal hier, mal da etwas Futter. Täglich kontrollierte ich meine gefütterten Minispots und motivierte mich mit jedem einzelnen, leergefegten Flecken. Diesen kleinen Spiegler, der mir an einem Morgen begegnete, kannte ich. Freunde hatten ihn bereits gefangen. Er war ein recht kleiner Fisch, unter zehn Kilo schwer, dafür aber durch seine extreme Verkrüppelung ein ganz besonders individuelles Tier. Auf dem Weg zu meiner Straße sah ich ihn. Seelenruhig stand er über einer kleinen Lehmgrube. Selbst als ich mich ihm näherte machte er keine Anstalten, sich davonzumachen. Ich war vielleicht noch eine Armlänge von diesem Fisch entfernt, als er sich bewegte. Dann sah ich es: Das abgerissene Rig hing ihm gut 20 Zentimeter aus dem Maulwinkel herunter, daran baumelte ein etwa 150 Gramm schweres Blei. Ich konnte es nicht mit ansehen und wollte ihn von dem Elend befreien, doch der Kleine düste weg. Ich schwamm so schnell es mir die Flossen ermöglichten und konnte den Guten dann tatsächlich erlösen. Einen Finger ins Maul, mit dem anderen Arm den Fisch umklammert und das Problem war schnell gelöst. Eine Ausnahmesituation: Der Fisch war zu erschöpft, um fröhlich durch die Gegend zu schwimmen. Aber es ist Fakt, dass viele Fische nach dem Festmahl auf einer Futterstelle ob angelegt oder natürlich spielt hier keine Rolle, förmlich auf dem Grund liegen und ruhen.

TAUCHERS TIPPS

Die Fische zu finden, zu wissen, wo sie ruhen und fressen, ist der Schlüssel zum Erfolg beim Karpfenangeln. Wie sollten wir das besser herausfinden als durch einen Tauchgang in ihre Welt?! Steigt auch einmal ins Wasser und taucht durch die Welt unserer Lieblinge, es öffnet Euch die Augen für viele Details. Nach vielen Jahren Schnorchel-Erfahrung tauche ich mittlerweile auf acht Meter runter und lege dort auch in manchen Fällen von Hand meine Montage aus. In der Regel steige ich ab einer Wassertemperatur von neun Grad ins Wasser, oft sogar, wenn es noch wesentlich kälter ist. Dann allerdings mit einem sieben Millimeter starken, zweiteiligen Tauchanzug aus Neopren bekleidet. Meistens halten sich Karpfen eher in Tiefen von einem bis fünf Metern auf und ab Mai kann man auch gut in einem Shorty, der Arme und Beine nur teilweise bedeckt, oder ohne Anzug tauchen. Den Druck gleiche ich aus, indem ich beim Tauchen die Nase zukneife und pruste. Flossen mit Schnallen kann ich besonders empfehlen, da ich diese auch mit Füßlingen anziehen kann, die vor spitzen Steinen und Kälte schützen. Fürs Einsteigen ins Wasser sind flache Seeteile am besten geeignet. Hier kann man sich nach und nach an die Wassertemperatur gewöhnen und erst mal im flachen Wasser zur Ruhe kommen. Die Erfahrung ist für den Körper neu, die Atmung automatisch hektisch. Man sollte sich Zeit lassen, sich langsam an die Temperatur gewöhnen. Ebenso sollte man es langsam angehen, erst in flachen Bereichen an der Oberfläche paddeln, und nicht gleich wie ein wilder losstrampeln und tief tauchen. Ins Wasser wate ich grundsätzlich rückwärts. Das schont die Flossen, man kommt besser voran und macht weniger Lärm. Bevor ich ins Wasser gehe, halte ich am Ufer Ausschau nach verdächtigen Stellen. Entdecke ich solche – zum Beispiel eine ruhige, sonnendurchflutete Bucht oder versunkene Bäume – steige ich nicht gleich dort ins Wasser. Es ist sinnvoller, die Schnorchelroute von weniger interessanten Stellen aus zu starten und dann die möglichen Hotspots anzuschwimmen, um die Fische dort nicht gleich zu vergraulen. Dazu zwei Beispiele: 2010, Ende Mai. Die Sonne hatte sich noch nicht ganz über die Schornsteine der umliegenden Häuser gehoben, da war ich schon auf der Suche nach fressenden Fischen – unter Wasser versteht sich. Die Fresszeiten der Jungs da unten hatten sich bereits vor einigen Jahren in die frühen Morgen oder gar Mittagstunden verschoben. Perfekt für Leute wie mich, die des Öfteren unter der Woche, weit weg von all dem Wochenendtrubel, für ein paar Stündchen effektiv fischen wollen. Die von mir anfangs favorisierten Plätze schienen tot, doch an der Kante dieser einen, sehr kleinen und flachen Bucht war das Wasser trüber. Ich entschwand noch bevor ich einen der offensichtlich fressenden Fische sah und warf wenig später mit Unterhandwürfen die beiden Montagen in die Bucht. Es dauerte nicht lange bis eine dicke Dame den Schneemann einsaugte! 2011, ebenfalls Ende Mai. Es herrschten nahezu die gleichen Bedingungen wie an jenem Morgen ein Jahr zuvor. Auch dieses Mal war es die kleine flache Bucht, in der das sonst glasklare Wasser stark eingetrübt war. Erster Gedanke: „So, ab, weg, Ruten holen, Fisch fangen!" Der Zweite: „Ach, ich guck schnell mal. Nur einen will ich sehen, nur einen..." Ich holte tief Luft und ließ mich nahezu lautlos zu Boden sinken. Dort angekommen, begann ich mich knapp über dem schlammigen, aufgewühlten Untergrund fortzubewegen. Der bestimmt 15 Kilo schwere Schuppi, der keine zwei Meter von mir entfernt im Trüben erschien, verabschiedete sich mit einem kräftigen Flossenschlag. Genug gesehen, sie sind da. Logisch! Zurück am Ufer warf ich wieder meine beiden Ruten an die betreffenden Stellen und blankte. Merke: Bist Du Dir sicher, dass an einer bestimmten Stelle Fische fressen, wirf Deine Ruten lieber! In Gewässern, die nicht dauernd von Schnorchelnden durchstreunt werden, mögen die Fische noch mit Interesse reagieren. Die Neugierde vergeht aber mit den ersten Erfahrungen: Taucher + Futter = Aua!

DEN BLICK NACH UNTEN

Je nach Sichttiefe schwimme ich immer über der Wassertiefe, in der ich den Grund noch erkennen kann. Gemächlich paddele ich meine Runde, den Blick auf den Boden gerichtet. Ist das Wasser trübe, tauche ich einfach in regelmäßigen Abständen hinunter. Aufpassen

Links eine freigefressene Stelle im Kraut, in der Mitte ein altes Fraßloch, rechts ein frisches.

muss man dann allerdings, da eventuelle Gefahren wie spitze Äste, Stangen und Co nicht sofort erkannt werden können. Kommt mir irgendetwas interessant vor, tauche ich ab und inspiziere die Stelle genauer. Denn es sind nicht nur Karpfen, nach denen ich Ausschau halte, sondern vor allem deren Spuren. Beim Fressen hinterlassen Karpfen Fraßlöcher und verraten dadurch ihre natürlichen Futterplätze. Die Kunst ist es, die Frische eben dieser Spuren zu unterscheiden. Auf kiesigen Untergründen findet man die Fraßspuren als hellere Flecken von der Größe einer CD vor. Der Kies sieht aus wie abgelutscht und genau das haben die Fische hier auch gemacht. Auf den von mir favorisierten, schlammigen Untergründen ist es schon etwas schwieriger. Hier sind Fraßlöcher als faustgroße Krater erkennbar. Haben die Fische erst vor kurzem gefressen, ist das Wasser vom aufgewühlten Sediment angetrübt. Setzt sich das Sediment ab, ist es schon nicht mehr so leicht zu bestimmen, wann hier gefressen wurde. An der Farbe kann man es am ehesten erkennen: Je frischer, desto dunkler sind die Flecken. Ist man sich nicht sicher, ob die Spur frisch ist, kann man mit einer einfachen Handbewegung nachschauen. Fährt man mit der Hand durch den Untergrund und wartet kurz, sieht man wie ein aktuelles Fraßloch aussieht! Über alten Fraßlöchern bildet sich ein kleiner, fühlbarer Algenbelag. Aber auch ältere Spuren können Fisch bringen. Oft entstanden sie in einer Zeit, in der hier noch reichlich natürliche Nahrung vorhanden war. Füttert man diese Stellen, werden sich früher oder später Fische einfinden. Bleibt dieser Futterplatz dann konstant unter Futter und der Angeldruck an diesem Platz hält sich in Grenzen, wird er kontinuierlich Fische bringen. Verdacht sollten die Karpfen jedenfalls nicht schöpfen, denn wer seine Montage zum Grund taucht, kann sie dort auch fast unsichtbar machen.

Gerade auf kiesigen Böden spielt die Tarnung oft eine bedeutende Rolle, da beim Auftreffen des Bleis am Boden nach dem Wurf recht wenig Sediment aufgewirbelt wird, das sich auf den letzten Zentimetern unserer Falle absetzen könnte. Von Hand können wir Blei und Co hier regelrecht verbuddeln und der Hakenköder liegt da, wie das Futter drumherum. Auf schlammigem Boden ist es nicht unbedingt notwendig, die Montagen rauszutauchen. Im Schutze des aufgewühlten Sediments scheinen die Fische unvorsichtiger zu fressen. Die Montage ist im trüben Wasser einfach schlechter auszumachen. Wenn ich meine Rigs hinuntertauche, nehme ich das Blei in die linke, den Haken mit Köder in die rechte Hand. Ein Tauchnetz mit Futter hänge ich mir um die Schulter. Das Blei drücke ich immer etwas in den Boden (bei weicherem Untergrund) oder lasse etwas Sand (grober Untergrund) darüber rieseln. Ist der Boden mit vielen Dreikantmuscheln oder anderen kantigen, scharfen Gegenständen versehen, muss ich vor dem Eindrücken des Bleis allerdings abraten. Die Verletzungsgefahr für Vorfach und Hauptschnur wäre zu groß! Ich verwende unauffällige 6er oder gar 8er Haken, selbst bei extrem großen Ködern. Wenn ich an krautigen Stellen angele, tarne ich mein Blei im Kraut und lasse das Vorfach hinausragen. Gerne verwende ich weiche, geflochtene Vorfächer, die sich am Grund natürlich verhalten. Ist die Tarnung perfekt, lasse ich etwas Futter über die Stelle rieseln. Man sollte darauf achten, das Futter nicht über Blei und Schnur zu verteilen, sondern vom Haken weg zu streuen, um den Kontakt zwischen Fisch und Schnur zu verhindern. Wann immer möglich, hänge ich gleich zwei Absenkbleie in die Schnur. Schnorchelnd kann ich erst mal inspizieren, ob hängerträchtige Stellen am Grund sind, an denen sich die abgesenkte Schnur verfangen könnte. Falls möglich, entferne ich zum Beispiel Wurzeln oder Steine einfach. Dies gilt allerdings nicht für Hindernisse am Futterplatz selbst, da sie eventuelle Orientierungspunkte für unsere Lieblinge darstellen. Auf die letzten Meter Schnur vor meinem Hakenköder lege ich sogar noch einige kleine Kieselsteine. Klingt extrem, bringt aber ab und zu den Bonusfisch. Entdecke ich beim Schnorcheln fressende Fische, stoppe ich und entferne mich mit ruhigen Bewegungen. Dann werfe ich die Ruten aus wie oben beschrieben. Wenn ich werfe, verwende ich monofile Vorfächer, da sich diese nicht verheddern. So kann ich sicher sein, dass die Falle scharf am Grund liegt – Absenkbleie gehören dann trotzdem in die Schnur. Die Leine sollte wirklich durchhängen! Komme ich an ins Wasser ragendem oder versunkenem Busch- und Baumwerk vorbei, tauche ich hinab und inspiziere das Ganze von unten. Von oben wirkt der Boden oft trist und leblos, wenn man aber genauer hinsieht, stechen einem nicht selten die blitzblank gefressenen Stellen ins Auge, geschützt vor neugierigen Blicken unter den Bäumen und Sträuchern gelegen. Oft sieht man die Fische an solchen Stellen auch erst dann, wenn man sich den Ästen von unten nähert. Hier stehen sie dann völlig entspannt und sind trotz ihrer Größe sehr gut getarnt. Weitere, allerdings schwer befischbare Topstellen, sind die von Karpfen geschaffenen Hohlräume in ansonsten geschlossenen Krautfeldern. Ich nenne sie „Wohnzimmer". Oft waren diese zwei, drei Meter hoch und hatten eine Fläche von drei Quadratmetern. Nimmt man diese „Wohnzimmer" genauer unter die Lupe, entdeckt man schnell Tunnelsysteme, die sie mit anderen „Räumlichkeiten" oder dem Freiwasser verbinden. Der Boden sieht hier aus wie fein säuberlich gefegt. Allerdings sind es keine Fressplätze, sondern Ruhezonen – Wohnzimmer eben –, die den Fischen Schutz bieten. Hier verführe ich meine Lieblinge mit Pop Ups, die sie aus Neugier einsaugen, nicht aus Hunger. Gerade im Sommer, wenn am Wasser Trubel herrscht und der Sauerstoff knapp wird, stehen die Fische tagsüber gerne in ihren Burgen aus Kraut – schaut mal nach!

Chris Ackermann

Chris beobachtet seine Zielfische oft von Auge zu Auge, bevor er sie fängt.

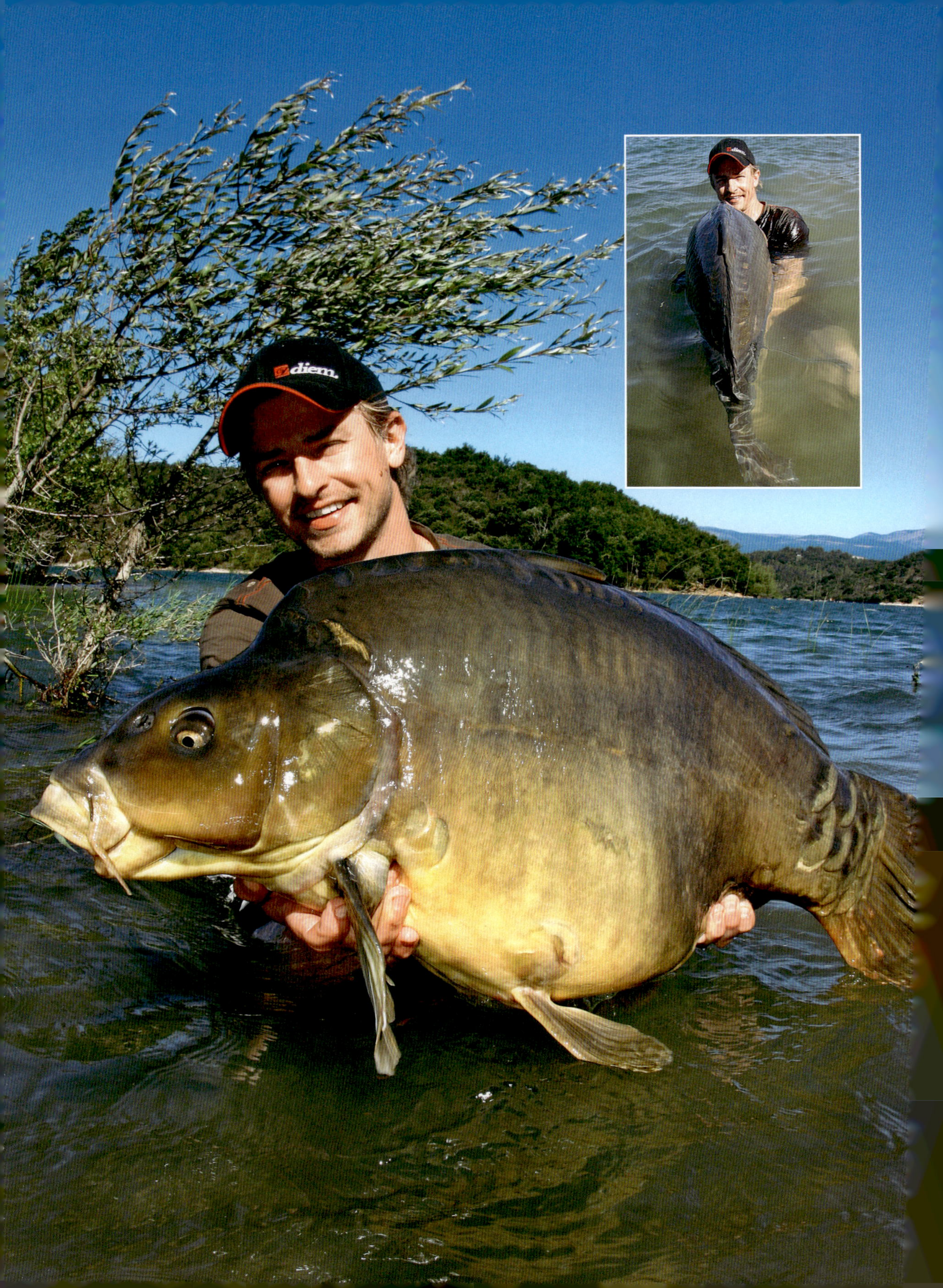
diem.

Was Karpfen bewegt

Das Verhalten von Karpfen wird vor allem durch äußere Einflüsse bestimmt. Gut, wenn wir wissen wie! Der Lebensraum eines Fisches ist begrenzt – je nach Gewässertyp und Größe. Je nach Jahreszeit nutzen Karpfen unterschiedliche Räume ihrer Welt aus. Dieses Wissen erleichtert unsere Suche natürlich enorm, denn wir können sie auf bestimmte Bereiche oder Tiefen beschränken. So bleibt von einer auf den ersten Blick gigantischen, furchteinflößenden Wasserfläche nur ein kleiner, wirklich interessanter Bereich. Das gilt ganz besonders für das Frühjahr, und darum bin ich am liebsten von Ende März bis Anfang Juli am Wasser. Denn der Frühling lässt die Fläche jeden Sees auf einige wenige Flachwasserbereiche schrumpfen, die von allen Karpfen des Gewässers zum Fressen und später auch zum Laichen aufgesucht werden. Außerdem ist das Wasser früh im Jahr oft noch klar, ich kann die Fische aktiv suchen und beangeln, ohne mit großen Futtermengen jonglieren zu müssen.

Luftdruck

Der Luftdruck ist einer der bedeutendsten Einflussfaktoren auf das Verhalten unserer Zielfische. Er entsteht durch die Gewichtskraft der Luftsäule, die auf der Erdoberfläche steht und wird in Hektopascal, kurz hPa, gemessen. Von Normalbedingungen auf Meereshöhe sprechen wir bei 1013 hPa. Je höher wir steigen, desto niedriger, je tiefer wir tauchen, desto höher ist der Luftdruck. Bei über 1013 hPa ist von Hoch-, darunter von Tiefdruck die Rede. Ein Barometer verschafft schnell Klarheit über die Verhältnisse. Anders als oft angenommen lässt sich der Luftdruck nicht immer an der Wetterlage „erkennen". Denn auch vermeintliches Tiefdruckwetter mit Wolken und Schauern kommt bei hohem Luftdruck vor – zum Beispiel vor typischen, langanhaltenden Hochdruckphasen wie dem bekannten Altweibersommer im September. Wir Menschen besitzen kein Sinnesorgan zur Wahrnehmung von Luftdruck, manche können die Veränderungen aber trotzdem spüren. Fische hingegen nehmen Veränderungen des Luftdrucks sehr sensibel

Ganz links: Mistral bog im Südarm die Bäume und brachte mir diesen alten Bullen!
Links: Gewitter über der Blauen Lagune – danach ist Beißzeit!

über ihre Schwimmblase wahr, womöglich sogar über die Seitenlinie. Und sie reagieren darauf sofort! Grundsätzlich gilt: Stabile Verhältnisse über längere Zeit sind eine gute Grundlage für den Erfolg – auch bei Hochdruck. Doch wenn ich die Wahl hätte, für meine Ansitze würde ich mir immer stabilen Tiefdruck wünschen. Präzise: Bei Werten unter und bis zum Mittelwert von 1013 hPa habe ich meine mit Abstand besten Sessions erlebt. Ab 1015 – je nach Gewässer auch 1017 hPa – ließ es deutlich nach mit den Aktionen. Und bei über 1020 hPa mussten schon viele andere Faktoren wie Vorfütterzeit, großer Betsand usw. passen, um überhaupt noch zu fangen. Mittlerweile entscheidet allein der Blick aufs Barometer, ob ich überhaupt losgehe – so bedeutsam ist der Luftdruck nach meiner Erfahrung. Übrigens: Eine Wetterentladung, zum Beispiel ein Sommergewitter, geht immer mit einem rapiden Druckabfall einher. Darauf folgte besonders an den flachen Torfstichen stets eine kurze, extreme Fressphase. 2004 war an diesen Gewässern eine Traumsaison, denn über zwei Sommermonate beherrschte ein Tiefdruckgebiet mit Westwinden und Schauern den Niederrhein. Konstante Bedingungen eben. Das Wasser war gesättigt mit Sauerstoff und hatte 17 Grad – perfekt!

Die Bedeutung der Sprungschicht

Uns allen ist der Begriff Sprungschicht bekannt. Doch nicht immer ist klar, was genau sich dahinter verbirgt: Die Sprungschicht (Metalimnion) bildet den Übergang zwischen der oberen (Epilimnion) und der unteren Wasserschicht (Hypolimnion) stehender Gewässer. Sie heißt Sprungschicht, da hier die Temperatur um mehrere Grad pro Meter absinkt – also „springt". Im Verlauf des Jahres verlagert sich diese Schicht nach unten und verschwindet zu bestimmten Zeiten. Der klassische Ablauf an stehenden Gewässern unserer Breiten sieht so aus: Im Frühjahr schmilzt das Eis und das Oberflächenwasser erwärmt sich. Sobald es vier Grad Celsius erreicht hat sinkt es im kälteren Wasser bis zum Gewässergrund ab, da es bei dieser Temperatur am schwersten ist (Dichteanomalie des Wassers). Diese Eigenschaft hat zur Folge, dass das gesamte Gewässer vollständig durchmischt wird (Frühjahrszirkulation) und in dem ansonsten eisigen Wasser am Gewässergrund konstant vier Grad herrschen. Im Sommer erwärmt sich das Oberflächenwasser stärker als das Tiefenwasser. Dazwischen entsteht eine deutliche Temperaturdifferenz – die Sprungschicht. In tiefen Seen liegt darunter ein Bereich mit deutlich kühleren Temperaturen als darüber. Die dauernden Zirkulationen des Wassers durch Wind und nächtliche Auskühlung beschränken sich dann nur auf die oberen Wasserschichten. In vielen flacheren Seen hingegen kommt es gar nicht zur Ausbildung einer Sprungschicht. Dann sind regelmäßige Vollzirkulationen durch Wind und Abkühlung bei Nacht möglich. Im Herbst kühlt das Oberflächenwasser aus, verdichtet sich und sinkt ab wie im Frühjahr. Die Sprungschicht wird enger und deutlicher. Unterstützt durch Herbststürme folgt eine Vollzirkulation (Herbstzirkulation). Im Winter sinkt die Temperatur des Oberflächenwassers unter vier Grad, im Tiefen messen wir dann genau vier Grad. Stabilisiert wird die Schichtung wenn der See zufriert (Winterstagnation). Die Wanderungen der Sprungschicht müssen wir beachten, wenn wir unsere Rigs so auslegen wollen, dass sie auch gefunden werden. Michael Lechelt ist langjähriger Karpfenangler und arbeitet in der Abteilung Wasseruntersuchung eines Instituts für Umweltuntersuchungen. Er wird uns noch genauer verdeutlichen, warum die Sprungschicht so bedeutsam ist:

Die magische Grenze

von Michael Lechelt

Die Rahmenbedingungen für diesen Beitrag waren für Christopher leicht daher gesagt: „Kurz, leicht verständlich und gut!" OK, wie aber nun eine Abhandlung über allgemeine ökologische Grundlagen von Binnengewässern (Limnologie) in nur wenige Absätze pressen? Unzählige Bücher beschäftigen sich mit nur diesem Thema. Daher kann dieser Beitrag nur einen Denkanstoß geben. Ich kann jedem engagierten Angler empfehlen, sich einmal mit einem Limnologie- oder Hydrobiologiebuch auseinander zu setzen. Vieles wird klarer, wenn allgemeine Zusammenhänge und chemisch-physikalische Abläufe in einem Gewässer bekannt sind. Einige Grundbegriffe und deren Bedeutungen sollten uns daher geläufig sein. Dazu zählen: Dichteanomalie des Wassers, die Trophiestufen wie eutroph, polytroph und so weiter, biogene Alkalisierung, Sommer- und Winterstagnation, Klarwasserstadium oder etwa die Nährstoffkreisläufe in einem Gewässer. Im Übrigen kann auch ein Blick in ein Buch über die Karpfenzucht wie „Der Teichwirt" (Geldhauser und Gerstner) sehr hilfreich dabei sein, das Wissen über unseren Zielfisch zu erweitern.

DIE SPITZE DES BERGES

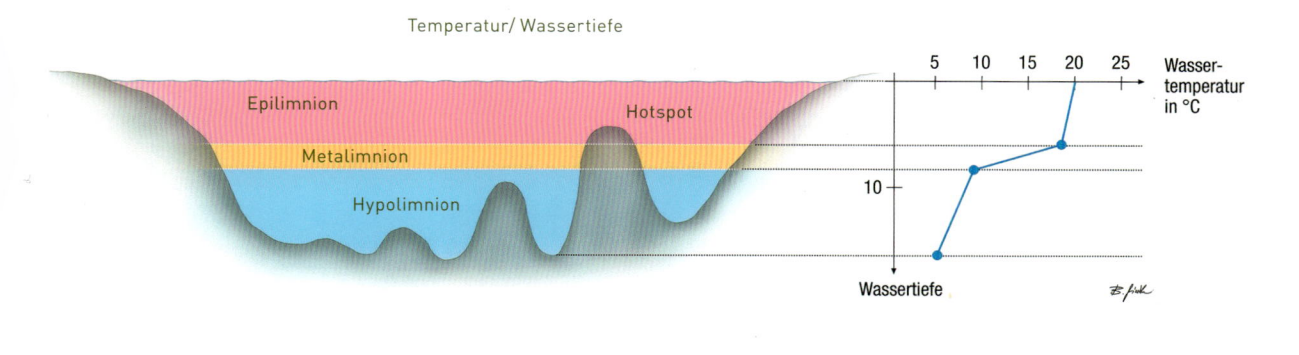

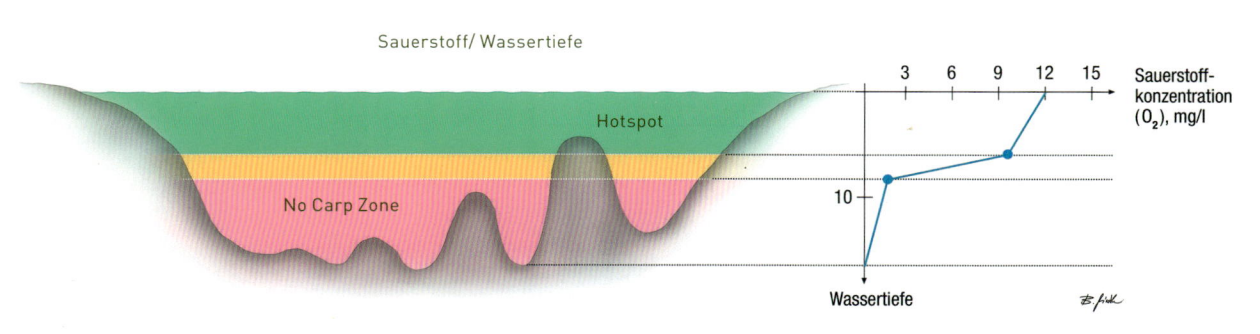

Vor jeder Angeltour stellen wir uns die Fragen, wo genau sollen wir angeln, wo halten sich die Fische zur Zeit auf? Aus Erfahrung wissen wir vielleicht, unter welchen Bedingungen sich die Fische in bestimmten Gewässerabschnitten aufhalten. Jedem von uns sind Regeln bekannt wie: fische im Sommer am windzugewandtem Ufer, im Frühjahr im Flachwasserbereich, zum Herbst hin in tieferem Wasser, vermeide stinkenden, schwarzen Schlamm oder suche Plateaus. Aber was genau sind eigentlich die Gründe dafür? Klar hat jetzt jeder von uns eine Antwort parat. Aber sind diese bei genauerer Betrachtung wirklich immer einleuchtend? Unumstritten sind beispielsweise Plateaus sehr oft so fängig. Aber warum sollte ein Karpfen eigentlich gerade auf der Spitze eines Unterwasserberges fressen? Sammelt sich hier besonders viel Nahrung, oder sind hier vielleicht besonders viele Flusskrebse anzutreffen? Wohl eher nicht. Die Antwort ist sehr oft in den chemisch/physikalischen Wassereigenschaften wie Wassertemperatur, Sauerstoffkonzentration oder auch dem pH-Wert zu finden. Dabei müssen wir uns zwei wesentliche Zusammenhänge bewusst machen: Alle Fische haben bezüglich der verschiedenen Wassereigenschaften bestimmte Toleranzfenster. Beispielsweise benötigen Karpfen eine Mindestsauerstoff-Konzentration von etwa 4 mg/l. Erst ab ca. 6 mg/l fühlen sie sich richtig wohl. Beim pH-Wert liegt der Toleranzbereich zwischen 6 und 10. Richtig auf Touren kommt der Stoffwechsel der Karpfen und damit ein erhöhter Nahrungsbedarf ab einer Wassertemperatur von etwa 16 °C. Diese Wassereigenschaften variieren innerhalb eines Wasserkörpers sowohl räumlich als auch zeitlich!

NO CARP-ZONEN
Im Umkehrschluss heißt das: Wir können nicht nur die potentiellen Aufenthaltsorte der Karpfen nach den üblichen „Regeln" vorhersagen, sondern wir können auch bestimmen, in welchen Bereichen des Gewässers sich die Karpfen auf gar keinen Fall aufhalten. Die „Schnittmenge" der Ergebnisse beider Vorgehensweisen bringt uns unserem Zielfisch sehr viel näher. Was nützt uns beispielsweise die schönste Rinne oder markanteste Kiesbank, wenn dort gar kein Sauerstoff vorhanden ist oder wenn wir nachmittags in einer wunderschönen Lücke eines Krautfeldes auf 1,5 Metern angeln und der pH-Wert hier bei 10,5 liegt? Leider werden diese Zusammenhänge von den meisten Anglern viel zu wenig beachtet. Einer der Hauptgründe dafür dürfte sein, dass die Bestimmung dieser „No Carp-Zonen" ohne geeignete Messgeräte kaum zu ermitteln ist. Und diese werden bisher nur für den professionellen Einsatz für Biologen hergestellt und sind sehr teuer. Schon lange wünsche ich mir ein Echolot, an dem sowohl eine Temperatur- als auch eine Sauerstoffsonde angeschlossen werden könnte. Allerdings lassen sich einige dieser Bereiche mit etwas Kenntnis über den Gewässertyp bezüglich der Nährstoffsituation und einer sehr einfachen Temperaturbestimmung oftmals auch so vorhersagen. Von entscheidender Bedeutung ist hier der Zusammenhang zwischen der Sprungschicht und der Sauerstoffkonzentration. Bei stehenden Gewässern mit einer hohen Nährstoffkonzentration (eutrophe bzw. polytrophe Seen) ist es völlig normal, dass im Hypolimnion (Bereich unter der Sprungschicht) kein oder kaum Sauerstoff vorhanden ist. Da fast alle nährstoffreichen Gewässer dieses Verhalten zeigen, ist es für uns wichtig, diesen Gewässertyp auch zu erkennen (mit Nährstoffen sind in diesem Zusammenhang übrigens im wesentlichen Stickstoff- und Phosphorverbindungen gemeint, die Wasserpflanzen und insbesondere Algen als Nahrung dienen). Diese Gewässer zeichnen sich dadurch aus, dass sich hier im Sommer regelmäßig eine Algenblüte ausbildet und die Sichttiefe dadurch zeitweise sehr gering wird. Ein hohes Unterwasserpflanzenvorkommen ist

ebenfalls ein Indikator für ein hohes Nährstoffvorkommen. Ende Juni beispielsweise angelte ich in einem See, bei dem in 6 Metern Tiefe eine Sauerstoffkonzentration von 0,2 mg/l und eine Wassertemperatur von 11,6 °C zu messen war. Die tiefsten Stellen dieses Sees liegen bei 16 Metern. Die Sprungschicht befand sich zwischen 4 und 6 Metern. Oberhalb der Sprungschicht lag die Sauerstoffkonzentration über 9 mg/l bei einer Temperatur zwischen 18 °C und 19 °C. Wer hier jetzt auf einem Sechs-Meter-Plateau angelt, kann genauso gut den Köder auf dem nächstgelegenen Maulwurfshügel platzieren. Eine geruhsame Nacht ist in beiden Fällen garantiert.

EIN DOPPELTER BODEN

Über die Ausbildung der Sprungschicht hat Christopher kurz berichtet. Grund für die extremen Sauerstoffunterschiede ist die „Undurchlässigkeit" der Sprungschicht für den Wasseraustausch zwischen Epi- und Hypolimnion. Ihr könnt Euch die Sprungschicht als eine Art doppelten Boden im Gewässer vorstellen. Jeder, der schon mal bei guten Sichtbedingungen durch die Sprungschicht getaucht ist, kann von dem unvergesslichen Erlebnis berichten, eine schlierige, wabernde und verschwommen wirkende Flüssigkeit (veränderte Lichtbrechung durch die Dichteänderung) zu durchschwimmen. Oberhalb der Sprungschicht verhält sich die Wasserschicht (Epilimnion) wie eine Ölschicht auf dem Wasser (warmes Wasser hat eine geringere Dichte als kaltes). Auch der stärkste Sturm kann jetzt das Oberflächenwasser nicht mehr mit dem Tiefenwasser vermischen! Eine Durchmischung des Wassers findet nur noch über der Sprungschicht statt und nur noch das Epilimnion kann über die Wasseroberfläche mit Sauerstoff angereichert werden. Die Kenntnis über die genaue Lage der Sprungschicht ist daher oftmals schon die halbe Miete zum Erfolg! Denn diese kann zu Beginn des Sommers bei nur zwei bis drei Metern liegen. Eine meiner Regeln lautet daher: Bezüglich der Angeltiefe liegen wir immer auf der sicheren Seite, wenn wir über der Sprungschicht angeln! Diese verschiebt sich im Verlauf des Sommers in tiefere Bereiche, weil das Volumen des warmen Oberflächenwassers und somit das Volumen des Epilimnions zunimmt. Ein Plateau, das im Frühjahr noch unterhalb der Sprungschicht lag, kann dann wie ein Eisberg aus dem Wasser über der Sprungschicht herausragen und zum superfängigen Hotspot werden. Selbst wenn es sich bei dem Gewässer um ein nährstoffarmes handelt, sollten die Köder in der

Links: Michael Lechelt mit Spiegler
Rechts: Die Multiparametersonde macht detaillierte Messungen möglich.

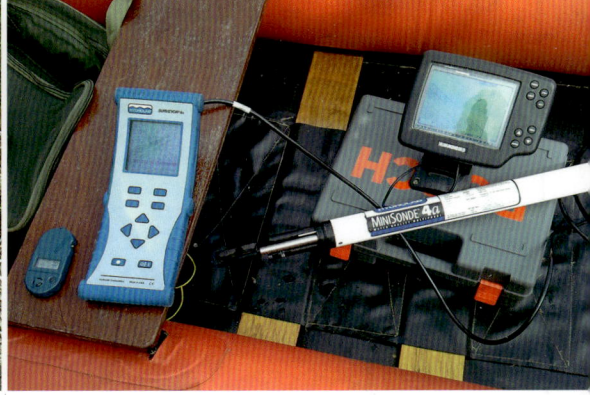

Regel über der Sprungschicht abgelegt werden. Temperaturunterschiede von über zehn Grad zwischen Epilimnion und Hypolimnion sind nicht ungewöhnlich. Als wechselwarme und Wärme liebende Tiere werden sich die Karpfen derartigen Temperaturschwankungen nur im Ausnahmefall aussetzen und die Sprungschicht meiden. Aber wie überall, auch hier keine Regel ohne Ausnahme. In sehr tiefen und nährstoffarmen Gewässern (oligotrophe, mesotrophe Seen) kann die Sauerstoffkonzentration im Sommer in der Sprungschicht und im Hypolimnion höher sein als im Epilimnion. Dann können diese Bereiche manchmal fängiger sein (siehe Zwischenüberschrift Temperatur später in diesem Buchkapitel). Ebenso können tiefe Bereiche im Sommer auch in Stauseen interessant sein. Dies ist besonders der Fall, wenn der Wasserablauf des Sees an der Staumauer im unteren Bereich liegt und ständig (kaltes) Tiefenwasser abgeführt wird bei gleichzeitigem Zulauf von Flusswasser. Unter diesen Umständen wird auch das Tiefenwasser ständig mit (warmem) Frischwasser versorgt. Es entsteht weder Sauerstoffmangel, noch gibt es große Temperaturdifferenzen. In Flüssen bildet sich aufgrund der Strömung generell keine Sprungschicht aus. Wie können wir aber nun die genaue Lage der Sprungschicht bestimmen? Am einfachsten ist dies mit einem der modernen, digitalen Echolote. Diese sind in der Lage, die Sprungschicht auf dem Display anzuzeigen. Allerdings bekommen wir weder Informationen über die Temperaturen noch über die Sauerstoffverhältnisse. Am genausten und sichersten ist die Bestimmung der Lage mit einer Temperatursonde, die über ein langes Kabel heruntergelassen werden kann. Diese Geräte können als sogenannte Multisonden mit anderen Messgrößen wie Sauerstoffkonzentration und Wassertiefe kombiniert sein. Leider sind sie wie bereits erwähnt extrem teuer. Die dritte Möglichkeit ist die Verwendung des von Christopher beschriebenen Messgerätes GTM 40T+. Nach Vergleichsmessungen mit einer Multiparametersonde habe ich allerdings die Erfahrung gemacht, dass dieses Gerät sehr ungenau ist und die Messung in Zweimeterschritten für eine präzise Ermittlung der Sprungschicht leider nicht wirklich ausreicht.

Michael Lechelt

Temperatur

Karpfen sind zwar wechselwarm, haben aber Vorzugstemperaturen. Was sie besonders hungrig macht, sind konstante Werte. Starke Temperaturschwankungen gehören zu den schlimmsten Stressfaktoren im Leben eines Karpfens. Deshalb läuft es auch in Phasen mit wechselhaftem Wetter oft schlecht. Und darum zieht es die Rüssler in den Wintermonaten an vielen Gewässern auch ins Tiefe, wo die Temperaturen meist über lange Zeit konstant um vier Grad liegen. Im Frühjahr bevorzugen Karpfen flaches Wasser, da es sich schnell erwärmt und hier viel natürliche Nahrung zu finden ist. Erreicht das Wasser im Frühling zwölf Grad, geht es im Flachen richtig rund. Wie mir Mark Dörner bestätigte, erwachen Kanäle auch schon bei acht Grad, da die gesamte Wasserschicht durch Schifffahrt und Strömung beim Schleusen bewegt wird. Die Vollzirkulation im Frühling trägt dazu bei, dass die Gewässer erst richtig aufwachen. Sie kann aber auch dazu führen, dass unsere Köder in nur einem Meter Tiefe plötzlich liegen bleiben, drei Meter tiefer, voll im auflandigen, milden Wind, läuft es aber – also bitte flexibel bleiben. Viele sehr große Einzelfische, ob Rogner oder Milchner, werden übrigens bei rund 17 Grad Wassertemperatur gefangen. Das gilt nicht nur fürs Frühjahr. Wenn Sie gerade auf Zielfischjagd sind, könnte diese Information interessant für Sie sein. Vielleicht hauen die Giganten vor der Laichzeit noch einmal richtig rein, bevor sie ab einer Wassertemperatur von rund 18 Grad (an manchen Gewässern reichen gerade kleineren Fischen auch 16 Grad) nur noch an Sex denken. Die Phasen kurz vor und nach der Laichzeit sind ideal, um mal so richtig den Jackpot zu knacken. Gerade nach dem Laichen haben Karpfen – vom Liebesspiel ausgemergelt – richtig Appetit. Laichende Fische zu finden ist nicht schwer: Laut klatschen sie jetzt an der Oberfläche und wühlen das Wasser auf. Schon Tage bevor das eigentliche Laichen beginnt, fangen die Milchner an, die Rogner zu jagen. Doch schon lange vor dem eigentlichen Akt können wir die Laichgebiete ausfindig machen: Oft sind es die flachen Buchten mit Seerosen- oder Krautfeldern auf der Sonnenseite des Gewässers. Ich beobachtete Karpfen beim Laichen am Kraut in bis zu vier Metern Tiefe, an Seerosen und zwischen Ästen, sogar schon auf einer kiesigen Fläche und im Schilf. Interessant für uns ist auch, dass kleinere Karpfen der Fünf- bis Zehn-Kilo-Klasse früher mit dem Laichen beginnen als die großen Fische...

Im Sommer hängt der Erfolg vom Sauerstoffgehalt des Wassers ab. Grundsätzlich läuft es jetzt fast überall, im flachen Uferwasser, im Bereich der Plateaus, am Fuße der tiefen Kante. Doch die flacheren Bereiche sind stärkeren Schwankungen ausgesetzt. Es ist sinnvoll, dann verschiedene Tiefen abzudecken, um nicht nur die kurze Beißzeit einer Tiefe mitzunehmen. Stimmt der Sauerstoffgehalt, fühlen sich Karpfen bei 21,3 Grad

November – Top-Zeit an den französischen Flachlandseen.

Wassertemperatur am wohlsten. Das zumindest sagt die Wissenschaft. Allerdings habe ich am Cassien im Hochsommer die Erfahrung gemacht, dass es die Fische in kühleres Wasser zieht: Im August erreicht das Oberflächenwasser dort locker Temperaturen von 28 Grad. Zudem ist es im Tagesverlauf merklichen Temperaturschwankungen ausgesetzt. In Tiefen zwischen 10 und 18 Metern misst es dann konstant rund 14 Grad. Kühleres Wasser ist hier wahrscheinlich sauerstoffreicher. Der Cassien steht als nährstoffarmer See im Gegensatz zu den von Michael Lechelt beschriebenen nährstoffreichen Gewässern, denn der beschriebene Tiefenbereich liegt unterhalb der Sprungschicht und an nährstoffreichen Gewässern würde der Sauerstoffgehalt hier nicht ausreichen. Doch die Vermutung liegt nahe, dass der vorhandene Sauerstoff aus der Frühjahrzirkulation in diesem gigantischen Tiefenwasserkörper einfach nicht verbraucht wird. Hier kommt es vor, dass der Sauerstoffgehalt auch unter der Sprungschicht sogar höher ist als darüber. Ähnliches gilt zum Beispiel für den Lac du Salagou und andere Seen dieses Typs. Im Tieferen geht es den Karpfen dann einfach besser: nicht zu kalt, aber durchatmen. Ich hörte von Fängen aus extremen Tiefen von 25 Metern. Voraussetzung für den Erfolg ist natürlich, dass wir in so tiefem Wasser überhaupt eine attraktive Stelle am Grund finden, wo wir unsere Köder auslegen können. Zum Beispiel ein Plateau oder eine Landzunge, die sich in solche Tiefen erstreckt. Der „Walrücken", das große Plateau im Nordarm, ist so ein Platz, der von Juni bis September Massenfänge möglich macht. Auch der Platz „Ruine" mit seinem flach auslaufenden Ufer oder das dem Platz „Privé" vorgelagerte Plateau bieten ideale Bedingungen. Flach läuft es am Cassien in der warmen Zeit besonders nachts oder auch direkt an der Krautkante am Tag. Gefunden habe ich die entsprechenden Temperaturen mit dem GTM 40T+, vertrieben von Sänger.

Im Herbst sollten wir es am heimischen Baggersee eher am Fuße des Plateaus versuchen als darauf. Doch natürlich können wir bei sehr milden, auflandigen Winden auch wieder flach fangen. Eine Wassertemperatur von acht Grad ist im Herbst oft noch mal top für einen gewichtigen Saisonabschluss. Nach dem ersten kräftigen Nachtfrost sind viele Gewässer schnell verwaist. Ein grober Fehler: Nach meiner Erfahrung ist der erste knackige Frost ein Indikator für die Fische. Als hätte jemand einen unsichtbaren Schalter umgelegt, läuft es plötzlich extrem gut! Viele Angler beenden ihre Saison zu früh. Gerade an tieferen Gewässern, die nicht so schnell auskühlen, können wir bis weit in den Dezember hinein gut fangen. Dann gilt häufig die Regel: Je kühler das Wasser wird, desto weniger Bisse, doch desto dicker sind die Fische. An den vielen produktiven Flachlandseen im Osten Frankreichs ist das besonders ärgerlich: Die ganz heiße Zeit für Biggies beginnt hier meist erst, wenn die Nachtangelzonen längst geschlossen sind. Dort zieht es dann den gesamten Seebestand in den tiefsten Bereich des Sees: zur Staumauer. Typische Winterquartiere sind generell tiefe Bereiche mit konstanten Temperaturen, die vor allem auch Ruhe bieten. Zum Beispiel versunkenes Holz, die Bereiche um Plateaus und an strömenden Gewässern ganz besonders Häfen. Gerade Yachthäfen sind exzellente Winterplätze, denn die wenigsten Yachtbesitzer lassen ihre Schätze über Winter im Wasser. Ruhe ist hier garantiert. Auch hier sind Infos von Raubfischanglern sehr hilfreich. Für die Fans von Fischen mit Zähnen beginnt im Winter die Top-Saison. Und die Jungs haben sicher kein Problem damit, einem Karpfenangler zu verraten, wo sich die Weißfische gerade sammeln oder in welcher Tiefe sie die meisten Sicheln auf dem Lot sahen. Für uns sind solche Infos Gold wert und ersparen mühseliges Suchen. Den Cassien bringe ich hier mal wieder als Regelbrecher par excellence. Bis Anfang Januar läuft es dort zwar tief und es werden Fänge in Tiefen deutlich über zehn Meter gemeldet. Ab Ende Dezember aber würde ich meine Ruten in Tiefen zwischen drei und fünf Metern, weiter ins neue Jahr dann auch ausschließlich auf Sicht, flacher als vier Meter, ablegen. Dass die Fische so früh im Jahr schon wieder bevorzugt flaches Wasser aufsuchen, hängt eher mit der Sonneneinstrahlung zusammen als mit der Temperatur. Hier aber ein sehr vereinfachter Wegweiser zur richtigen Wassertiefe an „normalen", stehenden Gewässern: Im Frühjahr und Frühsommer läuft es im oberen Drittel, im Sommer und Frühherbst im mittleren Drittel und im Spätherbst und Winter tief – Ausnahmen bestätigen die Regel. Auf einen ganz anderen Richtungsweiser können wir uns hingegen fast immer verlassen, auch ohne Technik: den Wind!

Links: 17 Grad bedeutet „Big Fish!"
Mitte: Kleine Karpfen laichen zuerst – wie hier am Cassien.
Rechts: Darum liebe ich den Spätherbst!

Wind

Deutschland liegt geografisch gesehen in der gemäßigten Zone und ist der Westwinddrift ausgesetzt. Winde aus Westen (besonders Südwesten) sind oft mild, sie bringen Tiefdruck und sind konstant. Nord- und natürlich Ostwinde gehen oft einem Wettereinbruch voraus und gelten als schlecht fürs Angeln. Ein milder Ostwind beispielsweise ist aber viel besser als ein kalter Westwind. Es hängt also oft weniger von der Richtung ab, aus der es bläst. Ein Beispiel: Nach einer langen, kalten Periode blies Mitte März wie aus dem Nichts ein milder Wind aus Nordost in die Südbucht des Torfstichs, den ich damals befischte. Die 30 Hektar große Wasserfläche des Sees ist dem Wind schutzlos ausgeliefert. Da das Gewässer durchschnittlich nur anderthalb Meter tief ist, wirken sich die Witterungen hier schnell auf das Verhalten der Fische aus. An zwei Tagen fütterte ich in der Bucht ein paar Hände voll Boilies und Pellets, dann fischte ich eine Nacht. Das Ergebnis: vier Fische, drei 20-Pfünder und ein dicker 35-Pfund-Spiegler. Als ich es tags darauf erneut versuchte, bekam ich keinen Pieper mehr. Natürlich war auch der Wind wieder eingeschlafen. Bläst im Frühling der erste milde Wind des Jahres: Auf ans Wasser und an das dem Wind zugewandte Ufer setzen! Luftbewegungen haben sehr große Auswirkungen auf das Verhalten der Karpfen. An manchen Gewässern steuern sie die Fische förmlich. An flachen, windoffenen Seen wird sich das Lüftchen immer schneller auswirken. Doch

Mistral trübte die Bucht ein. Der Schuppi biss nur Sekunden, nachdem ich dort einen Köder auslegte!

es gibt kaum einen Fisch, der nach einem waschechten Sturm nicht auf Nahrungssuche ist, denn heftige Winde bringen Bewegung und Sauerstoff ins Wasser und sorgen für Unterströmungen. Auch träge Karpfen müssen sich jetzt bewegen, verbrauchen Energie und schon fressen sie wieder. Übrigens ein heißer Wintertipp: Rührt ein nicht zu kalter Wind so richtig Ihr Gewässer durch, sollten Sie alles stehen und liegen lassen – die Chancen auf einen Karpfen aus der Kälte könnten kaum größer sein! Das gilt besonders für strukturarme Gewässer. Aber: Meinen ersten 30-Pfünder aus dem Cassien fing ich während eines heftigen, eisigen Mistralsturms. Er biss im Dezember in fünf Meter Tiefe. In dieser Nacht wurden rund um den See Fische gefangen, egal, ob in zwei oder 20 Metern – bei nur sechs Grad Wassertemperatur! Der See war also voll durchmischt und die Fische wegen des heftigen Sturmes in Bewegung. Oft ist der Wind entscheidender als die Struktur des Gewässers. Schon zweimal passierte es mir an ganz unterschiedlichen Baggerseen: Die flachen Buchten rochen förmlich nach fetten Frühjahrs-Karpfen. Dass sie jeweils am Südufer des Sees lagen, fiel mir gar nicht auf. Ich musste erst ein paar Nächte blanken, bis ich bemerkte, dass die Fische an der steilen Kante des Nordufers patrouillierten, auf die ein kaum spürbarer, warmer Südwestwind stand…

Trübung

Starke Winde haben noch einen Effekt: Sie drücken das Wasser auf ein Ufer und sorgen dort für Trübung. Das Bodensediment wird aufgewühlt und Nahrungspartikel werden freigelegt. Karpfen reagieren sofort und suchen in angetrübten Bereichen nach Nahrung. Das gilt besonders für Großgewässer, an denen sich das trübe Wasser weit in den See erstreckt. Der Übergang von trübem zu klarem Wasser war dann oft besser als die trübe Brühe selbst. Ausnahme: Der Cassien, denn hier kann ich an zwei Extrembeispielen belegen, wie schnell Fische auf Trübung reagieren und fing mitten in der Brühe: Im Mai 2006 peitschte ein Mistral durchs Kreuz, wo sich die drei Arme treffen. Von einer unscheinbaren, kleinen Landzunge wurde Sediment abgetragen und färbte eine Fläche von nur rund zehn Quadratmetern gelb-braun. Spaßeshalber warf ich Boilies hinein und wenig später pendelte ich eine Montage mit einem Unterhandwurf ins trübe Wasser nur wenige Meter vorm Ufer. Sie sank nach Gefühl auf rund drei Meter ab. Ich hatte gerade den Bissanzeiger eingestellt, da wurde Schnur von der Rolle gerissen. Binnen Sekunden lag ein kleiner, wilder Schuppi im Netz. Im Februar 2008 wirbelte ein starker Wind das hintere Ende vom Nordarm auf. Bei klarem Wasser zuvor hatte ich mir ein Bild von den Strukturen am Grund gemacht und platzierte eine Rute mit einer einzelnen Tigernuss intuitiv in der trüben Brühe. Fünf Minuten später fand ich mich mit krummer Rute im Boot wieder und landete einen guten Dreißiger! An vielen Gewässern ziehen Über- und Einläufe Fische magisch an. Vor allem, wenn sie durch Regen- oder Hochwasser kurzzeitig an Kraft gewinnen. Mein Freund Felix Esser befischt seit Jahren einen großen Baggersee, an dem noch Kies abgetragen wird. Die Wochenenden meidet er dort mittlerweile. Angeldruck an den freien Tagen ist nicht der Grund. Doch der Bagger steht am Wochenende still, das Wasser klart auf und den Fischen vergeht der Appetit. Hallt wieder das Grollen der Maschinen über den See, mischt sich öfter ein Bissanzeigerton darunter.

Regen

Diese Theorie formulierte Bastian Reetz: Karpfen fühlen sich bei starkem Regen nicht nach Fressen. Das Trommeln der Tropfen spüren sie in ihren Resonanzkörpern. Tatsächlich erinnere ich mich an nur einen einzigen Run bei Starkregen, den Fisch verlor ich auch noch. In den Pausen lief es besser. Doch diese Beobachtung bringt uns nicht viel, schließlich gehen wir trotzdem angeln, oder? Interessanter ist vielleicht, dass die Fische bei Regen eine Etage tiefer fressen – zumindest im Frühjahr, wenn wir sehr flach und auf Sicht angeln. Darauf brachte mich Meik mit seinem „Indianer-Gehabe". Wir fischten an einem Baggersee bei Köln und ich lag mit Fischen von 17 und 18 Kilo vorne. Meik schaute in den wolkenverhangenen Himmel und sagte: „Es wird regnen, da fressen die Bullen tiefer!" Ich schmunzelte nur, ruderte weiter das Boot Richtung Hotspot und sah zu, wie er ein Rig auf drei, das zweite auf fünf Meter ablegte, statt wie zuvor beide auf anderthalb. Am nächsten Morgen fotografierte ich ihn mit Spieglern von 16 und 20,5 Kilo – im Regen. Zufall? Ich beachte den Regen jedenfalls seither bei meiner Frühjahrsangelei…

Meik Pyka: „Es wird regnen, da fressen die Bullen tiefer!" (20,5 Kilo…)

Wasserstände

An vielen Stauseen Frankreichs bestimmen die Wasserstände den Wanderzyklus der Karpfen. Vom Stand des Wassers hängt dort ab, ob sich die Fische fortpflanzen können und wo sie sich aufhalten. Dem Pegel kommt dann eine höhere Bedeutung zu, als den meisten anderen Einflüssen – das sollten wir vor Augen haben! Üblicherweise ist das Wasser dieser Seen im Frühsommer voll aufgestaut. Die Fische halten sich im Bereich des Einlaufs und auf den überschwemmten Flächen auf, wo es flach ist. Hier laichen sie auch. Über den Sommer bis in den späten Herbst hinein werden viele Seen im Nordosten des Landes (zum Beispiel: Lac de la Foret d'Orient, Lac de la Liez, Lac de Charmes)

alljährlich abgelassen. Dann zieht es die Fische mit dem sinkenden Wasserstand dorthin, wo die Bedingungen (Temperatur, Druck) am konstantesten sind und wo sich auch die natürliche Nahrung sammelt. Dorthin, wo das Wasser am tiefsten ist: zur Staumauer! Die Gebirgsstauseen (wie der Cassien, Lac du Salagou) haben durchweg sehr hohe Durchschnittstiefen. Daher suchen die Fische nicht das ganz tiefe Wasser bei der Staumauer auf, sondern Bereiche mit Vorzugstiefen. Am Cassien zieht es bei sinkendem Wasserstand viele Fische in den Nordarm, den tiefsten Ausläufer des Sees. Bei mittlerem Wasserlevel ist das Kreuz oft voll mit Fisch. Und wenn der Pegel oben ist, lieben die Cassien-Karpfen den West- und Südarm.

Niedrigwasser am Lac du Salagou. An allen Gewässern mit schwankenden Wasserständen beeinflusst der Pegel das Verhalten der Fische.

Mondphasen

Zuhause angle ich, wenn ich Zeit habe. Plane ich eine Tour, behalte ich den Mondkalender genau im Auge! Denn wenn ich Urlaubstage investiere, will ich den optimalen Bedingungen vor Ort so nah wie möglich kommen. Über den Einfluss des Mondes auf das Verhalten der Fische kursieren viele Theorien. Viele Freunde machten wie ich die Erfahrung, dass weniger Licht meistens mehr ist. Die richtig finstern Neumond-Nächte oder gerade zunehmender Mond sind oft extrem gut. Also lege ich den Urlaub möglichst in den Beginn des abnehmenden Mondes, um die längste Dunkelphase abzupassen. Ob ab- oder zunehmender Mond, besser als Vollmond sind solche Phasen fast immer. Vollmond zieht die Fische in die oberen Wasserschichten und an die Oberfläche. Oft springen gerade in Vollmondnächten viele Karpfen. An klaren Seen, an denen die Fische bevorzugt tagsüber fressen, funktionierten in sehr hellen Mondnächten besonders die ganz flachen Plateaus. Am Cassien bissen zur Geisterstunde bei Vollmond oft Fische ganz flach direkt in oder an Krautfeldern. Planen Sie einen Trip, ist also mein Rat: Vermeiden Sie Phasen mit hellem Mond!

Angeldruck

Ihre Ruhezonen suchen Karpfen dann auf, wenn sie nicht gerade der Hunger plagt, wenn Boote übers Wasser rauschen, Badegäste lärmen und ganz besonders dann, wenn viele Angler mit ihren Schnüren das Gewässer abspannen. Die meisten möglichen Ruhezonen sind leicht zu finden, da problemlos zu erkennen: ruhige Buchten, verlassene Bootsanleger, überhängende Bäume, versunkenes Holz, Seerosen- und Krautfelder, Häfen, Altarme, Bereiche im Strömungsschatten im Fluss und Schongebiete natürlich. Besonders an stark beangelten Gewässern (auch an vielen der kommerziellen Seen in Frankreich, die keine solchen Unterstände aufweisen), ist eine der wichtigste Ruhezone die Seemitte, die wir mit einem Wurf nicht erreichen können. Am Cassien beispielsweise, der unter extremem Angeldruck steht, wiederholte es sich Sommer für Sommer: Im Nordarm sprangen hunderte Fische über Wassertiefen von über 30 Metern. Dort halten sie sich je nach Wassertemperatur im Freiwasser auf. Hatte ich nicht gerade einen der wenigen dort produktiven Plätze (zum Beispiel den „Walrücken") beschlagnahmt, musste ich bis zum Abend auf einen Biss warten oder auf den frühen Morgen hoffen. Dann kamen die Fische zum Fressen in flachere Gefilde. In ihren Ruhezonen werden Karpfen auch fressen. Doch da sie sich hier oft täglich aufhalten, ist dort nicht mehr viel zu finden. Hier polieren sie den Boden förmlich blank! Gut zu erkennen ist das zum Beispiel unter überhängenden oder versunkenen Ästen. Hoher Angeldruck an Ruhezonen kann dazu führen, dass die Fische hier nur noch ganz selten Nahrung aufnehmen. Das wird besonders bei Schongebieten deutlich. Solche liegen oft eher uninteressant, an stark befischten Seen werden sie aber sehr schnell von den Fischen angenommen. Diese Erinnerung hat den Beigeschmack von Jugend und frühem Leichtsinn, denn heute habe ich gelernt, dass es Konsequenzen hat, in Schongebieten zu angeln. Doch es war verblüffend: Platzierte ich die Montage einen Meter vor der Boje, die das Schongebiet kennzeichnete, blieb der Pieper stumm. Legte ich das Rig allerdings einen Meter in die verbotene Zone hinein, musste ich den Bissanzeiger ausstellen, um nicht ertappt zu werden – die Rolle stand kaum mehr still!

„Der Mond ist unsere Sonne." Jan Delay

Als würden die Karpfen genau wissen, wo das Schongebiet beginnt! Angeldruck wirkt sich also ganz deutlich auf das Verhalten der Fische aus. Je mehr Angler beispielsweise am Cassien sitzen, desto besser läuft es für die Glücklichen an den Bojenketten der Schongebiete – eine einfache Regel, die immer zutrifft. Je weniger Angler den See bevölkern, desto geringer ist allerdings die Bedeutung der Reservate. Ähnlich an kommerziellen Gewässern. An den von mir befischten Seen dieses Typs, Lac de Curton (Rainbow Lake) und Le Val Doré (See 1), gibt es zwar keine Schongebiete. Je weiter der Köder aber unterm kaum zugänglichen Geäst der überhängenden Bäume lag, desto eher kam der Biss. All die in diesem Kapitel beschriebenen Einflüsse wirken aufeinander. Doch Angeldruck ist die größte Kraft. Kreuzen zu viele Schnüre die Zugrouten der Fische, werden sie auch trotz Niedrigwasser lieber die flachen Gefilde aufsuchen und sich nicht mehr für Wind & Co interessieren. In Mecklenburg Vorpommern sind wir mit gigantischen, offenen Wasserflächen konfrontiert. Ein Wegweiser zum Fisch sind hier besonders Naturschutzgebiete. Zwar wirkt sich Angeldruck dort bestimmt nicht auf das Verhalten der Fische aus, denn es gibt keinen. Doch dürfen auch Boote diese Schutzgebiete nicht befahren. Hier ist es der Faktor Ruhe, der die Fische in die Reservate zieht und wegen der Karpfen finden Sie mich dann an den letzten Plätzen vor solchen Gebieten. Eine interessante Beobachtung machte ich an einem kleinen Baggersee mit einer klassischen „Holding Area": ein Steilufer, an dem zahlreiche Bäume im Wasser liegen. Schon zwei Meter vom Ufer entfernt ist es hier tiefer als drei Meter. Während die großen Karpfen des Sees an allen anderen Stellen mit panischer Flucht reagierten, wenn sie durch Bewegung oder Lärm gestört wurden, gründelten sie unterm Holz friedlich weiter. Selbst, wenn ich feste auftrat und mich bewegte wie ein Hampelmann, interessierte es die Tiere nicht sonderlich – so sicher fühlten sie sich in ihrer Burg. An diesem See reagierten die Fische sonst sehr empfindlich auf Störung. Das Kleinod liegt in einer Senke und ist durch Vegetation abgeschirmt. Nur Vereinsmitglieder haben Zutritt. Kaum einer verwendet ein Boot. Das Wichtigste war hier, die Montagen zur Fressphase schon seit ein paar Stunden auf den richtigen Stellen zu haben. Karpfen bemerken Angeldruck also durch straff gespannte Schnüre, klobige Rigs, Boote und Gebersignale von Echoloten. Im folgenden Kapitel lesen Sie, wie wir und vor allem unsere Fallen möglichst unentdeckt bleiben.

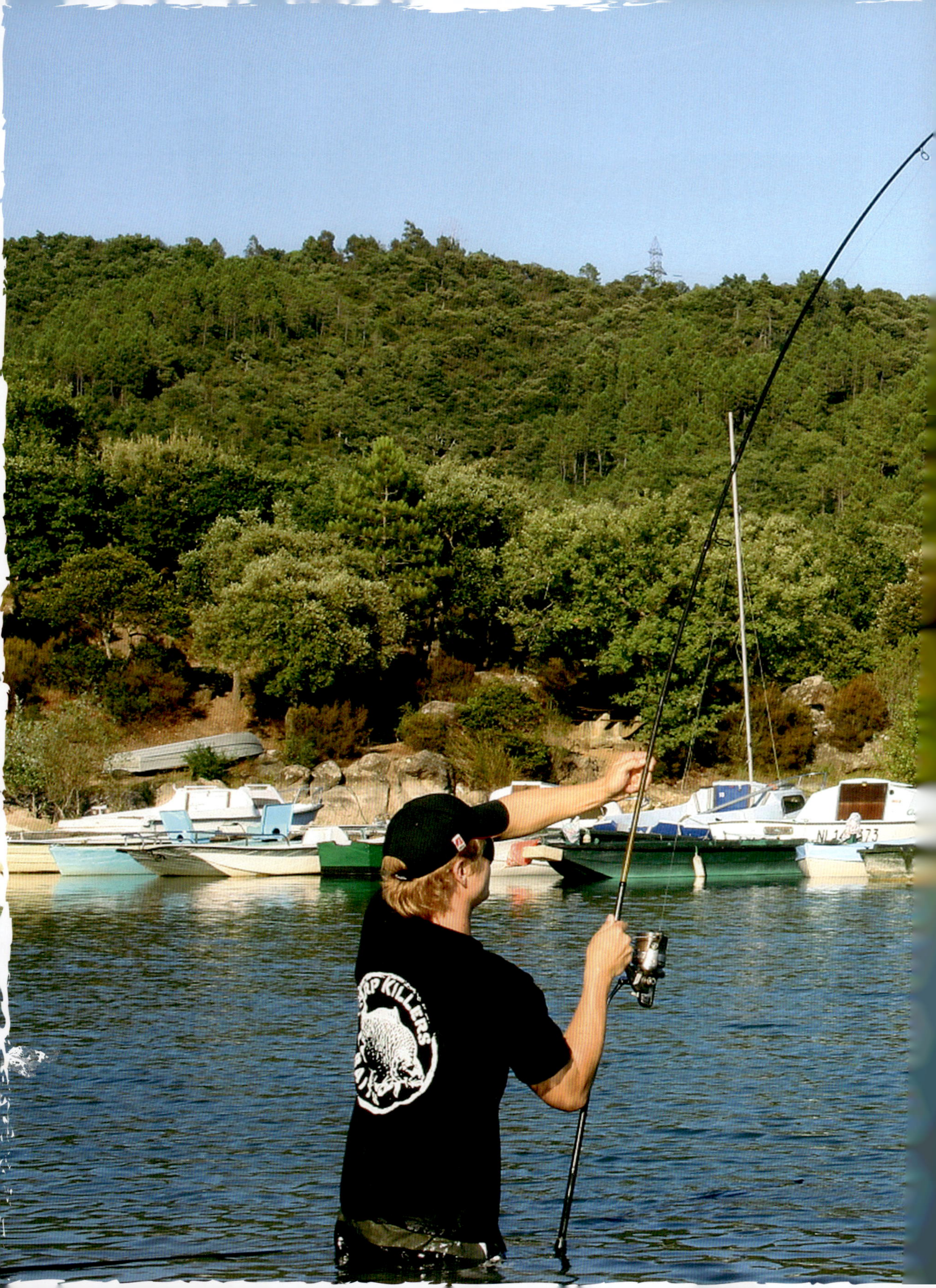

Kapitel 3

Vom Fallenstellen

Vom Fallenstellen

Das Bild mag Ihnen nicht gefallen, doch wir Karpfenangler sind unter den Jägern die „Trapper" – wir stellen eben Fallen, Festblei-Fallen. Und wie ein guter Trapper müssen wir unsere Fallen den Plätzen anpassen, an denen wir sie stellen. Wir müssen sie so aufbauen und auslegen, dass sie ungehindert arbeiten können. Und wir müssen sie tarnen...

Die Rutenspitze schlug aus wie bei einem Brassenbiss, doch es war mein erster Cassien-Vierziger.

Rigs – meine Fallen

Mai 2006, Gluthitze in Südfrankreich und zwei unbedarfte Angler im Paradies. Jan-Simon und ich hatten den damals letzten Platz vorm Westarm-Schongebiet des Cassien, genannt „Kevin Ellis Point", schon seit drei Tagen ganz für uns und wir fingen fantastisch. Es war um zwölf Uhr Mittags, nur einmal piepte die Sounderbox. Eigentlich kein Grund, den Sonnenplatz aufzugeben und nachzuschauen. Doch irgendwie hatte ich so ein Gefühl... Mit wenigen Schritten erreichte ich die drei Ruten, die wir linksseitig aufgebaut hatten. Hier bissen letztlich 50 von 53 Fischen, die wir auf diesem Platz in einer Woche fangen konnten – inklusive aller großen. Als ich die Ruten erspähte, traute ich meinen Augen nicht: Die Spitze der linken schlug in regelmäßigen Abständen aus. Ein Brassen, dachte ich und nahm Kontakt auf. Von wegen! Verursacht wurde das Gezupfe von meinem ersten Cassien-Vierziger! Als ich Jan-Simon bei der Foto-Session von dem merkwürdigen Biss erzählte, schüttelte er nur mit dem Kopf. Genau 24 Stunden später,

Punkt zwölf, ertönte wieder ein Pieper. Wir hatten gelernt und hasteten beide zu den Ruten. Und tatsächlich war es wieder die Spitze der linken, die ausschlug. „Warte mal ab, dass ist wieder der Dicke!", scherzte Jan. Tja, er war es wirklich! In zwei Tagen biss ein und derselbe Fisch am gleichen Spot auf den gleichen Köder, das gleiche Rig zur gleichen Uhrzeit und er zeigte vor allem beide Male das merkwürdige Verhalten: Das Ausschlagen der Rute kam durch die Kopfschläge des alten Spieglers, der sich nicht von der Stelle bewegte und versuchte, sich vom Haken zu befreien. Dass wir ihn zweimal fingen, beweist, dass unsere semi-steifen Vorfächer in dieser Situation nicht ganz schlecht waren. Ich will gar nicht wissen, wie oft ich hingegen schon daneben lag und die Fische unbemerkt davon kamen...

Bitte beweg Dich

„Het allerbelangrijkste is dus de vis aan het ‚lopen' krijgen."
Luc de Baets, „De dunne Lijn"

Luc de Baets traf es schon auf den Punkt, als ich noch mit dem Mini-Kescher nach Molchen fischte statt auf große Rüsseltiere: Ein Karpfen, der nach der Köderaufnahme auf der Stelle stehen bleibt, ist nur sehr schwer zu haken. Denn während er filtert, ist unser Köder samt Haken nahezu schwerelos. So schnell, wie er im Maul landete, fliegt er auch wieder heraus. Versuchen Sie es mit einer Montage im Flachwasser. Legen Sie das Rig auf den Grund und imitieren mit Ihrer Hand die Flossenbewegung eines Fisches. Das Vorfach wird umhergewirbelt. Und jetzt stellen Sie sich vor, ein Karpfen saugt mit hohem

Durch unsere Art zu füttern, können wir die Funktion unseres Rigs beeinflussen.

Druck Ihren Boilie ein. Da wirbelt alles nur so ins Maulinnere, egal, wie viel Schlauch oder Ringe den Haken zieren. Line Aligner, Ringe & Co – alle unsere Rig-Spinnereien erfüllen nur dann ihre zweifelhaften Funktionen, wenn sich der Fisch nach der Köderaufnahme bewegt. Darum fische ich nur sehr selten auf engen Partikelplätzen. Hier kommt das Fressverhalten der Karpfen am ehesten dem Gründeln gleich: Wie Staubsauger schieben sie sich langsam über den Boden und trennen Futterteile von Sediment oder eben Vorfächern. Durch unsere Art zu füttern können wir Karpfen fangbar machen, denn dadurch beeinflussen wir ihr Fressverhalten. Futterneid und Vertrauen nehmen Karpfen jegliche Vorsicht. Darum ist und bleibt richtiges Füttern unser bestes Rig. Und das bezieht sich nicht allein auf Langzeitkampagnen. Als ich weiter oben von der Fischsuche mit Licht schrieb, machte ich es ähnlich: einige weiße Boilies, weit verteilt um den Hakenköder. Gezielt wird ein Fisch Boilie für Boilie ansteuern und aufnehmen, bis es plötzlich im Maulwinkel zwickt. Mehr dazu im Kapitel übers Futter und Füttern.

Hauptsache scharf

Schnappt eine Mausefalle zu, ohne den Nager zu erwischen, ist die Chance vertan, bis wir die Falle kontrollieren. Beim Karpfenangeln ist das nicht anders: Unsere Fallen müssen auch dann noch scharf sein, wenn andere Fische, Strömung, Vögel oder Krebse sie „auslösen" ohne dass wir es merken. Denn von all dem kommt bei uns erst etwas an, wenn das Festblei merklich bewegt wird. Für unsere Rigs gilt also: Hauptsache, sie bleiben scharf! Und das bedeutet nicht selten, Kompromisse einzugehen. Ein unauffälliges, weiches Vorfach gefällt uns vielleicht besser. Nehmen Krebse Köder wie Vorfach aber zwischen die Scheren, sehen wir damit ganz alt aus und kommen um steife Mono nicht herum. Mit welchem Material wir auch angeln oder wie lang wir das Vorfach wählen, jedes Rig wird erst dann zur Waffe, wenn unser Haken absolut nadelscharf ist. Eine wirklich scharfe, lange Spitze ist auch extrem bissig. Sie haftet schon beim kleinsten Kontakt mit dem Maulinneren und greift sobald sich der Fisch bewegt. Testen Sie jeden Haken auf dem Fingernagel. Die Spitze muss ohne Druck greifen und haften, förmlich kleben, sie darf keine Furchen ziehen. Mittlerweile schleife ich so ziemlich jedes Eisen aus der Packung nach – mit dem Feilenset von Pinpoint Hooks. Ich bin in Sachen Haken sogar so pedantisch, dass ich mir schon etliche Pakete stumpf testete.

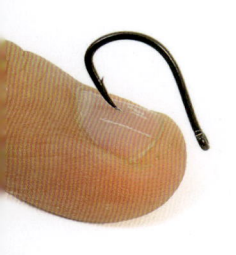

Schärfe-Test: Ein scharfer Haken muss „kleben" und darf keine Furche ziehen!

Ein Herz für Haken

„Probeer ervoor te zorgen dat de haak een verlengde van je hengel wordt"
Piet Vogel und Koen Koops, „Spiegelbeeld"

Ja, machen wir den Haken zur Verlängerung der Rute, wie es die beiden Rig-Professoren Piet und Koen vorschlagen und wählen Muster, denen wir blind vertrauen. Die Wahl der Form und Größe hängt natürlich von der Situation ab. Grundsätzlich tendiere ich zu Greifern der Größe 6. Mir gefallen kleine, kompakte Haken, also Modelle aus kräftigem Draht. Der Widerhaken muss klein, die Spitze sehr lang und gerade oder fast gerade sein. Große Haken sind meiner Erfahrung nach kontraproduktiv: Je größer das Stück Metall in der

Lippe des Fisches, desto stärker die Hebelwirkungen, desto mehr wird es sich beim Drill bewegen, den Fisch verletzen und womöglich schlitzen. Kleine Haken fassen mehr Fleisch, bewegen sich weniger, sind zudem unauffälliger und leichter. Auch gilt: Je dünner der Draht und fein zulaufender die Spitze, desto schneller und besser wird der Haken eindringen. Große Fische, große Haken heißt es oft. Doch gerade große Fische ab 30 Pfund aufwärts haben meistens wulstige, feste Lippen. Da werden die feinen Eisen besser fassen – garantiert! Zumindest theoretisch sollte eine gerade, lange Spitze schneller greifen, da sie im Maulinneren eher in Kontakt mit Fleisch kommt. Doch bevor ich weiter Theorien spinne, hier meine Form-Favoriten, wann, wie und warum ich sie einsetze:

1. **Hayabusa H.BIL 288** (ehemals European Boilie Hook und andere Form-Vettern des Owner Flyliner, zum Beispiel von Korda, Fox, Proline oder Gamakatsu): Noch vor wenigen Jahren benutzte ich ausschließlich diesen Haken: kraftvoller Draht, lange, gerade Spitze, kleiner Widerhaken, nicht zu langer Schenkel, gerades Öhr. Das Original von Owner setze ich allerdings nicht ein, da es diese messerscharfen „Flügel" an der Spitze hat. Die möchte ich keiner Lippe zumuten. Verlängert mit einem Line Aligner dreht er zuverlässig und er hält sehr gut im Drill. Geht es um große Fische in schwierigen Situationen, zum Beispiel bei dichtem Kraut oder beim Angeln vor und in Holz, binde ich meine Rigs mit 6er Hayabusas. Auch am Rainbow Lake vertrauten wir diesem Modell. Einziges Manko: Die Hakenspitze ist anfällig, sie biegt bei fast jedem Fisch minimal auf.
2. **Korda Kurv Shank** (und ähnliche Modelle): Seit der Kurv Shank auf dem Markt ist, verwende ich für Bodenköder und Snowmans kaum mehr ein anderes Modell. Ich liebe diesen Haken! Er verbindet die guten Eigenschaften vieler Typen in einer Form. Die feine Spitze ist nadelscharf und sehr lang, der Widerhaken klein, er hindert also nicht am Eindringen. Der Schenkel ist nicht zu kurz, aber auch nicht zu lang. Die Hebelwirkung im Drill ist darum gering. Der Draht ist kraftvoll, aber nicht zu klobig. Das nach innen geschränkte Öhr sorgt dafür, dass der Haken sich auf Zug auch ohne Line Aligner schnell dreht, die Spitze nach unten Halt sucht. Ich machte aber die Erfahrung, dass der Hakenhalt durch eine minimale Schenkelverlängerung mit etwas Schrumpfschlauch noch besser wird. Der Kurv Shank arbeitet sehr gut an Monovorfächern, geflochtenen und Kombi-Materialien. Dieses Modell verwende ich übrigens auch sehr gerne in Größe 4 für große Doppelköder oder Boilies mit mehr als 25 Millimetern Durchmesser, da er gerade in der Größe eine extrem lange, scharfe Spitze hat. Aber: Auf so viel Lob folgt auch Kritik, denn fürs Hindernisangeln ist der Kurv Shank nicht geeignet. Durch den Knick im Draht des Schenkels ist er bei hoher Belastung sehr anfällig und biegt auf! Müssen wir große Fische vor Holz drehen oder schlimmstenfalls mit Druck aus dichtem Kraut befreien, ist der Hayabusa weiterhin meine erste Wahl!
3. **Korda Longshank X und Prologic C2**: Klassische Longshanks: lange, gerade Spitze, kräftiger, aber nicht zu dicker Draht, nach innen gewinkeltes Öhr, langer Schenkel. Diese Hakenform arbeitet besonders an monofilen Vorfächern sehr gut. Durch den langen Schenkel drehen sich Longshanks schnell, auch an sperrigen, weil steifen Materialien. Wegen des längeren Schenkels sind sie, einmal aufgenommen, schwerer wieder auszublasen – zumindest in der Theorie. Bei einer Cassien-Session mit 35 Runs konnte ich 34 Fische sicher landen – an Mono-Vorfächern mit Longshank-Haken.

Meine Modelle von oben nach unten wie links nummeriert.

4. **Korda Wide Gape** (und ähnliche Modelle): Haken mit leicht nach innen gerichteter Spitze wie den Wide Gape verwende ich eher selten. Doch diese Form hat Modellen mit gerader Spitze gegenüber einen Vorteil: Sitzt der Haken erst, hält er auch! „Testen" konnte ich das besonders an kleineren Fischen. Am Venekotensee hatte ich einige Aussteiger, allesamt Karpfen der Zehn-Pfund-Klasse. Solche Fische kämpfen hektisch und unkontrolliert. Für die üblichen Karpfenruten sind sie völlig ungeeignete Gegner. Da kommt es schneller zu Aussteigern als im Drill mit großen Fischen, die sich vorsehbarer verhalten. Ein Wechsel auf die Wide Gape-Form brachte dann aber alle Kleinen sicher in den Kescher. Formen wie der Wide Gape haben alle Vorteile des Kurv Shanks. In der Theorie greifen sie nicht ganz so schnell, dafür halten sie noch besser.

5. **Korda Choddy und Fox SR**: Auf meine besten Hakmaschinen, Pop Up Rigs, gehe ich noch ein. Der Choddy und SR machen sie erst so gut: kräftiger, aber nicht zu dünner Draht, eine lange Spitze, die schon beim Hinsehen hängen bleibt und ein kleiner Widerhaken. Die nach innen zeigende Spitze wird durch das nach außen zeigende Öhr wieder ausgeglichen. Das abgewinkelte Öhr ist für meine Rigs von Vorteil, da ich Pop Ups gerne an steifem Material anbiete und den Austrittswinkel am Haken gerne selbst bestimme. Ein nach innen zeigendes Öhr würde den Winkel zu aggressiv machen. Diese Hakenform ist ein Garant für Fische im Netz. Ich kann mich an viele Runs erinnern, Aussteiger fallen mir aber keine ein – übrigens auch für Bodenköder an echten Stiff Rigs die erste Wahl.

Rig-Evolution

Darell Peck, einer der gehypten, mega-erfolgreichen Zielfischjäger Englands und Meik Pyka, einer besten Karpfenangler, die ich kenne, haben neben ihren Ausnahmefängen noch etwas gemeinsam: Beide verwenden ganz einfache Vorfächer bestehend aus einem kleinen Haken, der mittels einem knotenlosen Knoten meistens an ein recht langes Vorfach aus weichem Geflecht gebunden wird. Abgerundet werden die Rigs mit einem Inline-Blei und Anti Tangle-Schlauch, je nach Situation noch etwas Knetblei – fertig. Meik jedenfalls fischt zu 95 Prozent so und das seit zig Jahren mit außergewöhnlichen Erfolgen. Auf Schlauch am Haken, Ringe oder Line Aligner verzichtet er fast immer. Je weniger Schnickschnack am Vorfach, desto weniger kann dem Fisch auffallen oder schief gehen. Indem er die Wicklungen des knotenlosen Knotens bis in Höhe der Hakenspitze auf dem Schenkel legt, beugt er Verhedderungen des Hakens vor und sorgt dafür, dass das Eisen immer mit der Spitze nach unten fällt, wenn es aufgenommen wird – zumindest theoretisch. Auch ich verwende, wenn es die Situation erlaubt, gerne weiches Geflecht und versuche, alles so simpel wie möglich zu halten. Doch meine Standard-Rigs haben sich im Laufe der Jahre entwickelt und auf Gummi und Schrumpfschlauch kann ich nicht ganz verzichten:

Erst 2001 begann ich, wirklich sinnvoll mit Vorfächern zu experimentieren. Damals galt es, die richtige Länge für die schlammigen Torfstiche zu finden. Ich fing Fische auf Vorfächer zwischen fünf und 60 Zentimetern Länge. Als ideal erwiesen sich rund 30 Zentimeter (bei mehr oder weniger flächiger Boilie-Fütterung). Fast immer band ich den oben beschriebenen Hayabusa-Haken mit einem knotenlosen Knoten (acht Wicklungen) an

Meiks Vorfach ist einfach, aber mit Hintergedanken gebunden

weiches Geflecht. Das Haar ließ ich durch ein kleines Stück Silikonschlauch ungefähr mittig auf dem Schenkel austreten. Torfstiche stehen für trübes Wasser, das beim Fressen zusätzlich aufgewirbelt wird und viele Äste und Laub am Boden, da ist übermäßige Rig-Tarnung unnötig. Mit diesem Vorfach hakte ich unzählige Fische sicher. Auch den am Niederrhein bekannten Bruce aus dem Glabbacher Bruch. Doch bei Bruce fiel der Haken aus der Lippe, als der Fisch gerade im Kescher war. Sekunden entschieden. Das ist echtes Glück beim Angeln und es gab mir zu denken...

Bruce aus dem Glabbacher Bruch – der Haken fiel ihm aus der Lippe, als sich die Maschen um ihn schlossen.

Ist Ihnen aufgefallen, dass noch vor wenigen Jahren ein aggressiv abstehender Haken propagiert wurde? Heute kann bei modernen Vorfächern ein Stückchen Schlauch gar nicht weit genug im Bogen des Hakens sitzen. Durch den Austrittswinkel des Haares im Bogen soll das Gewicht des Köders bei Zug zusätzlich auf die Spitze des Hakens wirken und das Drehen begünstigen. Hinlänglich bekannt ist mittlerweile, dass ein mit etwas Schrumpfschlauch oder einem Line Aligner verlängerter Haken sich besser dreht. Also gehört auch Schlauch übers Öhr. Mit dem beliebten Handtest lassen sich die Schlauch- und Ring-Theorien gut untermauern, der Haken fasst immer sauber im Handballen. Je weiter das Silikon oder der Ring im Bogen sitzen, desto schneller und besser. Nur sind Karpfenlippen eben keine Handballen. Und nehmen Sie mal einen Köder auf, der auf einem Haar fixiert ist, das weit im Bogen austritt. Der Haken baumelt nicht frei, er zeigt nicht selten mit der Spitze nach oben. Jetzt zurück zum fressenden Karpfen: Im Sog wirbelt alles umher, egal, wohin die Spitze zeigt. Erst, wenn der Fisch sich mit dem Köder im Maul soweit bewegt, dass das Blei Zug ausübt, dreht und greift so ein Haken. In der Theorie erhöhen wir durch aggressiv abstehende Haken also deutlich die Chance, auch schon gleich nach der Köderaufnahme einen Fisch zu haken. Das würde bedeuten: Je

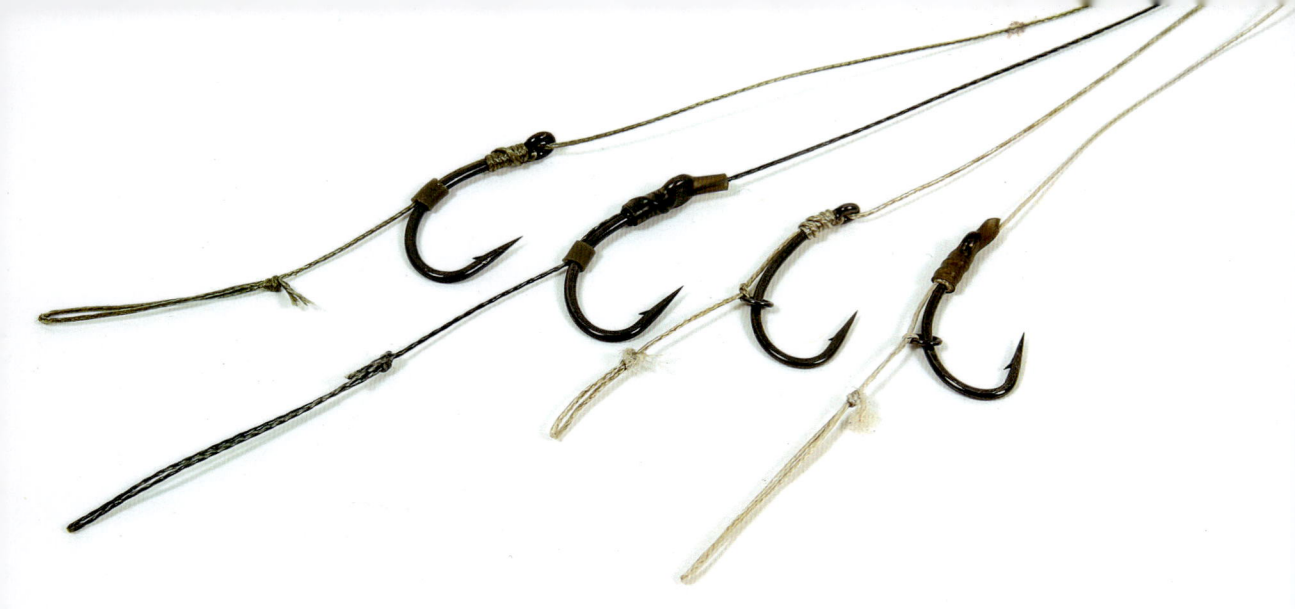

Links oben mein Standard-Vorfach von damals, daneben drei, die ich heute einsetze.

simpler, desto besser, wenn es um heikle, vorsichtig fressende Fische geht?! Mich wundert es jedenfalls nicht, dass plötzlich wieder die aggressiv abstehenden Haken in Mode kommen: beim KD Rig. Bei diesem nach seinem englischen Erfinder Kenny Dorset benannten Rig tritt das Haar schon nach zwei Wicklungen des knotenlosen Knotens aus. Das Gewicht des Köders wirkt aufs Öhr, der Haken hängt immer frei, fällt perfekt im Maul, findet schnell Halt und greift meist sicher. Eine gute Sache, doch am KD missfällt mir, dass es bei Weißfischattacken schnell unbrauchbar am Grund liegt, eben weil der Haken so frei ist.

Genug der Verwirrung. Ich gehe heute, wie so oft, den Mittelweg. Denn auch die Anbringung von Haken und Haar erfordert Kompromisse. Zwar muss der Haken schnell greifen, der Fisch soll jedoch auch sicher im Kescher landen. Zu schnell greifen darf das Eisen auch nicht, sonst fasst es im sehr weichen hinteren Maulbereich und sorgt für Verletzungen oder schlitzt aus, statt sich sicher hinter den wulstigen Lippen zu verankern. Bei den Vorfächern, die ich verwende, sitzt darum ein Stückchen Silikonschlauch über dem Ansatz des Bogens und nicht zu weit darin. Gerne auch ein Ring, denn der erhält die Funktion des Rigs auch dann, wenn er von Weißfischen auf dem Haken versetzt wird. Schließlich gleitet er frei. Wird das Stück Silikon von zum Beispiel einem Brassen ans Öhr geblasen, der Fisch hakt sich aber nicht, bemerken wir es nicht und das Rig arbeitet nicht mehr so, wie wir es uns wünschen. Rig oder Schlauch begünstigen die Drehung, lassen so angebracht den Haken aber nicht sofort umspringen. Die Spitze zeigt nach unten, wenn ich den Köder am Haar aufhebe. Line Aligner setze ich nur noch bei Haken mit geradem Öhr ein. Bei Modellen mit gebogenem Öhr wie dem Kurv Shank verlängere ich aber immer den Hakenschenkel um einige Millimeter mit festem Schrumpfschlauch (bei Monos lieber mit Silikonschlauch, weil der Wasserdampf beim Schrumpfen das monofile Material beschädigen kann). Die Erfahrung lehrte mich, dass Haken mit Schrumpfschlauch besser sitzen und die Aussteigerrate verringern. Das Haar ist bei mir vom Austrittspunkt am Haken bis zum Köder anderthalb bis zwei Zentimeter lang. Wichtig ist mir, dass der Haken neben dem Köder auf dem Boden liegt und nicht leicht angehoben wird. Mit kurzen Haaren hatte ich viele Aussteiger. Grundsätzlich tendiere ich zu längeren Vorfächern von mindestens 15 bis 30 Zentimetern, je nach Bodentyp, Futtertaktik, Material und Fressverhalten. Streue ich Boilies weit und fische auf weichem Boden, sind 30 Zentimeter normal. Stelle ich eine Falle beim Instant-Angeln und verteile etwas Mischfutter um den Hakenköder, sind 18 Zentimeter besser. Wirklich kurze Vorfächer setze ich kaum ein, mir fehlt das Vertrauen. Meine Vorfächer haken zuverlässig und im Drill muss ich nicht zittern.

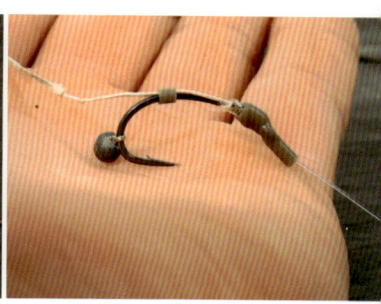

Links: Der Nachteil an Silikon auf dem Bogen: wird es „ausgelöst", arbeitet das Vorfach anders als gewünscht. Mitte: gutes Prinzip, aber anfällig für Verwicklungen – das KD Rig. Rechts: Shot Rigs drehen immer!

Steif und schwerelos

„All I want for Christmas is one bite!"
Terry Hearn in „Still Searching"

One bite – auf einen Biss angle ich oft, wenn ich instant, also ohne große Vorbereitung am Wasser bin. Und die Chance dürfen wir dann nicht vergeben! Karpfen machen den halben Tag lang nichts anderes, als Fressbares von nicht Fressbarem zu trennen. Wenn Sie unseren Köder wieder loswerden wollen, dann spucken sie ihn auch aus – samt Haken. Das können wir garantiert nicht ausschließen, aber deutlich erschweren: Ein nahezu schwereloser oder auftreibender Köder ist an widerspenstigem, monofilem Vorfachmaterial dann doch gar nicht mehr so leicht auszuspuken. Im Gegensatz zu den gefütterten Ködern fliegt ein ausbalancierter Boilie, Snowman oder Pop Up mit Schrotblei direkt auf dem Haar weit ins Maul, wenn er mit gleichem Sog aufgenommen wird. Das fehlende Gewicht gleicht die Steifheit der Mono wieder aus. Ein schwereloser Köder auf einem beweglichen Haar an eher steifem Vorfachmaterial, dazu ein eher langschenkliger Haken mit gerader Spitze – die Kombi hakt! Ich wähle semi-steife Mono wie die Dream Line SupraTec XT (im Fachhandel über Dream Tackle) in Durchmessern von 0,40 bis 0,50 Millimetern und halte die Vorfächer nicht zu kurz, denn je kürzer, desto steifer sind sie. Ideal sind 25 bis 35 Zentimeter Länge. Die Mono ist steif genug, um bei Strömung, Weißfischen und Krebsen ihren Mann zu stehen. Sie ist aber auch weich genug, um bei der Köderaufnahme nicht zu unnachgiebig zu sein. Diese Rigs funktionieren auch mit großen, schweren Boilies hervorragend. Denn die müssen sowieso mit heftigem Sog aufgenommen werden. Fluorocarbon als Vorfachmaterial setze ich nicht mehr ein, nachdem ich damit zwei Fische in Folge verlor, da das Vorfach kurz hinterm Knoten brach... Im Vergleich zu Mono hat Fluorocarbon eine geringere Knotenfestigkeit und weniger Dehnung. Dadurch knallt sie bei plötzlicher Belastung eher durch, als zu puffern. Und da liegt

Links: Ein Snowman am semi-steifen Mono-Rig ist schwer wieder loszuwerden.
Rechts: Das Hinged Stiff Rig bringt Fisch.

schließlich einer der größten Vorteile monofiler Vorfächer: Sie puffern die Kopfstöße großer Fische ab und eignen sich deshalb und wegen ihrer sehr hohen Abriebfestigkeit sehr gut für die Hindernisangelei. Ich beschwere die Monos gerne mittig mit Knetblei, sonst steht das an sich sinkende Material wegen seiner Steifheit etwas vom Grund ab. Dicke Mono verbinde ich mit einem doppelten Schlaufenknoten mit dem Wirbel, dünnere Durchmesser halten mit einem Grinner-Knoten in einem Ringwirbel. Auch über die Form eines Köders können wir dem Ausspucken entgegenwirken: An Gewässern, wo sie nicht dauernd eingesetzt werden, ziehe ich sehr gerne einen schwimmenden und einen sinkenden Boilie aufs Haar. So ein großes, ausbalanciertes, längliches Köderpaket fliegt schnell in den Schlund, aber selten wieder hinaus.

Pop Up-Hakmaschinen

Echte Hakmaschinen sind Pop Up Rigs. Doch das musste ich erst lernen. In der Vergangenheit machte ich bei der Präsentation von Pop Ups viel falsch. Auftreibende Köder an weichen Vorfächern beispielsweise gehen gar nicht. Dadurch machen wir es dem Fisch noch leichter, den Boilie wieder auszublasen. Besonders, wenn wir den Pop Up nicht überbleien, sondern nur so ausbalancieren, dass er langsam zu Boden geht. Fasst der Haken, sitzt er oft schlecht oder sogar außen am Maul. Mit steifer Mono ist das schon anders. Hier profitieren wir wieder von der Kombination eines Köders, der schnell weit in den Schlund fliegt, gegen den steifen Mono-Arm aber kaum wieder loszuwerden ist. Wenn ich nicht gerade vor Hindernissen oder bei dichtem Kraut fische und jeden zusätzlichen Knoten vermeiden will, setze ich gerne das Hinged Stiff Link ein. Dieses Vorfach besteht bei mir aus zwei Teilen, die durch einen kleinen Ring-Wirbel verbunden werden. Der lange Arm zum Blei hin besteht aus 0,50er, klarer Mono, die recht geschmeidig ist. Den kurzen Arm zum Haken binde ich auch aus Mono oder aus Mouth Trap, einem extrem steifen Vorfachmaterial von Korda, das sich biegen lässt. Ich sehe dieses Stück als Verlängerung des Hakens und biege es entsprechend zur Spitze hin. Dadurch ist es, einmal im Maul, kaum mehr auszublasen. Wichtig bei diesem Vorfach ist mir maximale Beweglichkeit, darum binde ich es als D-Rig. Beim Hinged Stiff Link überbleie ich den Pop Up nicht. Ich tariere ihn so aus, dass er langsam sinkt. Dadurch trennen sich Köder und Blei voneinander, wenn das Blei auf dem Boden einschlägt. Der Mono-Arm drückt den Köder weg. Bei einem überbleiten Pop Up fällt der Köder oft direkt aufs Blei. Eigentlich kein Problem, aber dann liegt die dicke Mono in einer unschönen Schlaufe, die ein Fisch besser nicht mit der Flosse berühren sollte... Alles Theorie, mag man mir vorwerfen. Doch ich bin der Sache wirklich auf den Grund gegangen: Für eine Rute&Rolle-Reportage fotografierte ich verschiedene Vorfächer so am Grund, wie sie nach dem Auswerfen auf einer Bank in rund drei Metern Tiefe landeten. Mein Hinged Stiff Link funktionierte, wie ich es mir vorstelle. Möchte ich Pop Ups an Hindernissen einsetzen und Schwachstellen im Vorfach vermeiden, verwende ich stark auftreibende 20-Millimeter-Popper an durchgebundenen Mono-Vorfächern aus 0,45er Mono. Am Grund richtet sich der Pop Up nicht senkrecht auf, er steht in einem Winkel ab. Doch da er schwer wieder auszublasen ist, hakt das Vorfach sauber und sicher. Gut funktioniert auch das Shot Rig, bei dem ein kleines Bleischrot über eine Schnurschlaufe hinterm Widerhaken des Hakens sitzt. Es hält den Pop Up am Boden und garantiert, dass der Haken immer in der bestmöglichen Position zum Greifen steht. Die ideale Länge meines Pop Up Rigs liegt je nach Bodengrund bei 18 bis 25 Zentimetern. Weiter als fünf Zentimeter lasse ich die Köder nur sehr selten aufragen – zum Beispiel dann, wenn sie über einem niedrigen Krautfeld stehen sollen, direkt vom Blei.

Kontergewichte

Mittlerweile sieht man auch auf Vorfächern für Bodenköder oft ein schweres Schrotblei als Kontergewicht einige Zentimeter vor dem Haken. Dadurch soll begünstigt werden, dass sich der Haken schneller dreht und die Spitze besser greift. Auf meinen Vorfächern werden Sie Klemmbleie oder Sinkers mit Knetblei finden, um das Vorfach sauber auf den Boden zu bringen. Um ein schnelleres Haken zu fördern, verwende ich Kontergewichte mit kleinen Partikelködern oder Mini-Boilies auf engen Futterplätzen – dann auch gerne ein schweres Schrot am Seitenarm mit Sinkers oder Posenstoppern fixiert. Da ich keine sehr kurzen Vorfächer mag und das Festblei im Drill weiter weg von Kopf und Augen des Fisches wissen will, ist ein schweres Klemmblei kurz vorm Haken die bessere Lösung. Sehr gut funktionieren Vorfächer mit Kontergewicht auch, wenn wir Futterboote einsetzen. Denn wenn sich die Luke öffnet, fällt das Futter punktuell zu Boden. Ich vermutete, dass es sich bei größeren Wassertiefen zumindest etwas verteilt. Doch die Kontrolle mit einer Unterwasserkamera ergab, dass Boilies bei sechs Metern Tiefe auf nicht mal

Öffnet sich die Futterboot-Klappe, landet alles auf einem Punkt – das beweist die UW-Kamera. Und da ich im Drill das Blei weit weg vom Kopf wissen will, bringe ich Kontergewichte auf langen Vorfächern an.

Der Nachteil punktueller Präsentation liegt darin, dass sie Fische nicht „bewegt". Mit ein paar Tricks kommen wir aber trotzdem zu großen Erfolgen.

einem Quadratmeter den Grund schmücken. Unterschiedlich geformte Köder oder zum Beispiel halbierte Boilies trudeln etwas weiter auseinander. Trotzdem werden die Fische auf solchen Plätzen beim Fressen am Grund kleben und wir haken sie besser mit Blei auf dem Vorfach. Gleiches gilt für den Einsatz von PVA-Säcken.

Festblei-Formen

Wenn uns der Pieper aus den Träumen reißt, hat sich der Fisch da unten längst gehakt. Ein Kernelement unserer Falle ist also das Festblei. Kompakte Inline-Bleie sind meine Lieblinge. Ob sie wirklich schneller und besser haken, weil sie direkter mit dem Vorfach verbunden sind als Bleie im Clip, weiß ich nicht. In der Theorie sollte es so sein. Doch oft genug sinkt ein Seitenblei auch etwas im Sediment ein und hakt dadurch viel besser. Nein, was mir an Inlinern gefällt ist, dass sie mit Schlauch und Schnur eine Linie ergeben. Je weniger, desto besser, bei Inlines spare ich mir den Safety Clip. Runde Formen kommen bei Inlines nicht in Frage, da sie auf hartem Boden ins Rollen geraten könnten. Besonders, wenn ein Fisch nach der Köderaufnahme zur Seite wegschwimmt, rollt er das Blei hinter sich her und es kann nicht mit vollem Gewicht auf den Haken wirken. Die perfekte Form hat das Square Pear von Korda: Es ist quadratisch mit vier flachen Seiten bei einer sehr kompakten Gussform. Das ergibt einen guten „Grip". Egal, ob der Fisch sich nach der Köderaufnahme aufrichtet oder zur Seite flüchtet, er wird immer das volle Bleigewicht zu spüren bekommen. Deshalb können wir diese Form auch in leichteren Gewichten einsetzen, wenn wir beispielsweise Fische anwerfen und nicht verschrecken wollen. Grundsätzlich aber verwende ich Festbleie ab 80 Gramm aufwärts. Fahre ich meine Montagen mit dem Boot raus, verwende ich, wenn es Bodentyp, Distanz und Wind erlauben, 140-Gramm-Inlines. Muss ich schwerere Gewichte einsetzen, halte ich Wirbelbleie am Safety Clip doch für die bessere Wahl. Die klinken entweder aus oder ihr Gewicht wird beim Drill etwas gepuffert, da sie eingehängt sind und nicht direkt auf der Schnur hängen. Denn ich machte mit Inlines über 140 Gramm die Erfahrung, dass sie zu Aussteigern führen können. Bei den 140-Gramm-Modellen verwende ich die abgebildete Fox-Form. Der Wirbel des Vorfachs wird hier in einen Silikon-Cone gezogen. Wenn ich den Wirbel nicht durch ein Stück Schnur verdicke, löst er sich leicht wieder aus dem Blei und ich habe ein unkompliziertes Semi-fixiertes Inlineblei-System. Wo mich ein im Drill frei auf der Schnur gleitendes Blei nicht stört ist das meine erste Wahl. Denn wenn die Kopfschläge des Fisches in die Schnur und Rute treffen statt aufs Blei, werden sie besser gepuffert, es gehen weniger Fische verloren. Angle ich vor oder in Hindernissen, Kraut oder auf schlammigem Boden, verwende ich lieber Wirbelbleie im Safety Clip. Den Wirbel am Blei knipse ich übrigens nicht ab, wie es oft zu sehen ist. Er verringert nicht nur Drall beim Einholen, der Wirbel sorgt auch dafür, dass unser Vorfach am Grund sauber neben dem Blei liegt und nicht davon absteht. Viele Bleie ohne Wirbel haben im Clip zu wenig Spiel. Auch für weite Würfe sind Wirbelbleie die bessere Wahl. Im Wurf trennen sie sich besser vom Vorfach. Inlines geraten eher ins Trudeln. Tarnung und Anpassung ist mir wichtig, darum reibe ich auch von beschichteten Bleien gerne den Glanz mit etwas Schmirgelpapier. Dadurch wirken sie stumpfer und älter, Sonnenlicht wird nicht mehr reflektiert. Wer sich seine Bleie selber gießt, sollte die extrem glänzenden Rohlinge einfach einige Zeit in Wasser legen, dann in die Sonne an der Luft. Das beschleunigt den Oxidationsprozess, die Bleie werden unauffällig und dunkel.

Sichere Zone

Warum brauchen wir Tube & Co und verbinden die üblicherweise 0,30 Millimeter dicke Hauptschnur nicht direkt mit dem Vorfach? Weil sie wegen des recht dünnen Durchmessers die Fischhaut verletzten könnte und es sinnvoll ist, die letzten Zentimeter vorm Blei so widerstandsfähig wie möglich zu halten. Schwer in Mode, um eine „sichere Zone" rund ums Blei zu schaffen, sind Leader und Leadcore. Von Vorteil ist, dass beides sinkt. Doch ich setze sie nicht ein, da sie mir zu unbeweglich sind und sich den Konturen am Grund nicht wirklich schön anpassen. Besonders aber missfällt mir, dass Leader und Leadcore angeknotet werden müssen. Reißt tatsächlich ein Fisch am Knoten ab, schleppt er ein verlängertes Vorfach mit sich herum. Lieber verwende ich Tube, den guten alten

Anti Tangle-Schlauch. ESP bietet ein bewährtes Produkt mit Namen „Anchor Rig Tube" an, Korda hat das erstklassige „Dark Matter Tungsten Tube" im Programm. Diese mit Tungsten versetzten Schläuche sinken wie Steine und passen sich zumindest einigermaßen den Konturen am Boden an. Bei auftreibenden Tubes (auch sinkende können auftreiben, wenn sie Luft enthalten) hilft etwas Knetblei. Wenn ich mit dicker Haupt- oder Schlagschnur (ab 0,45 Millimeter) angele und meine Montagen mit dem Boot platziere, verzichte ich auch auf Schlauch. Ein dicker Durchmesser schont im Drill die Fischhaut, verhindert Verwicklungen und ich spare mir wieder eine Komponente, die auffallen könnte. Dicke Mono ist zudem schwer und sinkt hervorragend. Mit Knetblei oder Bleischroten auf den ersten zwei Metern legt sie sich besonders sicher auf den Grund.

Haupt- und Schlagschnur

Zu oft wird an den wirklich wichtigen Komponenten gespart und das Geld fließt in die schicke Hardware, wie Rod Pods, Rollen und Ruten. Neben Haken kommt aber gerade der Haupt- und Schlagschnur eine so große Bedeutung zu. Um für alles gerüstet zu sein, verwende ich drei Schnurtypen als Hauptschnüre und habe für meine Rollen entsprechend jeweils drei Spulen. Eine fülle ich mit monofiler 0,33er bis 0,35er für weite Würfe und Distanzangeln an Gewässern, wo ich die Schnur auf ganzer Länge über dem Boden verlaufen lassen möchte. Sehr bewährt haben sich die Adrena-Line von Korda, die XLNT Camo von Prologic und Fox Soft Steel. Die zweite Spule fülle ich mit 0,43-Millimeter-Mono. An hindernisreichen Gewässern, Flüssen, Kanälen oder in Häfen kommt sie zum Einsatz. Und dort, wo ich unweit vom Ufer fische und die Schnur absenke. Empfehlen kann ich die Korda Subline, sie hat eine hohe Dehnung, ist aber hoch abriebfest und sinkt gut. Wichtig ist, die Mono-Schnüre vor dem Aufspulen über Nacht in ein Wasserbad zu legen. Sie nehmen Wasser auf und das erhöht die Sinkfähigkeit. Beschichtete Schnüre können mit etwas Spüli im Wasser hervorragend entfettet werden und sinken dann wie ein Stein. Spule Nummer drei fülle ich mit 0,18er, schwimmender Geflochtener. Mir ist auftreibendes Geflecht lieber. Ich setze die Schnur ohne Dehnung gerne für extreme Distanzen ein und möchte, dass sie auf weiter Strecke über mögliche Hindernisse verläuft. Schlagschnur ist oft nötig und ich verwende sie schon deshalb gerne, weil sie schnell sinkt und auch beim Einsatz mit schwimmender Geflochtener einige Meter vorm Rig auf den Boden bringt. Geflochtene Snagleader setze ich nie ein, da mir Dehnung auf den letzten Metern im Drill wichtig ist. Auch bei Holz und Kraut bringt uns Geflochtene nicht vorwärts: Sie schneidet ein. Dicke Mono hingegen sägt sich nicht in Holz, sie fasert bei Kontakt mit Muscheln, Metall oder Steinen nicht auf und sie legt sich um Kraut, statt sich hineinzufressen wie Braid. Mindestens 20 Meter 0,50er Mono schalte ich vor, dann bin ich voll auf der sicheren Seite und mir knallt auf den letzten Drillmetern nicht dauernd der Verbindungsknoten durch den Spitzenring. Kommt es hart auf hart, wie beispielsweise am Lac du Salagou, sind auch dickere Durchmesser im Gepäck. Bewährt hat sich für Extremsituationen die Anaconda Undercover Line (über Sänger). Sonst setze ich auf Dreamline SupraTec XT. Ich verbinde Haupt- und Schlagschnur mit zwei Grinner-Knoten. Je dicker das jeweilige Material, desto weniger Wicklungen lege ich, aber immer mindestens vier.

Zwei Ersatzspulen – für alle Fälle gerüstet.

Tarnen, Täuschen und Verstecken

Platzieren wir unsere Fallen klug und sicher, tarnen sie entsprechend, nehmen wir Schnüre und Rigs aus der Wahrnehmung der Karpfen. Komplizierte Montagen brauche ich dazu nicht, eher Äste, Absenker und die natürlichen Strukturen der beangelten Stellen. Schon kleine Tricks können entscheidend sein. Doch jetzt heißt es erst mal Angeln mit freier Leine:

Stalking – Schatten bei der Steinbrücke

Das konnte ich mir unmöglich länger tatenlos ansehen: Dort bei der alten Steinbrücke, wo nur bei extrem hohem Wasserstand überhaupt Wasser ist, zogen immer wieder dunkle Schatten rund einen Meter unter der Oberfläche – Karpfen! Über 30 Grad zeigte das Thermometer, das Wasser des Westarms glich einer Brühe. Die Sichttiefe betrug nicht mal anderthalb Meter. Christian und ich waren gerade erst angekommen. Vielleicht hatten die starken Regenfälle der vergangenen Wochen das Wasser so anschwellen lassen und den Arm eingetrübt? Egal, das war einfach die Gelegenheit! Eine, die ich vielleicht nie wieder bekommen sollte. Wir eilten zurück zum Wagen. Ich griff mir die einzige noch unmontierte Rute, ein parabolischer Stock, 12 Fuß lang, 2 ¾ Pfund Testkurve. Die Rolle war mit 0,31-Millimeter-Mono bespult, keine Schlagschnur. Die hätte bei dieser Angelei eh nur gestört. Schnell zog ich die Schnur durch die Ringe und knotete ein rund 15 Zentimeter langes, geflochtenes Vorfach an. Das war mir lieber, als die Hauptschnur direkt an den 6er Haken zu binden. Der Wirbel des Vorfachs ist ein zusätzliches Bewegungselement und er dient als Gewicht, um die Schnur auf den Boden zu bringen und bei der Köderaufnahme das Drehen des Hakens zu beschleunigen. Aufs Haar zog ich einen getrimmten 20-Millimeter-Sinker und einen halben 15er-Pop Up. In die Hosentasche stopfte ich mir noch eine Hand voll Köder zum Füttern, dann sprintete ich zurück zur Brücke. Christian mit Kescher und Matte war mir auf den Fersen. Links neben der Brücke ging ich in die Hocke. Hier war gerade genug Platz, um den Köder zum Grund zu führen und gegebenenfalls einen Fisch zu landen. Die Position war perfekt, denn gleich links, im weiteren Verlauf des Ufers überragten einige Büsche das rund zwei Meter tiefe Wasser. Trotz der Trübung erkannte ich deutlich den hellen Sandboden – er war freigefressen. Kaum hatte ich Position eingenommen, kam ein großer Rücken in Sichtweite. Ein Schuppi, dachte ich, sicher an die 20 Kilo schwer! Ich löste den Haken aus dem Rutenring und setzte den Köder drei Meter vor dem Fisch auf, genau dort, wo er in wenigen Sekunden sein sollte. Das Tier schwamm etwa einen Meter unter der Oberfläche. Doch der Schneemann sank zu Boden wie ein Stein. Völlig desinteressiert zog der Große darüber. Mir entfuhr ein leises „Verdammt!" Ich hätte vorher kontrollieren sollen, wie sich der Köder im Wasser verhält. Schnell hob ich ihn vom Grund und nagte mit den Zähnen Stücke vom Boilie. Ich schmeckte Knoblauch und Fisch, spuckte die Boilie-Brösel aus, doch jetzt sank mein Köder wie in Zeitlupe zum Grund – perfekt! Wir übten uns in Geduld. Christian geduckt auf der Brücke, ich kauerte daneben, zwei Augenpaare fixierten durch Polbrillen das Wasser. Ein Spiegler von rund zwölf Kilo kam auf die Bildfläche, senkte

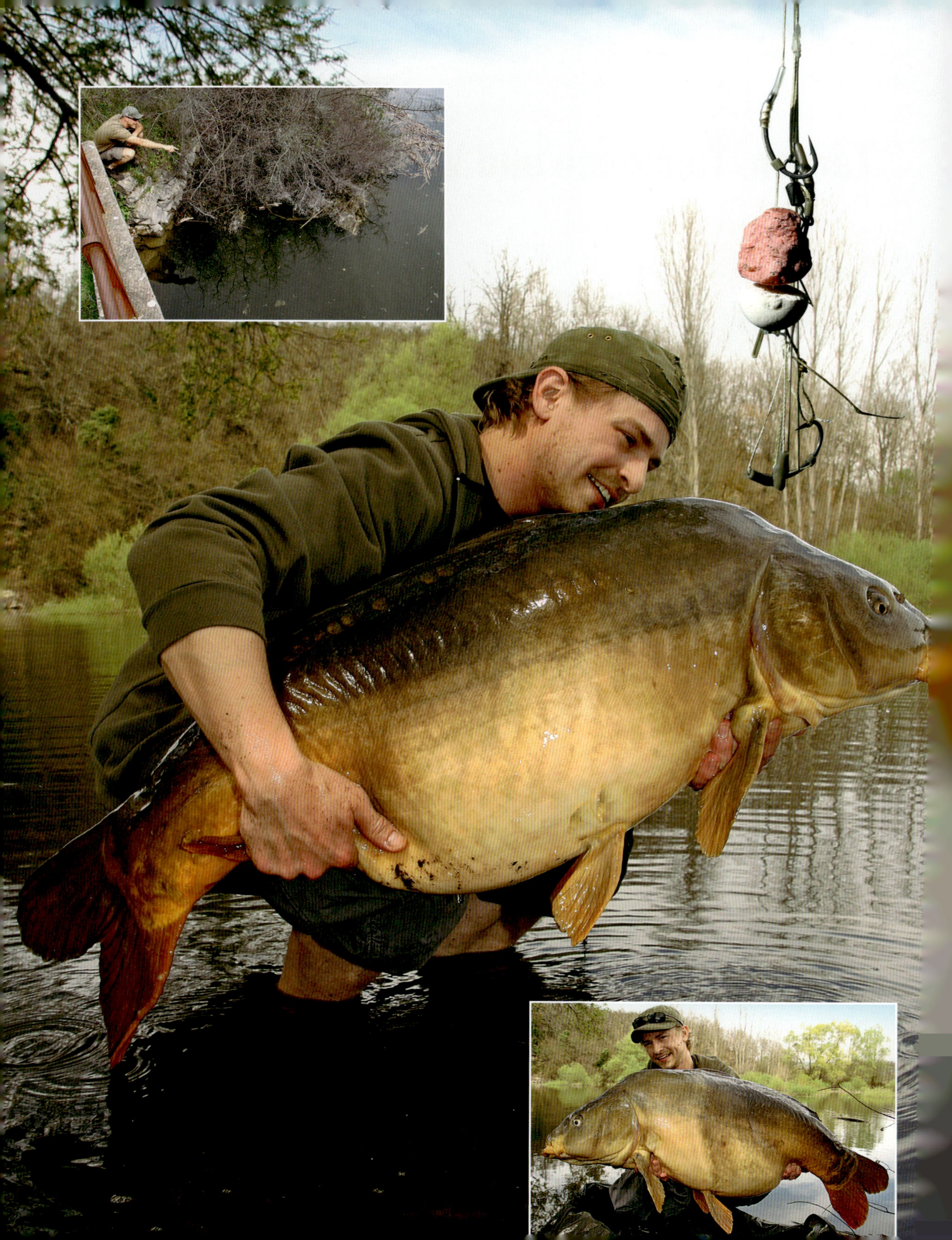

kurz den Kopf auf dem hellen Sand und verschwand dann unter einem Busch. Es dauerte nicht lange, bis wieder ein Fisch ganz anderen Kalibers in Sichtweite kam. Christian sah ihn aus der erhöhten Position zuerst. Rund fünf Meter vor dem Spiegler platzierte ich den Köder. Mein Blick wechselte zwischen dem sinkenden Schneemann, dessen Schemen sich langsam verloren und dem Fisch, der ganz deutlich auf den Köder zusteuerte. Genau dort, wo ich den Boilie vermutete, blieb der Karpfen stehen. Ich konnte ihn kaum mehr erkennen, das Wasser war einfach zu trüb. Der Fisch machte eine Kopfbewegung, die ich nur erahnte. Jetzt oder nie, ich riss die Rute zur Seite und mein Anschlag traf auf Widerstand! Dann folgte, was eben geschieht, wenn ein großer Fisch nur zwei Meter unter der Rutenspitze gehakt wird: Das Wasser explodierte, die Bremse überschlug sich! Ich musste einen Satz nach vorne machen, auf den wackligen Absatz der Brücke, die Füße im Wasser. Ich durfte dem Tier keine Schnur geben! Die Rute, bis zum Anschlag gekrümmt, griff ich mit der Linken am Blank über der Rolle und presste mir die Abschlusskappe in den Bauch. Mit der Rechten klammerte ich mich am Brückengeländer fest. Christian sprang auf der Brücke hin und her und rief immer wieder: „Vorsicht! Hammer! Pass bloß auf! Das ist ein Riesen-Brett! Den darfst Du nicht verlieren! Gib ihm nichts!" Ich blendete die Rufe aus und hielt mit aller Kraft dagegen. Der Fisch war unter der Brücke durchgeschwommen und tobte acht Meter weiter auf der anderen Seite an der Oberfläche. Ich hörte ihn klatschen und schlagen. Er wollte in den Schutz der Büsche auf der anderen Seite und das wäre das Ende des Drills gewesen. Die Schnur würde mit der Mauer in Kontakt kommen und es sicher nicht überleben. Ich rechnete mit dem Schlimmsten. Christian stand förmlich über dem Fisch und konnte alles genau sehen. Er schrie: „Jetzt! Mach Druck!" So fest ich konnte stemmte ich mich in den Blank und tatsächlich geschah das Unmögliche: Ich schaffte es, den Fisch über seine Achse zu drehen, er schwamm in weitem Bogen unter der Brücke durch zurück auf meine Seite! Seine Kraft reichte nur noch für einige Kopfstöße. Ich konnte es nicht glauben, doch den Fisch kannte ich genau. Noch bevor sich die Maschen endlich um das Tier schlossen, wusste ich, wen ich da gefangen hatte. Es war der lange „Two Tone", ein echtes Original des Cassien. Ab und zu wird dieser Fisch mit deutlich über 20 Kilo Gewicht im hinteren Nordarm gefangen. Der Alte mit den ausgeprägten Poren auf den Kiemendeckeln war über einen Meter lang. Als er wieder im trüben Westarm abtauchte, wurde mir schlagartig übel. Ich zitterte und musste mich erstmal setzen, um das Erlebte zu verarbeiten. Mein Körper war geflutet von Adrenalin, am Bauch, wo der Griff lastete, zeichnete sich ein blauer Fleck ab. So einen Fisch gezielt anzuwerfen und auf die kurze Distanz zu drillen, ist an Spannung einfach nicht zu überbieten. Solche Erlebnisse machen meine Angelei aus. Sie bleiben immer unvergessen und genau danach suche ich!

Links: Der Schatten unter der Brücke, ein echtes Original. Das Rig ist heute ein Talisman und hängt an meinem Autospiegel.

WARTEN, BITTE
Meine Erfahrungen mit Schwimmbrot-Angelei sind nicht gerade weitreichend. Selten bot sich mir die Gelegenheit, Karpfen an der Oberfläche zu beangeln. Wenn, waren es immer eher kleine Fische. Doch auch hier gilt: Vertrauen schaffen wir übers Füttern. Karpfen an der Oberfläche würde ich immer zuerst ein paar Brotstücke ohne Haken anbieten, bevor ich die Falle stelle. Beim „Stalking" mit sinkenden Ködern wie Boilies, Partikeln oder

Das Foto schoss ich durchs Glas der Pol-Brille. Sehen Sie den Spiegler genau über Christians Hakenköder?

auch Würmern fing ich viele Fische. Doch dabei gibt es einiges zu beachten: Karpfen, die direkt unter der Oberfläche ziehen oder stehen, zeigen selten Interesse an Ködern. Sie beten eher die Sonne an. Bleiben die Fische aber etwas tiefer, sind ganz langsam sinkende Köder ideal – zum Beispiel Brot, ausbalancierte Pop Ups oder eben ein kleiner Schneemann. Wichtig ist es, den Fischen nicht auf den Kopf zu werfen. Schätzen Sie die ungefähre Zugrichtung ab und platzieren den Köder einige Meter vor dem Fisch. Jan-Simon beobachtete etwas sehr Bemerkenswertes. Er fütterte in rund sieben Metern Tiefe vom Boot aus an einem Baggersee Partikel vor. Es war windstill, das Wasser klar. Plötzlich sah er direkt unterm Boot einen Karpfen, der die langsam abtrudelnden Partikel einsammelte! Zufall? Auf jeden Fall ist das auch eine Möglichkeit für den Fisch, sicher zu fressen und dem Haken zu entgehen. Entdecken wir im Flachwasser fressende Karpfen, haben wir leichtes Spiel – vorausgesetzt, wir verhalten uns vorsichtig. Dann können wir unseren Köder genau zwischen den Köpfen absinken lassen. Ich machte oft den Fehler, zu früh anzuschlagen. Schon wenn ich sah oder vermutete, dass der Köder im Maul verschwand, zog ich durch, das Vorfach flog mir um die Ohren und die Fische stoben auseinander – auf Nimmerwiedersehen. Mittlerweile zwinge ich mich dazu, länger zu warten. Wirklich scheue, stark beangelte Fische mögen es oft nicht, wenn wir ihnen den Köder gleich vors Maul sinken lassen – auch wenn sie bereits fressen. Dann kann es sinnvoller sein, erst ein paar Happen ohne Haken zu verstreuen. Das verscheucht die Fische meistens, doch wenn sie wenig später wiederkommen, liegt auch unser Hakenköder zwischen den Gaben. Übrigens auch beim klassischen Angeln am Grund: Bevor ich meine Rigs auf den über Tage gefütterten Platz werfe, verteile ich einige Boilies. Noch entscheidender ist das, wenn wir sensible Plätze beangeln. Zum Beispiel eine kleine, ruhige Bucht oder das Schilffeld direkt vor den Füßen im flachen, klaren Wasser. Dann verscheuche ich anwesende Fische lieber mit ein paar Happen ohne Haken, bevor ich meine Falle platziere. Denn sonst verabschieden sie sich für unbestimmte Zeit – besonders an stark beangelten Gewässern, wo regelmäßig Bleie einschlagen. Tagsüber entdecken wir Karpfen besonders oft in ihren „Holding Areas", zum Beispiel zwischen versunkenem Geäst oder unter überhängenden Büschen. Hier fühlen sie sich sicher. Extra fürs „Stalking" werden mittlerweile von vielen Herstellern Ruten in Längen zwischen 9 (2,74 Meter) und 11 Fuß (3,35 Meter) angeboten. Ich halte diese Stöcke für wenig hilfreich. Zwar sind sie nicht so sperrig wie ihre langen Schwestern, wenn wir durch die Ufervegetation tigern. Doch oft sind lange Ruten nötig, um die Köder gut zu platzieren und effektiv zu drillen. Ideal sind teleskopierbare Karpfenruten. Damit sind wir noch besser im Dickicht unterwegs und zum Ablegen des Köders – ob Schwimmbrot an der Oberfläche direkt neben dem Geäst oder einem Bodenköder-Rig – bedienen wir uns eines Tricks: Bei zusammen geschobener Rute halten wir das Vorfach oder den Köder direkt an der Rutenspitze, drehen die Bremse der Rolle voll auf und ziehen jetzt Teil um Teil auseinander. So können wir den Köder über die Rutenspitze präzise durchs Geäst bis ans Wasser führen und ablegen. Die unmöglichsten Stellen sind so erreichbar. Über die Lande-Chancen sollten wir uns allerdings vorher Gedanken machen. Im Sommer nehme ich aber gerne ein Vollbad in Kauf. Dann setze ich den Haken aus der Deckung und springe einfach rein, wenn der Fisch losstürmt.

So lege ich ab

Für eine Rute&Rolle-Geschichte ging ich mit einer Unterwasserkamera schnorcheln. Redakteurs-Kollege Tobias Norff warf verschiedene Vorfächer aus rund 30 Metern Distanz auf eine Sandbank in ungefähr drei Metern Tiefe. Mal stoppte er das Blei kurz vor dem Einschlag ab, mal ließ er es ungebremst zum Grund sinken. Ich tauchte ab und fotografierte das Rig am Boden. In acht von zehn Fällen lag das geflochtene Vorfach am Inline-Blei mit Schlauch katastrophal! Es wickelte sich um den Schlauch oder lag direkt am Blei. Wie oft wird wohl so eine schäbige Präsentation von unbedarft fressenden Karpfen oder auch Weißfischen wieder frei gewühlt und fängt dann doch noch, mutmaßte ich. Und wie oft fängt sie eben nicht, wenn Fische durch Angeldruck sensibilisiert sind?! Mono verhedderte sich im Wurf nicht so schnell. Doch es zeigte sich, dass schwere Köder fast immer direkt auf das Blei fallen. Logisch: Das Gewicht schlägt auf dem Boden auf und der Wurf wird abrupt gestoppt. Selbst an steiferen Vorfächern sinkt der Köder dann mehr oder weniger senkrecht zum Grund. Je schwerer der Boilie, desto schneller und zentraler. Mich stört nicht, dass der Köder gleich am Blei liegt. Viel mehr aber, dass das Vorfach unschöne Schlaufen wirft. Sinkers von Korda oder Knetblei helfen, alles schön auf den Grund zu bringen. Wenn ich mit geflochtenen Vorfächern werfe, verwende ich gerne PVA-Stringer oder -Sticks. Das höhere Gewicht am Haken sorgt dafür, dass sich Köder und Blei beim Wurf und Einschlag besser trennen – Verwicklungen werden vermieden. Lieber werfe ich aber mit Kombi-Vorfächern oder Monos. Lege ich Montagen vom Boot aus, nehme ich dazu die Rute mit an Bord. Das Rig führe ich zum Grund, indem ich den Rücklauf der Rolle entsperre und rückwärts kurble. Vorfach und Blei trenne ich schon über der Oberfläche: Aus einem leichten Schwung zur Seite lasse ich das Rig aufs Wasser treffen und führe die Rute beim Kurbeln entgegen des Vorfachs. Verwicklungen sind so völlig ausgeschlossen. Besonders bei großen Tiefen ist es wichtig, pedantisch abzulegen. Angele ich zum Beispiel im Sommer am Cassien in Tiefen zwischen zehn und 18 Metern, fahre ich zunächst über den Punkt hinaus, an dem ich die Montage ablegen möchte. Dann treibe ich das Boot wieder einen Paddelschlag zurück in Richtung Ufer und kurble dabei das Vorfach runter. Beim Zurückfahren achte ich peinlichst darauf, dass die Schnur sauber von der offenen Rolle läuft und nicht hängt.

Raffiniert absenken

Das Seitenlinienorgan dient Karpfen zum Ferntasten, es lässt den Fisch also seine Umgebung erfühlen. Straffe Schnüre gehören nicht in den Lebensraum der Fische, sie werden erkannt. Auch sammeln sich binnen kurzer Zeit Schwebstoffe auf noch so unauffälligen Schnüren und machen sie zu dicken „Kabeln", die das Wasser durchschneiden. Ein Hamburger Urgestein erzählte mir, dass er vor Jahren mit Freunden in Frankreich ein Experiment wagte: Über mehrere Tage fütterte er eine größere Fläche und platzierte Montagen ohne Haken an straff gespannten Schnüren darauf. Unbedarft fraßen die Fische und verloren jegliche Scheu vor Rig und Leine. Dann wurden die Fallen scharf gemacht und es folgte die Session des Lebens. Eine gute Futtertaktik ist das beste Rig, keine Frage, doch wer hat für so ein Experiment schon die Zeit und Ruhe? Ich nehme meine Schnur lieber aus der Wahrnehmung der Fische und lasse sie, wo keine Hindernisse lauern, über den Boden laufen. Dass sie sinkt, ist natürlich die Grundvoraussetzung. Wenn ich werfe, lasse ich ein Flying Backlead auf der Schnur gleiten. Da sich das „fliegende" Blei und das Rig bei kurzen Würfen nicht weit voneinander trennen, stoppe ich es gerne anderthalb Meter vorm Rig durch einen großen Korda Sinker, der ebenfalls sinkt. Ob mit oder ohne Absenkblei, wollen wir unsere Schnur über den Grund laufen lassen, müssen wir ihr nach dem Werfen Zeit geben, zu sinken. Nach dem Wurf drücke ich die Spitze der Rute unter Wasser und warte, bis die „Vs", die beide Schnurenden an der Oberfläche bilden, sich treffen, die Schnur also vollständig unter Wasser ist. Dann lege ich die Rute erst noch einige Minuten mit offener Rolle auf die Ablage, bis ich einen leichten Hanger einhänge. Fahre ich die Montagen raus und Schifffahrt stellt ein Problem dar, hänge ich Eigenbau-Absenker aus Büroklammern mit Billigbleien in entsprechenden Gewichten ein. Bei weiteren Distanzen auch gerne eines auf halber Strecke und eines unter der Rutenspitze. Vom Boot aus können wir unsere Schnüre auch am Fuße einer Uferkante absenken, wenn wir die Montage in der Kante ablegen. Dann kurble ich zunächst das Rig zum Grund, rudere über den Fuß der Kante hinaus und hänge bei geöffneter Rolle das Absenkblei ein. Das geht übrigens auch, wenn wir mit einem ferngesteuerten Futterboot ablegen. Das Blei hängen wir dann schon vorm Rausfahren ein oder schalten ein auf der Schnur gleitendes Absenkblei vor. Es rutscht uns auf der Schnur entgegen und muss nur an der richtigen Stelle gestoppt werden – zum Beispiel durch einen Stopperknoten mit vorgeschalteter Gummiperle. Nicht immer können wir unsere Leinen ruhigen Gewissens absenken. Doch dann helfen Strukturen, die Schnur zumindest teilweise auf dem Grund verlaufen zu lassen. Zum Beispiel Plateaus, Landzungen oder Sandbänke: Hier versuche ich mein Rig immer so auf der abfallenden Seite der Struktur auszulegen, dass ein Teil der Schnur über die Erhöhung, also über den Grund läuft. Das mache ich nur, wenn ich so auch die Schokoladenseite des Plateaus beangeln kann. Denn die Erfahrung machte ich oft: Meistens, aber nicht immer, ist es die seichter abfallende Flanke, die mehr Fisch bringt. Wenn ich parallel zum Ufer vor Kraut ablege, lasse ich die Schnur nicht gerne entlang der grünen Kante verlaufen, denn hier ziehen schließlich auch die Fische. Wir können die Leine auch an der Stelle, wo wir die Montage platzieren, um das Kraut legen oder sogar in das Dickicht drücken. So verläuft sie einige Meter übers Kraut.

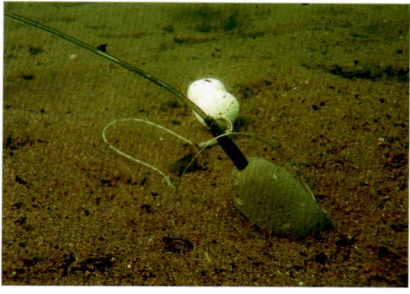

Links: Abstoppen half nicht, eine saubere Präsentation sieht anders aus...
Mitte: Absenkblei Marke Eigenbau.
Rechts: Ein Gummi im Clip für präzise Würfe schont die Schnur.

Präzise bleiben

Präzision beim Werfen ist vor allem dann gefragt, wenn wir sehr kleine Spots genau treffen müssen und ohne Risiko zum Beispiel direkt vor Schiffen, der Spundwand oder Holz angeln wollen. Damit kein Wurf daneben geht, verwende ich ein Bait Band als Schnurmarkierung und zum Clippen. Dazu schlaufe ich das Gummi dort, wo die Schnur im Clip fixiert werden soll, um die Schnur. Die lange, überstehende Schlaufe fädle ich dann in den Schnur-Clip der Rolle. So schone ich die Schnur durch das puffernde Gummi beim Wurf und habe eine konstante Markierung, die nicht stört. Denn nach dem Werfen nehme ich das Gummi aus dem Clip und setze es wieder ein, wenn ich erneut den Punkt treffen muss. Geht es nur darum, einen bestimmten Bereich in einer offenen Wasserfläche zu treffen, markiere ich die Stelle, von der aus ich werfe, am Boden. Angeln wir parallel zum Ufer (wie an Kanälen) ist das die bequemste Lösung. Muss ich zum Werfen weit ins Wasser waten setze ich an der Wurfstelle einen Erdspeer mit Knicklicht-Markierung für die Nacht. Im Boden der Bankstick, auf der Rolle das Gummi – so landet das Blei immer da wo es hin soll. Präzision ist auch beim Ablegen der Ruten vom Boot aus oft gefragt. Wind, Drift oder Strömung erschweren das gerne und machen es auf offenen Wasserflächen, die uns wenige Orientierungspunkte bieten zum Glücksspiel. Dann setze ich eine H-Boje, die ich nach dem Platzieren des Rigs wieder heraus nehme. Die Boje dient auch als Tastblei. Dazu tausche ich die dehnbare Schnur vom Hersteller gegen dickes Geflecht aus.

Hart auf hart vor Hindernissen

Hindernisse aller Art sind Hotspots. Wir kommen gar nicht darum herum, sie zu beangeln. Ob Holz, Stein, Kraut, Seerosen oder Schilf, unterschiedliche „Problemstellen" erfordern verschiedene Herangehensweisen. In der Theorie vielen bekannt, in der Praxis nicht immer, aber oft eine Tatsache: Karpfen flüchten entgegen der Zugrichtung. Angeln wir beispielsweise von vorne vor ein Schilffeld, können wir die Schnur zunächst seitlich versetzt zum Schilf führen und dort um einen Halm legen, statt sie direkt zur Rute laufen zu lassen. Ich machte die Erfahrung, dass schwere Bleie oder Steine, die beim Biss ausklinken, zusammen mit weich eingestellter Bremse dazu führen, dass Fische seltener den Schutz der Halme aufsuchen. Bei Laichkraut oder Wasserpest rate ich von geflochtenen Schlagschnüren ab. Dicke, monofile Schnüre sind besser. Geflochtene frisst sich tief ins Kraut, durchschneidet es aber eigentlich nie vollständig. Meistens flüchtete der Fisch schon im Run ins Dickicht und bleibt dort stehen, bis wir ihn – bestenfalls vom Boot – herauszerren. Dicke Mono legt sich um das Kraut und wir können den Karpfen oft dort wieder aus dem Grün führen, wo er hineingeschossen ist. Ausnahmen bestätigen natürlich die Regel. Schnell auslösende, schwere Seitenbleie oder Steine sind bei Kraut besser als Inlines. Ein Inline-Blei, das sich vom Wirbel gelöst hat und blockiert von kiloweise Kraut vorm Spitzenring sitzt, während einige Meter weiter ein Riese die Oberfläche zu Schaum schlägt, ist der blanke Horror! Wie beschrieben nutze ich gerne Strukturen aus, um meine Schnüre aus der Wahrnehmung zu nehmen – zum Beispiel Plateaus oder Landzungen. Liegt das Blei dahinter, läuft die Schnur darüber. Dann hat sie natürlich direkten Bodenkontakt und berührt womöglich auch scharfkantige Steine oder Muscheln. Lange, dicke Mono-Schlagschnur ist dann Pflicht. Die Bremse stelle ich sehr leicht ein, der Fisch soll ohne Probleme Schnur abziehen können. Unsere Schnur wird so oder so über den unsauberen Boden gerissen, dann aber bitte nicht mit unnötig hohem Druck. Fischen wir vor versunkenem Geäst, hängt es schon mit dem Aufbau der Rute zusammen, ob wir einen guten Fisch landen oder nicht. Je nachdem, wie dicht das Rig am Holz liegt, stelle ich die Bremse der Rolle sehr hart ein oder drehe sie sogar komplett zu. Den Bissanzeiger stelle ich hochsensibel ein, die Rutenspitze richte ich genau auf die Montage und – ganz wichtig – den Swinger lasse ich auf halber Höhe oder niedriger unterm Blank hängen. So angeln wir wesentlich effektiver vor Holz als mit einem optischen

Links: Abgerissene Schnüre zeugen von schlechtem Hindernisangeln. Rechts: So hängen die Swinger richtig, wenn wir vor Holz fischen.

Bissanzeiger, der direkt unterm Blank klebt. Schließlich brauchen wir keine Fallbissanzeiger. Der Fisch wird garantiert ins Holz flüchten. Durch den Spielraum des Swingers bei sensiblen Bissanzeigern ertönt sofort ein Pieper, wenn das Blei bewegt wird. Und bis der Fisch in die geschlossene Bremse schwimmt, hat der Bissanzeiger längst mehrfach aufgeheult und wir stehen hoffentlich schon mit gekrümmter Rute am Ufer.

Subfloat-Eigenbau: Schlaufen Sie einen alten Haken mit der Nadel durch die Bastel-Kugel, knoten einen Wirbel an – fertig!

Wenn Auftrieb hilft

Fischen wir in einem Wald unter Wasser oder liegen Hindernisse zwischen dem Hotspot und dem Uferplatz, geht kein Weg an Subfloats vorbei. Die Auftriebskörper bastle ich mir selbst aus Styropor-Kugeln und lasse sie weiß. Von unten gegen den Himmel ist diese Farbe am unauffälligsten. Fest auf der Schnur laufende Auftriebskörper setze ich nicht ein, lieber solche zum Einhängen. Will ich starke Wellenbewegungen puffern, die sonst die Hauptschnur in Bewegung bringen würden, verbinde ich den Karabiner und die Kugel mit einem weichen, langen Gummi. Ich setze den Stopper immer etwas höher, als das Wasser tief ist. Will ich die Montage kontrollieren, lasse ich einfach das Subfloat hochkommen und rudere genau dorthin. Erst dann hebe ich die Montage vom Grund und platziere sie gegebenenfalls wieder am exakt gleichen Platz. Mit Subfloats kann ich auch verhindern, dass sich Schnüre gegenseitig blockieren: Am Cassien beispielsweise fischte ich in eine Bucht zu meiner Rechten. Eine Montage legte ich am Ende der Bucht in flachem Wasser ab und ließ die Schnur ufernah über den Grund laufen. Am gegenüberliegenden Ausgang der Bucht fand ich ein paar Fraßlöcher, auch dort musste also ein Köder hin. Hätte ich die Schnur nicht mit Hilfe eines Auftriebskörpers dicht unter der Oberfläche laufen lassen, wäre sie mitten durch die sehr tiefe Bucht gelaufen und hätte womöglich Fische davon abgehalten, im Buchtende zu fressen.

Das Rainbow Rig

An Auftriebskörpern missfällt mir, dass sie die Schnur dicht neben dem Hakenköder vom Blei senkrecht zur Oberfläche führen. Genau das sollen sie zwar, um die Leine von Hindernissen fernzuhalten – besonders im Drill. Optimal ist das aber nicht. Im Februar 2010 besuchte ich den extrem hart befischten Lac de Curton (Rainbow Lake) zusammen mit Hauke Kleinen. Wir befischten gemeinsam von Stelle 2 aus den Seebereich der Stellen 1 und 2. Das gesamte Jahr durch wird dieses Gewässer von namhaften Anglern aus ganz Europa beangelt. Immer befinden sich mehr als 60 Schnüre in diesem nur 47 Hektar

Eiskaltes Wasser, nur morgens Sonne, aber eine unvergessliche, anspruchsvolle Tour an den Rainbow Lake.

Dieser Gigant schöpfte beim Ast keinen Verdacht.

großen Gewässer. Der Bestand ist zwar enorm, in den Kescher springen einem die Fische aber bestimmt nicht. Erschwerend kommt hinzu, dass der See einem gefluteten, dicht bewaldeten Acker gleicht. Es geht unter Wasser auf und ab und überall steht versunkenes Holz. 3,8 Grad Wassertemperatur machten es im Februar nicht leichter. Über Nacht froren Teile des Gewässers zu. Unsere Taktik war, haltbare Hakenköder wie Tigernüsse lange unkontrolliert liegen zu lassen, um so wenig Lärm wie möglich zu erzeugen. Wie am Cassien beißen auch am Curton oft Fische schon kurz nachdem die Ruten liegen an solchen Plätzen, die eine Zeit lang nicht befischt wurden. Um das vorzutäuschen war nicht nur Ruhe nötig. Wir mussten auch die Schnüre – trotz Subfloats – aus der Wahrnehmung der Fische nehmen. Bei Uferruten ließen wir die dicken Schlagschnüre einfach komplett über den Grund laufen. Die Köder platzierten wir an Stellen, die auf den ersten Blick völlig unscheinbar aussahen und hofften, dass dort selten geangelt wird. Eine der beiden Uferruten brachte auch zwei Fische. Die anderen Montagen verteilten wir in den unmöglichsten Winkeln an versunkenem Holz, vor Bäumen oder neben Abbruchkanten. Dazu führten wir die Schnüre über Inseln, lenkten sie durch Ösen um Bäume um und hielten bis zu 250 Meter Schnur oberhalb der Wasseroberfläche. Die Vorfächer waren simpel, rund 20 Zentimeter lang. Ein mindestens 250 Gramm schweres Wirbelblei im Safety Clip hielt sie trotz großer Subfloats am Platz. Tarnung der Rigs ist hier weniger bedeutsam, da das Wasser des Sees einer braunen Brühe gleicht. Viel wichtiger war uns, sichere Komponenten zu verwenden und die Schnüre „unfühlbar" zu machen. Dazu brach ich dünne, rund 1,2 Meter lange Äste von den Kiefern, die hier massenhaft im Wasser liegen. Mit einem kleinen Kabelbinder fixierte ich den dicken Teil des Astes über dem Gummi des Safety Clips auf der Schnur und führte den Snagleader in mehreren Windungen um den Ast. An der Spitze fixierte ich die Schnur mit einem zweiten Kabelbinder. Die überstehenden Enden kappte ich so, dass sie für den Fisch keine Gefahr darstellen sollten. Der Effekt dieses Rigs: Durch das Subfloat wird der Ast am Grund aufgerichtet. Ihn von einem der umliegenden zu unterscheiden, sollte unmöglich sein. Beim Ablegen und im Drill waren die Rigs völlig unproblematisch. Wichtiger noch: Im Gegensatz zu einigen anderen Anglern am See, die in den zwei Wochen gar nichts oder nur einen Fisch fingen, hatten wir auf die Ast-Rigs fünf Runs. Ein sehr kleiner Schuppi verabschiedete sich vorm Kescher, die anderen konnten wir sicher landen. Darunter war auch ein echter Charakterkopf mit 27,5 Kilo! Im folgenden Winter fischte mein französischer Freund Stephane Turquier von Stelle 17 aus auf die vielen, umgestürzten Bäume zu, die vor Jahren einem Sturm nicht trotzten. Um die Fische zu landen, fixierte Steph die Schnur einige Meter von der Montage entfernt an einem starken Gummi, das er an einem Ast oder stabilen Bankstick anbrachte. Der Effekt: Bei einem Biss würgte der Bissanzeiger nicht mehr als einen Pieper heraus, doch die Fluchten des Fisches wurden vom Gummi gepuffert und er kam nicht von der Stelle – keine Chance für eine Flucht ins sichere Gestrüpp.

Fische berühren ständig Äste, warum sollten wir damit nicht unsere Schnüre tarnen?

Sommer im Februar: Fast alle Fische bissen wie üblich an der Kette.

Umgelenkt – mein Meeting mit Mary

Was denn das für Stöcke seien, fragte der alte Herr von der Garde de Pêche. Zumindest vermutete ich das, denn so gut spreche ich nicht französisch. Er zeigte auf die zwei Erdspeere, die mit einem Abstand von 15 Metern zueinander am Ufer der Bucht standen. Tja, wie hätte ich ihm erklären sollen, dass es Umlenkstangen sind, mit denen ich die Schnur der rechten Rute übers Eck in die Bucht führte – zum Rig. Er kontrollierte die Papiere, nickte seinem Kollegen zu, deute mir an, dass ich doch einfach geradeaus angeln sollte und startete den Bootsmotor. Jan-Simon und ich zuckten mit den Achseln und krackselten den Hang des Sonnenplatzes, auch Barrage genannt, vor dem Schongebiet am Cassien hoch. Bei einem Glas Wein und Pasta genossen wir die Abendsonne vorm Zelt. Es war Februar, doch dort im Windschatten, zwischen den immergrünen Korkeichen, fühlte es sich an wie Juni. Und auch nachts fiel die Temperatur nicht unter fünf Grad. In unseren Gesprächen ließen wir die Anreise Revue passieren, den Ausfall der Servo-Pumpe kurz hinter Lyon, den Zwangs-Aufenthalt in einem schäbigen Hotel, dessen Besitzer der Adams Family nacheiferten, die skurrile Werkstadt mit finsteren Franzosen, die alle Angler waren und höchst interessiert auf unser Tackle schielten... Was für ein Erlebnis. Wie froh wir waren, jetzt endlich hier im Paradies zu sein – Sonne im Februar, Sommer im Herzen! Wir lachten wieder und hoben die Tassen. Und endlich, urplötzlich, piepte es! Wir sprangen auf, vergossen den Wein und eilten zu den Ruten, deren Schnüre in Richtung Bojenkette führten. Denn hier erwarteten wir die Aktion. Doch nichts, die Swinger hingen alle gleich. Dann erst fiel uns die umgelenkte Rute wieder ein. Die Spitze war stark nach rechts geneigt. Das Rig lag in nicht mal anderthalb Metern Tiefe. Dort, genau in der Spitze der unscheinbaren Bucht, die sich rechts vom Platz ins Land zieht, hatte ich am Tag der Anreise frische Fraßlöcher entdeckt und eine Rute mit Tigernüssen platziert. Einige halbierte und ganze Nüsse verteilte ich in dem Bereich, dann ließ ich die Rute unberührt. Bis sie sich rund 48 Stunden später das erste Mal meldete und ein kleiner Schuppi in den Kescher glitt. Wieder legte ich die Montage mit zwei Nüsschen zu den Fraßlöchern und wieder dauerte es über 48 Stunden, bis sich hier der Bissanzeiger meldete. Doch dieses Mal war die Gegenwehr am anderen Ende der Schnur viel stärker. Jan-Simon paddelte mich dem Fisch entgegen und ich sah, dass die Schnur an den Stangen entlang rieb – kein Problem. Vorbei an den Erdspeeren kam uns der Fisch entgegen. Das Wasser unterm Boot war dort rund sieben Meter tief und sehr klar. Fast war die Sonne hinter den Bergen versunken, ein letzter Strahl flutete den Nordarm.

116

Und unterm Boot sah ich einen großen Spiegler, der senkrecht in der Wassersäule stand und verärgert mit dem Kopf schlug. Das Zittern kam sofort, der Herzschlag wurde schneller. Es klingt verrückt, doch ich erkannte den Fisch sofort: „Das ist Mary", flüsterte ich und wenig später kescherte mir mein Freund ein Urgestein des heiligen Sees. Ein Glück, dass mir der alte Guard die umgelenkte Rute durchgehen ließ, dachte ich in dieser Nacht. Wer weiß, vielleicht hätte ich sie sonst eingeholt und diesen Fisch, den ich schon so oft auf Bildern bestaunte, nie gefangen?

Die umgelenkte Rute brachte erst einen kleinen Schuppi. Die Nüsse in der Bucht lagen 48 Stunden unberührt, dann kam Mary...

Tackle – die Hardware

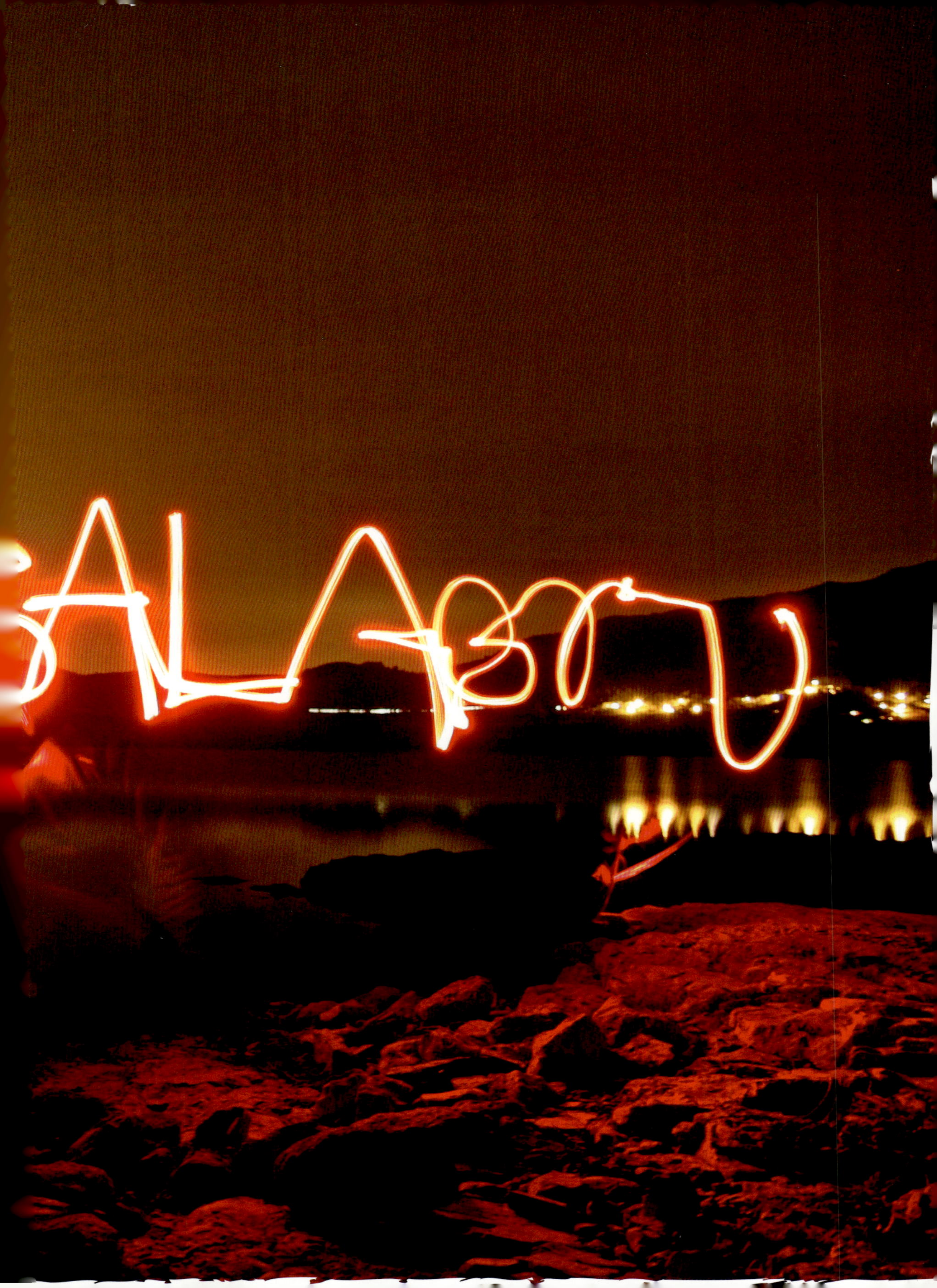

Ich mag matte Blanks und Ruten mit schlanken Korkgriffen, alte Rollen wie die SS 3000 von Daiwa und Oval-Schirme. Doch letztlich wähle ich mein Gerät der Situation entsprechend und Vorlieben sind sowieso verschieden. Darum werde ich über Aktionen und Getriebe auch nicht viele Worte verlieren. Meine Prämissen: kompakt, leicht, bequem und der Sache dienlich.

16 Tackle-Tipps

Welche Tasche, welches Futteral, welcher Eimer – da wird Sie meine Meinung ganz bestimmt nicht interessieren. Hier darum 16 Tackle-Tipps für unscheinbare Ausrüstungsgegenstände und Hilfsmittel, die ich für besonders wichtig halte:

1. Brush'n Boat Anchor: Dieser Klemmanker aus Federstahl ist ideal, um das Boot auf die Schnelle an Geäst, Gestrüpp, Stegen oder Stangen aller Art zu befestigen. Sogar als Hauptanker eignet sich die federleichte Zange. Besonders aber, wenn ich vor überhängenden Ästen trotz Wind und Welle genau in einem Fraßloch vom Boot meine Montage platzieren will, ist der Brush'n Boat Anchor hilfreich. Ich klemme ihn an einen Ast, lege in aller Ruhe das Rig ab, nehme ihn ab und rudere zurück.

2. Anker-Bojen: Oft müssen wir unsere Ruten in tieferem Wasser aufbauen. Dann liegt das Boot zum Drillen bestenfalls genau daneben vor Anker. Und damit wir nicht in stockfinsterer Nacht, einen Fisch außenbords im Kescher, nach dem blöden Anker suchen müssen, markieren wir ihn mit einer Boje – zum Beispiel aus dem Bootsbedarf.

Links:
Ein Fischretter gehört an Bord!

3. Expander: Spannbänder kann man nie genug haben, ob für den Trolly oder im Boot. Wenn es draußen auf dem See mal hektisch wird und wir uns bei Gegenwind nachts auf einen guten Fisch zupumpen, der Starkregen nur so auf uns einschlägt, darf alles über Bord gehen, nur der Kescher nicht. Mit einem Expander gesichert, passiert das nicht. Und ist der Fisch erst im Boot, können wir für den Wellenritt zurück die Rute damit fixieren. Auch das Boot können wir mit einem kurzen Expander am Ufer an einem Stick festmachen. Bei Wellenbewegungen bleibt es dann an Ort und Stelle und scheuert nicht.

4. Packsäcke: Um Kleidung und Schlafsack vor Wasser zu schützen oder um stinkende, nasse Karpfensäcke zu verstauen – ohne Packsäcke und -Taschen gehe ich nicht los. Sie eignen sich auch gut, um größere, bereits vorbereitete Partikelmengen mit auf Tour zu nehmen. Das Wasser lasse ich dann vorher ab und fülle die Säcke mit dem Wasser des Gewässers wieder auf – besser geht's nicht.

5. Markierungs-Lampe: Zwar sparen wir uns Markierungen, wenn ein GPS-Gerät an Bord ist, doch gerade für die Rückfahrt mit dem Boot zum Platz in der Nacht markiere ich die Uferstelle gerne mit einem dezenten Licht. Zum Beispiel Greys bietet eine Markierung an, die kaum Batterie verbraucht: LED Nite Float.

6. Faltschüssel: Ob zum Spülen, zum Futter mischen oder transportieren, um Fische auf der Matte mit Wasser zu versorgen, faltbare Schüsseln, zum Beispiel von Ortlieb, sind in vielen Größen erhältlich, nehmen keinen Platz weg und sind robust. Im Gegensatz zu Eimern liegen sie perfekt auf dem Wasser, statt zu kippen. Positioniere ich mich zum Füttern mit dem Wurfrohr weit im Wasser, fixiere ich den Griff der Faltschüssel voll Boilies einfach in der Lasche der Wathose – bequem.

7. Feldstecher: War das ein Fisch an der Oberfläche da drüben am Ufer? Selbst an kleineren Gewässern ist diese Frage mit bloßem Auge oft schlecht zu beantworten. Ein Fernglas darf nicht fehlen, wenn wir wirklich alles sehen wollen.

8. Espresso-Maschine: Karpfenangeln bietet Zeit und Raum für Stil. Guter Kaffee, zum Beispiel der Malongo-Espresso aus dem französischen Supermarkt, ist für mich überlebenswichtig. Und den brühe ich mir frisch auf mit einer Espresso-Maschine aus Edelstahl. Dazu ein Schuss Milch, ein Würfel Zucker und der Tag ist gerettet. Nehmen Sie doch mal einen kleinen Topf und einen Milchaufschäumer mit und bereiten Ihrer Liebsten einen guten Milchkaffee am Wasser. Ich wette, sie kommt danach öfter mit.

9. Kuksa: Rotwein wird in meiner Clique aus Kuksas getrunken oder gar nicht. Das sind die traditionellen Becher der nordskandinavischen Samen, handgefertigt aus

Orientierung bei Nacht: Markierung an den Ruten.

Links:
Crocs können was ab und sind bequem.
Rechts: Eine Espresso-Maschine macht den besten Kaffee!

Birkenwurzel. Ein wohltemperierter Rotwein aus der Kuksa, ein Stück gutes, trockenes Brot, etwas Käse und Hartwurst, hmmm...

10. Mini-Kühlbox: OK, nur eine Nacht, was will ich essen? Gut, Brot, ein bisschen Aufschnitt, Butter, Flasche Wasser, Schokolade – reicht! Rein damit in den Rucksack und jetzt endlich ans Wasser! Wenn dann alles steht, der Magen knurrt, folgt die böse Überraschung, Butter: geschmolzen. Der Schinken: überall, nur nicht in der offenen Verpackung... Nein, das ist mir zu oft passiert, mittlerweile kommen meine Lebensmittel für die eine Nacht zusammen mit Teller, Besteck, Becher und einem Kühlakku in die kleine Kühlbox – zum Beispiel die 13 Litre Coolbox von Trakker.

11. Wärmflasche: Auf den Komfort will ich in den langen Winternächten nicht mehr verzichten. Eine kleine Wärmflasche, bestenfalls mit Fleece-Hülle, sorgt im Fußteil des Schlafsacks für mollige Wärme. Und das kennen Sie bestimmt, kalte Füße brauchen sonst ewig, um aufzutauen.

12. Crocs: Anfangs musste ich schmunzeln, wenn wieder einer die klobigen Plastikschuhe für besonders trendy hielt und zu Jeans trug. Heute gehe ich nicht mehr ohne los. Crocs sind die besten Bivvy-Schuhe: extrem haltbar, schnell trocknend, sehr leicht und vor allem bequem.

13. Polarisationsbrillen: Wer auf Fischsuche geht, muss eine tragen. Doch je nach Glasfärbung eignen sich die Modelle für unterschiedliche Lichtverhältnisse. Darum habe ich immer zwei verschieden gefärbte Brillentypen dabei, um gut gerüstet zu sein. Sie werden sich wundern, welchen Unterschied die Färbung macht und wie viel mehr wir sehen. Große Gläser und verglaste oder anders verschlossene Seiten gegen seitlichen Lichteinfall sind ideal.

14. Boots-Bag: Zeit ist Fisch. Drille ich einen Karpfen vom Boot, löse ich den Haken schon an Bord, kontrolliere das Rig und lege die Rute sofort wieder aus, statt erst den Fisch zum Ufer zu transportieren. Dazu habe ich immer alles in einer kleinen Box an Bord, was nötig ist: Ersatz-Rigs, Bleie, Köder, Boilienadel, Stopper, Schlagschnur.

15. Fischretter: Den Fischretter zeigte mir erstmals Achim Reich bei einer gemeinsamen Cassien-Tour. Man braucht eine Spule mit rund 20 Metern dicker Geflochtener, ein altes 80-Gramm-Inline-Blei und einen Drilling Größe 5/0. Die Spitzen der Haken kneifen wir ab und drücken die Widerhaken an. Das Blei gleitet frei auf der Schnur, den Haken knoten wir vernünftig an die Geflochtene. Flüchtet ein Fisch im Drill unter einem Baum oder einer Wurzel durch, ist er nicht gleich verloren. Mit dem Drilling fischen wir einfach die Schnur auf der anderen Seite des Hindernisses wieder hervor, die Rolle bleibt dabei offen. Dann kappen wir die Schnur zum Hindernis, knoten die freie Leine schnell wieder an und weiter geht der Drill!

16. Zwei Receiver, wasserdicht: Für meine Funkbissanzeiger habe ich zwei Receiver. Einer kommt ins Zelt, einer ins Boot – wasserdicht verpackt versteht sich! So bekomme ich auch draußen auf dem Wasser mit, wenn an den Ruten was passiert.

Ruten

Für meine Angelei sind moderne Weitwurfmaschinen nutzlos. Ich muss selten weiter werfen als 80 Meter. Bei größeren Distanzen verwende ich ein Boot. Auch macht mir eine weichere Rute einfach mehr Spaß im Drill. Mehr Ringe als nur sechs verteilen die Aktion der Rute besser über den gesamten Blank und Startringe mit mehr als 40 Millimetern Durchmesser sind mir viel zu klobig und anfällig beim Transport. Längen von 12 (3,65 Meter) oder 13 Fuß (3,96 Meter) haben sich bei Karpfenanglern fest etabliert. Doch warum, wenn Wurfweite nicht im Vordergrund steht? Eine meiner Lieblingsruten misst nur 11 Fuß, also 3,35 Meter, trägt sieben Ringe, einen schlanken, handschmeichelnden Korkgriff und heißt Morion Stalker von Sportex. Sie ist dank der fehlenden Zentimeter sehr leicht und liegt gut in der Hand. Sie hat ein kraftvolles Rückgrat, eine ausgeprägte

Links: Wein wird aus der Kuksa getrunken.
Rechts: Schöne, durchgehende Aktion, sieben Ringe – so soll eine Rute sein.

Spitzenaktion und eine Testkurve von 2 ¾ Pfund. Neben dieser Standard-Rute verwende ich semiparabolische 12 Fuß lange 3-Pfund-Modelle fürs Grobe, im Ausland oder Mecklenburg-Vorpommern (Prologic T-Carp). Zum „Stalken" kommen oft Tele-Karpfenruten in 12 Fuß, 2 ¾ Pfund zum Einsatz (Shimano Speedmaster). Doch wie gesagt, die Rutenwahl ist Geschmackssache und hängt von der Angelsituation ab. Als ich Haukes Lieblinge das erste Mal sah, schüttelte ich nur mit dem Kopf: 12 Fuß, 3 ½ Pfund Century-Blanks, 50er Startring, sechs Ringe, weiche Spitze, extrem starkes Rückgrat, geschätzt ein Kilo schwer! Als er mir erklärte, warum er sie für nötig hält, verstand ich: Hauke fischte oft an einem gigantischen Flachlandsee in Nordost-Frankreich. Da hier schon früh morgens Seegler und Spinnfischer mit Boot das Distanzangeln unmöglich machen und die Bleie selten weniger als 400 Meter entfernt vom Ufer am Grund liegen, müssen die Rigs in aller Frühe eingeholt werden. Das erfordert bei 300-Gramm-Bleien neben „Muckies" in den Armen Ruten mit Kraft und Rollen mit extrem starken Getrieben.

Rollen

„Made in Japan" war das Qualitätsmerkmal. Ob Shimano oder Daiwa, Biomaster, SS 3000 oder Tournament von damals halten noch heute und in vielen Jahren. Darum gebe ich die Schätzchen auch nicht her. Doch in der Haltbarkeit liegt auch das Problem. Ich will den Firmen nichts unterstellen, heutige Fabrikate sind technisch und optisch auf einem ganz anderen Level, aber meiner Erfahrung nach nicht so verlässlich und langlebig – schließlich will man ja verkaufen. Meine Rollen fassen mindestens 550 Meter geflochtene 0,20er Schnur, haben ein kräftiges Getriebe, eine sauber arbeitende, fein justierbare Bremse und einen großen Schnurclip, der die Schnur nicht beschädigt. Wichtig ist mir, dass sich die Rolle beim Einholen schwerer Bleie oder im Drill nicht verzieht – bei Kunststoff-Rollen ist das leider häufig der Fall. Design und Anzahl der Kugellager sind für mich keine wirklichen Kriterien, Hauptsache die Rolle überlebt ein Wasserbad, die Schlammschlacht in Frankreich oder den ungewollten Fall auf die Felsen. Eine Übersetzung von rund 5:1 schont das Getriebe und erleichtert den Drill mit guten Fischen ungemein.

Haus am See

Am liebsten schlafe ich unter einem Oval-Schirm mit Seitenteilen, aber ohne Überwurf. Der steht schnell, ist nicht zu sperrig und er versperrt mir vor allem nicht den Blick aufs Wasser. Außerdem sind Schirme meistens dort erlaubt, wo Zelte nicht gerne gesehen werden und so grenze ich mich nicht zu sehr von anderen Anglern ab. Auf Tour nehme ich ein leichtes, kleines Pramhauben-Zelt mit, da es mehr Platz im Inneren bietet als ein Schirm, dem mobilen Angeln aber nicht im Weg steht. Droht ein Herbststurm, Gewitter oder Mistral, kommt auch schon mal eine richtig sichere, schwere „Hütte" mit. Auch das ist Geschmackssache, doch ich empfinde ein großes Zelt nicht als Komfort, sondern als Störelement am Wasser. Schwere, sperrige Ausrüstungsteile sind für mich das Schlimmste am Karpfenangeln. Schade, dass die Firmen sich nichts im Trekking-Bereich abschauen.

Links:
Rollen müssen robust sein.
Mitte: meine geliebte „Banane"
Rechts: Das iBoat ist perfekt für Kurzsessions und zum Füttern

Boote

In meinem „Keller-Hafen" stehen drei Boote: Ein faltbares Banana-Boot, ein über drei Meter langes Schlauchboot mit Luftboden und ein 1,60 Meter kurzes Mini-Schlauchboot, ebenfalls mit Luftboden. Das „Baby" passt aufgeblasen in den Kofferraum meines Kombis. Es begleitet mich beim Füttern und dient zum Drillen und Auslegen der Montagen, wenn es Wind und Wetter zulassen. Auf dem großen Schlauchboot findet eine Liege zum Bootsangeln Platz. Es kann zum Beispiel für Langzeittouren oder bei Reisen mit zwei Anglern und einem Boot extrem beladen werden und ist bei Sturm die sicherste Variante. Zum Beispiel an den Naturseen Mecklenburg-Vorpommerns liegt das Boot oft bei den Ruten vor Anker und die stehen vorm Schilf nicht selten im brusttiefen Wasser. Aus dem Wasser ins Boot zu klettern ist bei großen Schlauchbooten kein Problem, „Bananen" kippen dabei um. Und dennoch ist die gute alte „Banane" mein Liebling. Sie ist trotz ihrer Länge von über drei Metern relativ leicht, extrem schnell zusammengebaut und nimmt beim Transport auf dem Dach keinen Platz im Innenraum des Wagens weg. Sie liegt gut auf dem Wasser und lässt sich sehr schnell rudern. Da das Bootsinnere nicht durch dicke Schläuche beengt wird, bietet eine „Banane" reichlich Platz fürs Tackle. Auf den meisten Touren begleitet mich das Banana-Boot. Es hält ein Leben lang und ist absolut unempfindlich gegen Schläge und Steine.

Pod oder Stick?

Wo immer möglich, bevorzuge ich einzelne Erdspeere für die erlaubten zwei, drei oder vier Ruten. So kann ich sie und damit auch die Montagen weiter verteilen, die Spitzen direkt auf die Rigs am Grund richten und in Winkeln fischen, die mit einer Rute auf dem Rod Pod unmöglich zu erreichen wären. Das Gestell für die Ruten baue ich nur dort auf, wo extreme Stabilität gefragt ist oder felsiger Boden keine Banksticks eindringen lässt. Zum Beispiel wenn das Risiko besteht, dass wir mit dem Boot gegen den Aufbau im Wasser knallen, macht ein Pod immer eine bessere Figur. Auch wenn die Spitzen hoch in die Luft ragen sollen, stehen sie auf einem Rod Pod stabiler. Mein Favorit: Fox Ranger Pod. Doch lesen wir von einem der auf Tackle nicht viel gibt und weiß, worauf es ankommt – viel Spaß!

Chaostage

von Jan-Simon Saamen

Ich bin ein Chaot, ganz klar. Ich plane meine Zeit zu knapp, meine gewaschene Wäsche lege ich immer erst zusammen, wenn der Stapel das doppelte Volumen des Korbes erreicht hat, in dem sie sich befindet. Und was ich in zwei Stunden mache, weiß ich nicht schon jetzt. Beim Angeln ist das ähnlich – gut so!

Meine Banksticks stecken immer schief im Boden, ein Bivvytable ist nur Schnellablage und ich weiß selten auf Anhieb, wo genau sich welches Teil im Rucksack versteckt. Damit bin ich unter meinen Freunden ein „Outsider". Christoph zum Beispiel bewegt sich mit schlafwandlerischer Sicherheit in seiner Ordnung. Bei Bastian ist bis ins Jahr 2040 jede Angelsession geplant und ich warte nur darauf, dass er beginnt, den Rasen vor seinem Zelt auf Einheitsmaß zu trimmen. Ich bewundere das ehrlich gesagt ein bisschen und gucke Bastian gerne dabei zu, wie er pedantisch sein blitzsauberes Gerät aufbaut, während ich hinter meinem windschiefen Aufbau hocke und die Batterien meiner Funkbox wechsle, weil ich wieder Mal vergessen habe, sie auszuschalten. Nun gibt es da aber noch jemanden, den ich sehr mag. Martin, ein kluger Kopf, der gerne lacht und auch sonst alle guten Eigenschaften eines echten „Ruhrpöttlers" vereint. Einfach ein toller Mensch...und ein Riesen-Chaot. Die Vorzeichen aber hätte ich deuten können. Zum Beispiel, als beim Dia-Abend das Laptop-Kabel von Martin unauffindbar war. Ein Blick in seinen Opel reichte schon, bot er mir doch einen Überblick über sein Futterrepertoire der vergangenen Wochen oder Jahre? Kurz: Ich hatte meinen Meister gefunden. Im vergangenen Jahr planten wir spontan eine Tour an den Lac de Liez...

ABFAHRT

Späte Nacht, nach zwei Stunden Packerei stand der Abfahrt nach Frankreich nichts mehr im Wege. Nur noch die „Banane" musste aufs Dach. Ich schwitzte und hatte schon Angst, irgendeine Tür meines prallvollen Kombis noch mal zu öffnen. Da eröffnete mir Martin, dass er eigentlich gar nicht wüsste, ob seine Dachträger überhaupt auf meinen Megane passten. Ausprobiert – natürlich nicht! Wir setzten uns erst mal von Lachkrämpfen und Unglauben geschüttelt auf den Bürgersteig. Martins Idee: „Bekommen wir die kleine Banane von Dir nicht auch ins Auto?" Zollstock raus, Maß genommen, Kopf geschüttelt – nee. Während Martin überlegte, wie man die Masse in meinem Wagen auf das kleinere Maß seines Astras reduzieren könnte, nahm ich mich noch mal der Dachträger an. Ich rupfte Klebeband, wurschtelte und schraubte und Punkt halb vier morgens startete ich den Motor, das Boot auf dem Dach. Ob das mit der Tieferlegung hinten und der Höherlegung vorne so richtig war, wussten wir nicht und gemäß unserer Mentalität machten wir eben die Probe aufs Exempel und fuhren los. Lustig war es: Mehrfach hörten wir die richtigen Stellen auf Martins Herbert Knebel-CD und machten uns von Lachkrämpfen geschüttelt in einem überladenen Franzosen gen Grenze. Ob auch die Geländegängigkeit bei umgekehrtem Keilform-Tuning erhalten bleibt, wollte Martin dann am See testen. Zielsicher dirigierte er mich auf einem Feldweg in ein viel zu tiefes Schlagloch. Ich hatte das Auto schon über dieses mit Wasser gefüllte Hindernis hinweg gefahren. Auf dem Rückweg aber – der Feldweg führte ins Nichts – lotste mich Martin über das Rasenstück neben der Pfütze. „Das ist sicherer!" Ja, wenn der Rasen in festem Boden verankert gewesen wäre, vielleicht. Mit einem lauten Knall verbeulte mein Unterboden und der

Links: Martin nimmt Maß – passt nicht...
Rechts: Es kann losgehen!

Wagen versank bis zur Zierleiste im Morast. Eines aber können Chaoten gut: Wir bleiben länger gelassen. Martin stieg durchs Fenster aus, ging übers Dach nach hinten und wir begannen, die 600 Kilo Materie samt Gefährt aus dem Schlamm zu bergen, bevor er durch die Türritzen dringen konnte. Zur Strafe bekam Martin eine Schlammmaske verpasst und roch danach faulig wie die Pfütze. Ich fand das nur gerecht! Mit offenem Fenster fuhren wir weiter und luden wenig später, fröhlich und erwartungsvoll, unser Gerät aus dem Auto in die Mini-Boote: ein „Green Duck", eine „Annexe 180" und eine kleine „Banane". Nichts auf den Booten war gerade gepackt, aber alles fand irgendwie seinen Platz. Mit Martin fühlte ich mich wohl, weil auf einer Wellenlänge. Ordnung definiert er anders und seine Prioritäten decken sich mit meinen. Pedantisch sind wir beide bei der Funktionalität der Ausrüstung. Haken müssen sauscharf sein, Vorfächer präzise gebunden. Bissanzeiger müssen funktionieren und Boote schnell und zuverlässig schwimmen. Außerdem müssen die Rigs fangfähig liegen und die Fische Futter finden. Nicht mehr und nicht weniger. Da waren wir uns einig und so ging viel Zeit für das Ablegen der Ruten drauf, wenig beim Aufbau des Camps. Besonders wenig bei Martin...

HALLO, AUFWACHEN!
Am nächsten Morgen entstieg ich halbtot meinem Bivvy. Zuvor war ich 46 Stunden wach gewesen und der Aufbau bis morgens um zwei hatte es nicht besser gemacht. Ich wankte also aus meinem „Fuchsbau" und setzte mich neben Martin auf den Bootsrand. Der Arsch! Natürlich gewinnt man nach einer solchen, viel zu kurzen Nacht keinen Schönheitswettbewerb und registriert auch erst spät, dass man mit den Latschen knöcheltief im Schlamm steht. Musste er sich da so wegschmeißen? Während ich also einen Apfel gegen die „Kuh im Mund" aß, fing er sich wieder. Ob ich gut geschlafen hätte, fragte er. Hä? Ist der doof? Ich saß da, eine Karikatur meiner selbst und er stellte diese Frage? Feixend sah er mich von der Seite an und ich hatte echt keine Ahnung, was er wollte. Also stellte zur Abwechslung mal ich eine Frage. Eine vernünftige. Nämlich, warum der eine Swinger bei mir durchhing. „Hab ich dran gezogen!", konterte er. Ich verstand überhaupt nichts mehr und wurstelte mich ächzend aus dem dicken Pulli, die Haare zu Berge stehend, und wartete geduldig Martins nächsten Lachkrampf ab. Irgendwie musste ich auch lachen, obwohl ich nicht wusste wieso und eigentlich auch gar nicht wollte. Martin stand

auf, watete Richtung Schilf, griff ins Wasser und förderte eine Kordel zu Tage. „Hier, der nächste ist deiner, ja?" So langsam wurde es albern mit seinen Lachanfällen, aber ich merkte selber, dass ich dreinschaute, wie ein Schaf vorm Spiegel. Martin hatte in der ersten Nacht einen Spiegler gefangen. Drei Stunden nach dem Einschlafen. Und da die Rute weit, weit draußen abgelaufen war, wollte er mich als Paddelhilfe. Ich war aber auch weit, weit weg! Als Martin wie wild an meiner Schnur zog, erwachte ich nicht aus meinem legendären Tiefschlaf. Und so fuhr er allein hinaus und drillte, völlig übermüdet, einen dicken Spiegler. Während des Drills kam ihm tatsächlich der Gedanke, ich hätte es nicht geschafft – die Übermüdung und so – doch kurz vorm Ufer die Erleichterung für meinen Freund. Ich schnarchte selig. So nahmen unsere Chaostage ihren Anfang. Das Wetter war bombig und wir hatten Spaß satt. Alles gut, bis auf die Sache mit den Fischen. Denn die folgenden drei Tage lief einfach keine Rute ab. Obwohl, so ganz stimmt das nicht...

DIE OPAS

Das Chaos ging nämlich nicht nur von uns aus. Es kam jeden Morgen zu viel zu früher Stunde. Wir waren nicht allein! Jeden Tag von Sonnenaufgang bis mittags um elf und dann wieder von 17 Uhr bis Sonnenuntergang versammelten sich so grob geschätzt alle Rentner des Umlandes mit ihren Stahlkähnen auf dem See, um mit Spinnern und Blinkern Hechten nachzustellen. Soweit eigentlich kein Problem. Der See in seiner Badewannenstruktur ist hindernisfrei und wir hatten unsere Schnüre allesamt mehrfach abgesenkt. Doch alltäglich dasselbe Phänomen: Urplötzlich lief eine Rute ab, wir machten uns ins Boot, um dem vermeintlichen Fisch entgegenzurudern. Manchmal erschlaffte die Schnur und wir konnten die Montage einfach einkurbeln, manchmal aber war alles weg. Zurück am Platz ging das Spiel weiter. Jedes Mal, wenn wir eine Rute per Boot eingeholt hatten und zurück ans Lager kamen, hing erneut ein Swinger durch. Und oft war die gesamte Montage abgeschnitten. Irgendwie fingen wir die „Raubfischopas" dann wohl doch, waren aber wütend, dass sie die Schnüre einfach kappten. Wie unsere Leinen mit den flach laufenden Spinnern der Herren kollidierten, war uns ein Rätsel, das wir erst viel später lösen konnten. Wir beschlossen vorerst, nur noch im Dunkeln zu fischen. Der Liez ist nun mal ein See mit einem großen Bereich gleicher Tiefe und wenig Struktur. Im Frühsommer sind die Ufer durch den Vollstau überflutet – ein Paradies für Karpfen. Die

„Hab ich dran gezogen..."

Darf ein Rig so aussehen? Klar, wenns fängt...

Nachtangelzonen bieten aber nicht viel, zumindest nicht in direkter Nähe. Unserer Stelle in der Zone machte wenig Sinn, wenn wir nicht auch tagsüber in die weit entfernten, krautigen Bereiche ziehen konnten. Um wirklich effektiv zu angeln, hätten wir vom Boot fischen müssen. Doch wie, auf unseren Mini-Kähnen? Hätten wir wirklich gewollt, vielleicht hätten wir es ausgehalten. Wir blieben dabei, fischten nur noch nachts und legten für die Tage einen Futterplatz an der Kante vor unseren Füßen an.

EIN MEISTER SEINES FACHS

Neben dem Austausch an anglerischen Erfahrungen lernte ich auch in einer weiteren Disziplin dazu: Martin beherrscht das meisterliche Chaos. Diese ganze Situation war eh ein einziges Chaos, aber das war Martin scheinbar nicht genug. Er baute es einfach noch aus und ich genoss es ein wenig, mal der ordentlichere Chaot zu sein und keine doofen Kommentare zu ernten. Martins ganzer Tag war von Chaos nur so durchzogen: Ein Pramhaubenzelt zum Beispiel steht an einem Hang nicht gut. Die meisten hätten es daher auf dem einzig abschüssigen Abschnitt unserer Angelstelle auch niemals aufgebaut. Martin schon. Den Eingang Richtung Wasser glich seine Behausung einem Biberbau. Wollte er hinaus, so musste er fast krabbeln, Kopf nach unten, und dabei aufpassen, dass er nicht den zwanzig Zentimeter breiten Streifen verpasste, der das Ende seinen Zelts noch vom Wasser trennte – ein göttliches Schauspiel. Man muss wissen, der Untergrund unseres schönen Plätzchens hatte die Konsistenz und Farbe dessen, was bei Kühen hinten raus fällt. Rutschte Martin also bei der Begehung seines Zeltes aus und stützte sich auch nur kurz mit der Hand ab, erschallten prompt sehr unschöne Worte. Ich hatte meinen Spaß! Wenn ich zum Schlafen in meinem Zelt verschwinde, nehme ich alles, was noch draußen steht mit hinein. Martin macht es genau andersrum. Er schickt einen Blick Richtung Himmel und schätzt, ob es regnen wird. Dann werden Essenskiste, Kocher, Stuhl und Co hinters Zelt gepackt und nach Bedarf regensicher abgedeckt. Der Trick dabei: Es muss sich zwischen diesem Haufen und der weiten Ferne noch ein beliebiges Objekt als Absicherung befinden, so als Blickschutz vor bösen Buben. Deshalb wollte er das Zelt direkt am Baum aufstellen und nicht auf den restlichen 20 ebenen Quadratmetern. Lag ich dann anschließend im kuscheligen Schlafsack, war bei meinem Nachbarn immer noch was los. Da wurde gekramt und gewühlt, geknistert und geraschelt. Ich wusste anfangs nicht, was er da trieb, bis ich Martins Kamera aus seinem Zelt holen sollte. Beim Blick auf seine Liege musste ich lachen. Wäre Bastian dabei gewesen, er hätte sofort begonnen, diesen Unterschlupf aufzuräumen und auszurichten. Auf Martins Liege türmte sich sein gesamter Hausstand. Zwischen Tackle Box, Schlafsack, Überdecke, Kissen und Lektüre fanden sich Bleie, eine Ködernadel und die Kopflampe. Nur eine Kamera fand ich nicht. „Doch, die muss da sein! Guck mal am Fußteil. Ich glaub, die ist da in den Schlafsack eingewickelt." Mit der Suche nach der Sony hatte sich dann auch das Geheimnis der nächtlichen Unruhen in Nachbars Zelt geklärt. Um schlafen zu können, musste erst dieser überdimensionale Bivvytable freigemacht werden. Danach wurde die Liege noch einmal gründlich untersucht, denn schließlich birgt ein ausgemustertes Rig im Schlafsack Gefahren...

DAS FUNKTIONIERTE

Tagsüber suchten wir freie Stellen im Kraut und legten bei Nachtanbruch unsere Ruten dort ab. Das funktionierte, wir fingen. Nur sind im Juni die Nächte nicht gerade lang und so blieben uns nur knappe fünf Stunden effektiver Angelzeit je Nacht. An Schlaf war kaum zu denken. Tagsüber war es dafür einfach zu heiß. Abends acht Ruten auszulegen dauerte schon mal gute zwei Stunden, schließlich sollten die Rigs präzise in die Krautlöcher. Und immer passierte etwas Unvorgesehenes: Ich kam gerade mit einer Rute zurückgefahren und sah Martin ein paar Meter vor dem Ufer das Boot auf der Stelle halten. Ich dachte mir nichts dabei, fuhr an Land und legte meine Rute auf die Banksticks. Nebenbei fragte ich Martin, was er denn da treibe. „Ich warte!" Ah, ja klar. „Worauf denn genau?" „Darauf, dass Du mir hilfst. Meine Schnur ist alle!" Ich konnte nicht mehr. Wir hatten kurz vorher noch geflachst, ob die Schnur auf der Rolle wohl nach diesen ganzen Abschneideaktionen noch reichen würde. Zum Ufer kam er nicht, die Rutenhalter waren noch drei Meter entfernt und zum Aussteigen war es dort zu tief. Er musste sich also vorsichtig auf der Stelle halten, um die Montage nicht zu verziehen und ich holte Schnur zum Anknoten aus meinem Zelt. Das Bild, wie wir da lachend in unseren Booten saßen, der eine rudernd, der andere knotend und beide mit dem Gedanken, „Was, wenn er jetzt beißt?!" – einfach groß!

Links: Gepflegte Ordnung ums Zelt...
Rechts: Schon wieder ein Opi!

131

ZU FRÜH GEFREUT

Es war spannend, am Tag mit dem Boot über die großen Krautfelder zu treiben und nach Fischen und ihren Fraßplätzen zu suchen. Mit dem Tastblei erkundschafteten wir, wie viel freier Raum sich zwischen den Pflanzen fand. Größtenteils war der Boden eher schlammig. Manchmal fanden wir allerdings inmitten des Krautes Quadratmeter große Flächen mit bretthartem Boden. Wir waren uns einig: Das können nur Karpfen schaffen! Auf genau diesen Plätzen bekamen wir auch die Bisse. Aber das bedeutete lange nicht, dass wir die Fische auch landeten. Immer wieder machten uns die Raubfischangler einen Strich durch die Rechnung. Einer rechnete sich wohl besondere Chancen vor Sonnenaufgang aus und schleppte in aller Herrgottsfrühe, bis er Martins Schnüre hakte. Während wir versuchten, die Montagen vor dem Abschnitt zu bewahren, lief am Ufer eine andere Rute ab. Diesmal war es kein Fehlalarm. Brassen hatten wir auch ausgeschlossen, da wir mit handgerollten Boilies von rund 40 Millimetern Durchmesser als Hakenköder angelten und nur wenigen kleineren Boilies darum herum verteilten. Wenn ein Bissanzeiger also Töne von sich gab, konnte es nur ein „Opi" oder Karpfen sein. Die Montagen konnten wir nicht retten und der Fisch stieg aus. Es war einfach deprimierend. Wir hatten so wenig Zeit, Fische zu fangen. Mussten die Heinis da auch noch nachts schleppen?

WUTAUSBRUCH

Tags darauf lief das Fass dann über: Ich hatte am Morgen zuvor einen Fisch auf üble Weise verloren. Die Rute lief ab, als wir gerade Montagen einkurbelten. Die Schnur samt Absenkern hob sich vom Grund, ein Raubfischangler legte wohl in genau diesem Moment ab, ging mit seinem E-Motor betriebenen Kahn auf Kurs und sammelte die Schnur zum Fisch mit seinem Köder ein. Alles Rufen, Beten und Flehen half nichts. Er schnitt die Schnur einfach ab. Wir waren nur noch baff. Nachmittags fand ich die Schnur nach langem Suchen im Kraut, der Fisch war sogar noch dran. Das wurde mir aber erst klar, als er einen Meter vorm Boot los schoss und ich die Schnur instinktiv festhielt. Das Vorfach riss. Völlig erschlagen von der nächtlichen Arbeit, der Ruderei und dem ganzen Unmut verschliefen wir am nächsten Morgen um etwa eine halbe Stunde. Und prompt hatten wir wieder einen Kahn an der Angel. Martin fuhr los, um die Schnur zu retten, denn inzwischen hatte sich da Mangel auf unseren Spulen breitgemacht. Die meisten Montagen fanden wir später wieder, aber die Schnur taugte nur noch für den Müll. Während Martin also draußen war, fuhr ein älterer Herr über Martins Schnüre, nahm seinen Spinner aus dem Wasser und knüpfte einen Pilker an. Damit versuchte er nun, die restlichen Schnüre gezielt einzufangen. Als ich das sah, entlud sich all der Unmut der letzten Tage in einem Wutausbruch. Mit meinem kleinen Schlauchboot ruderte ich getrieben von Wut auf den Franzosen zu. Der wollte die Flucht ergreifen, doch ich war schneller und stellte ihn. Mein Vortrag interessierte ihn kein Stück. Er lief rot an und schrie, man dürfe hier nicht Karpfenangeln. Dabei stampfte er wie wild mit dem Fuß in sein Boot und ich hoffte nur, dass der Boden einfach heraus fiel. Ein anderer Schleppangler beobachtete uns und bestätigte mir später, dass der Stampfer es sich wohl zur Lebensaufgabe gemacht hatte, Karpfenanglers Schnüre zu kappen – so aus Spaß. Zurück am Platz reichte ein Blick. Martin und ich verschwanden in den Zelten, wir packten, Abmarsch! Und zwar im Schweinsgalopp! Zwischendurch steckte mein Angelpartner mit zerknirschtem Gesicht den Kopf aus seiner krummen Höhle. „Was machen wir denn nun?" „Na, dicke Fische fangen!" Wir konnten schon wieder lachen. Und taten es auch, als wir erst in der folgenden Nacht an unserem Wunschgewässer ankamen – diesmal in Deutschland. Die Karten zu besorgen war gar nicht so einfach, da ich in Frankreich natürlich keinen Bundesfischereischein dabei hatte. Unser überflüssiges Tackle stellten wir bei Freunden unter und legten im Morgengrauen die Montagen erneut auf harte, freie Stellen im Kraut ab. Lange lagen sie nicht dort und wieder war es nichts mit Schlaf. Völlig übermüdet, aber überglücklich saßen wir in regelmäßigen Abständen hinter dicken goldgelben, schwarzen oder nussbraunen Leibern und grinsten ins Blitzlicht. Die alte, so geliebte Unordnung stellte sich wieder ein und wir bewiesen: Ordnung bringt keinen Fisch mehr. Die Jungs am anderen Ufer sahen uns beim Drillen zu. Bestimmt gab es dort die Tasche für die Tasche und die Ruten waren perfekt ausgerichtet. Wir beherrschten unsere zerstreute Welt mit Wohlbehagen. Außerdem waren wir ja auch mit Drillen, Montieren und Auslegen beschäftigt. Zu viele gute Gespräche gab es zu führen, zu viele Eindrücke zu fangen. Wo bleibt da schon Zeit für Ordnung? Chaos, für mich ist es ein gutes Gefühl.

Jan-Simon Saamen

Happy End – und wir bleiben die Chaoten, die wir sind!

Kapitel 4

Vom Füttern

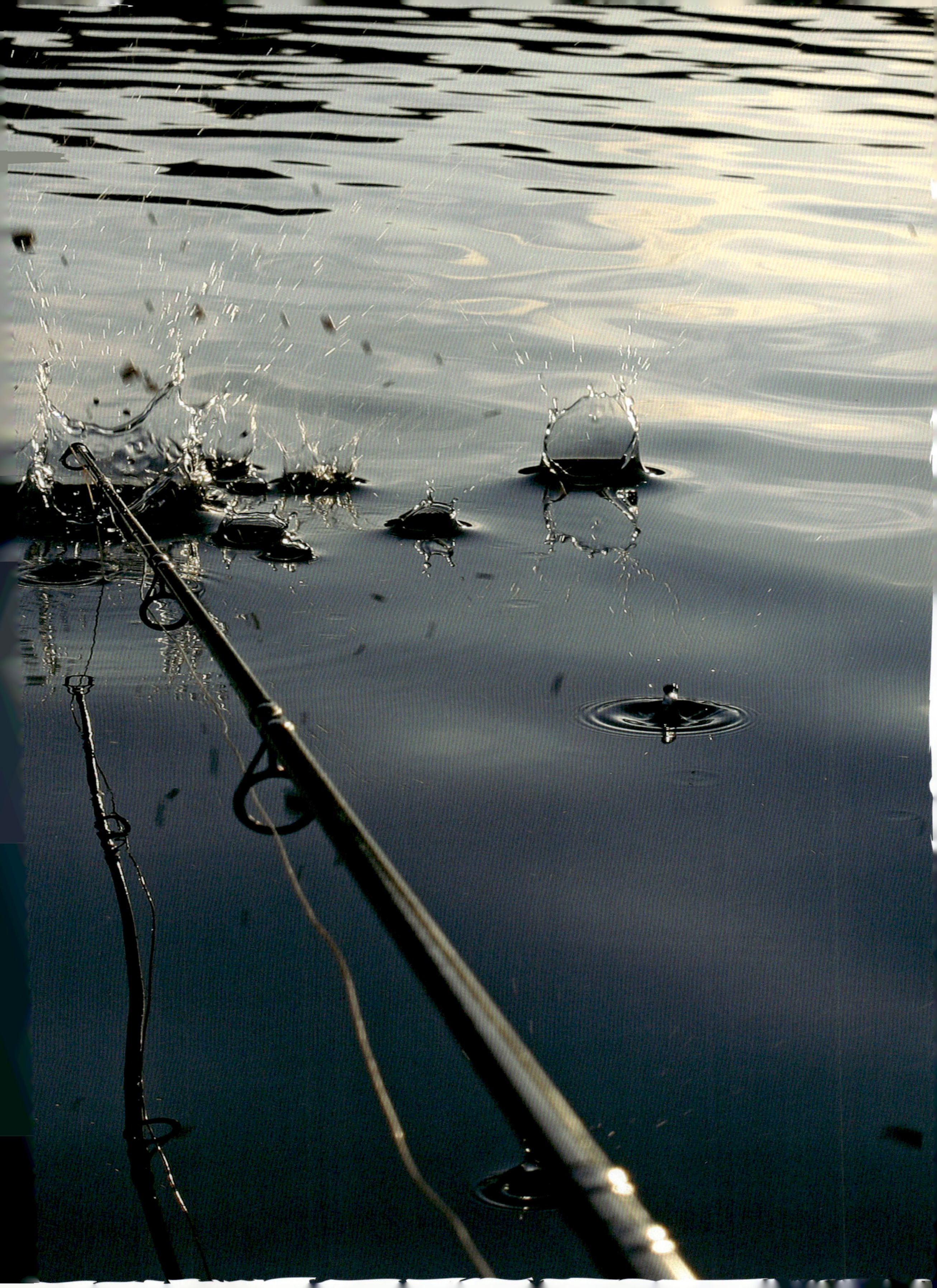

Vom Füttern

„Füttern – Yes!!! Das mache ich am liebsten! Für mich gehört es zu den besten Dingen am Fischen. Füttern, das bedeutet arbeiten für Ihre Fische – Kilometer fahren und hunderte Meter bei Regen und Sturm durchs Gebüsch stolpern! Füttern ist was für echte Männer, die hart für ihren Erfolg arbeiten. Und nach all der harten Arbeit ist der Fang eines guten Fisches das Beste, was es gibt..." – Eddy Sterckx in „It's my Life", übersetzt aus dem belgischen Originaltext der Hardcover-Ausgabe

Das Zitat oben stammt von einem Mann, der es schaffte, in einer einzigen Saison rund 750 Karpfen aus zwei verschiedenen Gewässern Belgiens zu fangen – Eddy Sterckx. 84 Fische wogen über 15 Kilo, davon 21 über 20 Kilo! 32 Dreißiger fing er mehrfach (bis zu viermal) und sechs Vierziger fing er mehr als einmal! Dieses Ergebnis erzielte er im dritten Jahr an zwei Seen, die er durchgehend mit einer Boilie-Sorte befütterte. Bei diesen Erfolgen fällt mir die Kinnlade runter! Diese Fänge beweisen eindrucksvoll, was durch den klugen Einsatz von Masse möglich wird. In seinem Buch „Der Karpfen" berichtet Werner Steffens von einem armen kleinen Karpfen, dem man für ein Experiment nichts zu Fressen gab. Er überlebte genau 600 Tage. Ein Extrembeispiel, denn eigentlich fressen die Tiere sonst täglich. Gut zu wissen! Durch strategisches und konsequentes Füttern können wir deshalb Karpfen wirklich ans Futter gewöhnen und Gewässer förmlich umkrempeln. Von Futteranglern und Fallenstellern spricht die Karpfenszene. Futterangler befischen meist nur ein oder zwei Gewässer im Laufe der Saison, sie haben feste Plätze und setzen voll auf die Kraft und Wirkung ihres Futters. Fische, die es genauso arglos fressen wie natürliche Nahrung, verzeihen sogar auffällige Montagen. Besonders dann, wenn wir den Futterneid der Karpfen wecken, werden sich die Bissanzeiger häufiger melden. Vertrauen schaffen wir über taktisches Füttern. Je häufiger und länger wir Futter einbringen, ohne zu angeln, desto mehr Karpfen sollten darauf aufmerksam werden und desto unbedarfter werden sie es fressen. Je seltener wir den Platz beangeln, desto länger halten wir das Vertrauen und bauen es schnell wieder auf. Darauf kann sich ein Futterangler verlassen. Er wird sich den Zielfischtraum früher oder später erfüllen und auffallend regelmäßig besonders große Einzelfische fangen. Auch ich bediene mich aus diesen Gründen der Taktik Langzeitfüttern. Es gibt Gewässer, die anders nur schwer zu knacken sind. Und doch fühle ich mich auf diesem Weg nicht wohl. Das Fallenstellen liegt mir mehr. Ich brauche Raum für meine Angelei und wähle meine Stellen und Gewässer je nach Jahreszeit und Bedingungen. Steht mir mehr Zeit zur Verfügung als die eine, typische Nacht unter der Woche oder ab und zu mal ein ganzes Wochenende am Wasser, nutze ich sie für Touren – dem Abenteuer auf der Spur. Mein Jahresverbrauch an Boilies liegt zwischen 100 und 250 Kilo, dazu kommen noch Partikel. Das meiste Futter geht auf Touren drauf. Zum Vergleich: In seinem Buch spricht Eddy Sterckx von 800 Kilo, die er im Laufe weniger Monate auf zwei Gewässer verteilte... Doch auch beim Fallenstellen und besonders auf Tour spielen Köder, Futter und Füttern entscheidende Rollen. Sogar beim Kurzeinsatz können wir durch unsere Art zu füttern Vertrauen schaffen und besser fangen. Die folgende Geschichte in zwei Teilen verdeutlicht das.

Novembernächte

Es waren nur noch wenige Tage bis zum November, als ich wieder am Ufer dieses fast 70 Hektar großen Baggersees im Süden Hamburgs stand. Der Wind pfiff mir um die Ohren und immer wieder brachte er einen Schauer mit. Die Kapuze weit im Gesicht, beobachtete ich das Wasser und fröstelte. So kalt war es gar nicht. Doch eine unschöne Erinnerung holte mich ein: Monate zuvor, im Mai, entdeckte ich einige der großen Karpfen des Sees in einer ausgedehnten Flachwasserzone am Nordende. Während sich damals meine Freundin im Boot sonnte, fischte ich mit Jerk Baits auf Hecht und hielt das Wasser im Auge. Derzeit blies ein ungewöhnlich warmer Südostwind in die Bucht und neben einem Graser von über 20 Kilo zählte ich hier mindestens sechs Karpfen. Zwei der alten Garde waren dabei, beides sicher Vierziger. Es dauerte nicht lange, bis ich unweit des Bereichs, wo wir die Karpfen beim Sonnenbad beobachteten, ein frisches Fraßloch in rund 1,5 Metern Tiefe fand. Für alle Fälle hatte ich einen Eimer Hanf, Weizen und ein paar Boilies dabei, denn ich hoffte darauf, Karpfen zu finden. Das Futter verteilte ich auf dem und um das Fraßloch, über dem lichten Kraut und entlang des versunkenen Baumes in der Nähe. Tags darauf legte ich eine Montage mit einem Mono-Vorfach und weißem Pop Up genau auf das Fraßloch. Punkt zwölf nachts lief sie in einem Vollrun ab. Mit dem kleinen Schlauchboot pumpte ich mich über den Fisch, der längst die Flucht ins Holz ergriffen hatte. Schon das klappte überhaupt nicht. Immer wieder drehte ich mich im Kreis und musste die Rute über den Kopf führen. Ich dampfte vor Wut! Gut zwanzig Minuten lang wühlte ich mit dem Arm bis zur Schulter unter Wasser im Geäst rum, bis ich endlich die Schnur befreien konnte. Die Rute in der Rechten führte ich die Schnur über den letzten

Auf eine neue Chance im späten Herbst.

Links: Später Besucher im Herbst. „Solltest Du nicht längst ein Winterquartier haben?" Mitte: Denise kochte Kaffee. Rechts: Böse Überraschung am Morgen.

Ast und spürte den Fisch nur wenige Zentimeter darunter. Ich leuchtete aufs Wasser und sah den weißen Pop Up. Immer wieder verschwand er im Maul eines Fisches und wurde wieder ausgeblasen. Ein guter 30er! Ich wollte gerade die Schnur loslassen, den Drill fortsetzen, da schlug der Fisch mit seinem Kopf nach links, nach rechts und „Peng"! Das Vorfach knallte durch, einfach so. Den Schrei unterdrückte ich, doch noch einige Minuten ließ ich mich einfach so treiben. Natürlich biss hier in dieser und der folgenden Nacht nichts mehr...

PECHVOGEL

Über den Sommer war ich noch zwei Mal hier, ohne Vorbereitung und erfolglos. Jetzt, im Spätherbst, wollte ich das Blatt endlich wenden. Ich entschied mich für den tiefsten Seebereich, denn hierhin, vermutete ich, würden die Fische gegen Jahresende für den Winter ziehen. Mehrere Sandbänke im offenen Wasser bringen Struktur in das bis zu 18 Meter tiefe Areal. Mit dem Echolot erkundete ich die Strukturen genauer und befütterte drei Bänke, die sich bis auf sechs, sieben und acht Meter Tiefe erhoben, über mehrere Tage. An großen Baggerseen machte ich die Erfahrung, dass die Fische Strukturen im offenen Wasser anschwimmen, um zu fressen, oder zumindest hier angebotenes Futter gerne annehmen. Statt punktgenau zu füttern, verteilte ich harte Boilies in gemischten Größen und Tigernüsse über das gesamte Areal der Bänke, vom Fuß bis zum flachsten Punkt. Viermal mit je einem Tag Pause dazwischen ruderte ich nach der Arbeit im Dunkeln mit einem kleinen Schlauchboot bei Regen und Sturm die drei Plätze an und fütterte dort je drei Kilo. Über das integrierte GPS im Echolot fand ich die Stellen genau wieder. Es war an einem dieser stockfinsteren Abende, als sich die Pechsträhne fortsetzte. Gerade hatte ich die letzte Futterkelle über den ersten Platz gestreut, mir den Tigernuss-Schleim von den Händen gewaschen und mich in die Riemen gelehnt, um den nächsten Platz anzusteuern, da erfasste mich eine ordentliche Welle. Das Boot geriet in Schräglage, mein Paddel, das ich in voller Wucht durchzog, berührte das Wasser nicht und ich knallte mit dem Griff ungebremst vors Echolot – kaputt! Das Display war gesprungen! Zum Glück übertönte der Sturm mein Fluchen. Was tun? Wie sollte ich die anderen Plätze wiederfinden? Es half nichts, ich musste es für diesen Tag abbrechen. Am nächsten Abend fuhr ich gleich aus der Redaktion wieder ans Wasser. Im Gepäck: unscheinbare Bojen und ein Ersatzecholot aus dem Rute&Rolle-Lager – ohne GPS. Meine Spots fand ich wieder, setzte die Bojen in einiger Distanz dahinter und verteilte Futter. Als ich später das Boot schulterte und in den Keller brachte, überraschte mich ein Wasserschaden. Nachbars Kellerfenster war undicht und bei mir stand das Wasser knöchelhoch...

DER KÜRBIS

An einem Freitagnachmittag parkte ich den Kombi auf dem Deich in 100 Metern Luftlinie zur Stelle. Das Wetter war so schlecht, kein Mensch wagte sich aus dem Haus. Außer mir und meiner Freundin. Im Prasselregen bauten wir das Zelt auf und während sie es einrichtete, sich am Kocher wärmte und Kaffee aufbrühte, legte ich die Ruten aus. Eigentlich waren die Bedingungen perfekt. Der Herbststurm sorgte für eine Vollzirkulation der Wassertemperatur. Das GTM 40T+ verriet: 11,3 Grad bis in acht Meter Tiefe! Schon beim Füttern waren mir die vielen großen Sicheln in der Nähe des einen Plateaus aufgefallen. Das konnten nur Brassen und Karpfen sein. Die Rute legte ich dort in genau der Tiefe ab, in der ich die meisten Signale hatte: sieben Meter. Auf den anderen Plateaus bemerkte ich keine Sicheln. Einige Boilies hatte ich seit dem letzten Füttern in Seewasser eingeweicht. Das Gewässer wird rund ums Jahr stark beangelt, da wollte ich alle Trümpfe ausspielen. Die Fische fressen meistens bereits ausgewaschene Boilies. Wenn sie schon am Platz sind, muss ich ihnen nicht mit frischen kommen. Obwohl es nach Erfolg roch, hatte ich kein gutes Gefühl. Und das ist oft tödlich. Wenn ich es mir vorher schon einrede, geht immer etwas schief. Und wie übel es werden sollte: Gegen Mitternacht meldete der Bissanzeiger der rechten Rute ein paar Pieper – die Bank mit den Sicheln! Ich hatte den Reißverschluss des Zeltes noch nicht offen, da wurde aus einzelnen Signalen ein Dauerton. Ich nahm die Rute auf und sprang mit der Wathose ins Wasser. Der Sturm peitschte mittlerweile so heftig über den See, dass ich mich gegen einen Bootsdrill entschied – großer Fehler! Denn der Fisch tat, was für große Baggerseekarpfen typisch ist. Er stellte sich hinter die Bank und ließ sich nur mit viel Druck darüber führen. Im Freiwasser blieb er stur auf Tiefe und schlug nur ab und zu heftig mit dem Schädel in die Schnur. Er steuerte schnurstracks mein Ufer an, allerdings gut 50 Meter rechts von mir, als habe er ein Ziel. Als plötzlich alles fest saß, wusste ich, wohin er wollte: ins abgestorbene Kraut. Einige Sekunden spürte ich noch seinen Flossenschlag, dann erschlaffte die Schnur, er war ausgestiegen. Ich wusste einfach nicht wohin mit all dieser Wut... Am Morgen dann die nächste böse Überraschung. Ich wollte etwas aus dem Wagen holen und stapfte über die regennasse Wiese. Ein Rabe beobachtete mich. Das Wasser tropfte aus seinem Gefieder und er legte den Kopf schräg, um mich nicht aus den Augen zu verlieren. Mir war das unangenehm und ich formte mit den Händen einen Trichter um den Mund, um ihm einen Schrei entgegen zu stoßen. Das ließ ihn kalt, nur meine Freundin fuhr erschrocken hoch. Vielleicht wusste der Rabe schon, was mir blühte und wartete nur auf meine Reaktion: Jemand hatte die Rückleuchte meines Wagens zertrümmert, mit einem Kürbis! Dazu fiel mir nun wirklich nichts mehr ein. Irgendein Spinner musste nachts das Halloween-Gemüse so oft gegen die Rückleuchte geschmettert haben, bis beide nachgaben. Denn die Leuchte lag in Splittern und die Fetzen des Kürbisses waren über die ganze Straße verteilt. Es hatte sich nur 100 Meter entfernt abgespielt und wir hatten nichts gehört – beängstigend. Nach einer Sinnkrise auf dem Bordstein kehrte ich zum Camp zurück und streckte dem Raben die Zunge raus. Er kehrte mir den Rücken zu, dann flog er davon. Um die Pechsträhne abzurunden, verlor ich am Nachmittag einen zweiten Fisch. Diesmal hatte ich gar nicht erst die Gelegenheit, es vom Boot zu probieren. Der Run endete abrupt und ich kurbelte eine Montage ein. Vielleicht hatten Brassen zuvor mit dem Köder gespielt und der Haken lag in ungünstiger Position? Ich verliere so gut wie nie

Links:
Der Wild-Schuppi erlöste mich von der Pechsträhne.
Rechts: Er biss wie ein Brassen – mein letzter deutscher Karpfen 2010.

Fische. Wenn es dann gleich mehrmals in Folge an einem Gewässer passiert, an dem jeder Biss kostbar ist, raubt mir das schnell den Glauben. Völlig frustriert band ich ein neues Vorfach, ruderte es raus und zeigte dem Wind den Mittelfinger. Auch eine zweite Rute brachte ich in den Bereich, denn beide Bisse kamen auf der Bank, die mir schon vorher wegen der Sicheln auffiel.

DIE ERLÖSUNG

Als in früher Nacht wieder die rechte Rute ablief, traute ich mich kaum, sie aufzunehmen. Doch es ging gut und wenig später führte ich den Kescher unter meinen ersten Fisch aus diesem See. Nie zuvor freute ich mich so über einen schlanken Wildschuppi von rund elf Kilo. Mir fiel ein Stein vom Herzen. Eine Stunde später fand ich mich auf dem Boot wieder und drillte. Der Karpfen war zwar schnell von der Bank geflohen, steuerte aber auch das Kraut an, darum war ich sofort ins Boot gesprungen. Wieder kescherte ich einen Schuppi, vielleicht etwas schwerer, kompakt und mit auffälligen weißen Schwanzspitzen. Im Morgengrauen bangte ich erneut. Diesmal war es die zweite Rute, die ich am Vorabend auf das Plateau gefahren hatte. Der Fisch blieb hinter der schützenden Bank und ich fühlte, wie die Schlagschnur über den Sand schliff. Trotzdem drillte ich vom Ufer, denn als ich mein Gegenüber aus dem Bankbereich gepumpt hatte, floh er ins offene Wasser nach links. Er nutzte sein Gewicht und kämpfte mit schwachem Flossenschlag. Kurz vorm Kescher blitzte seine Flanke auf wie der Vollmond hinter einer Gewitterwolke und endlich konnte ich die Maschen unter einen der heiß begehrten alten Spiegler führen: kompakt gebaut und kultig. Wir tauften den Alten passend auf den Namen „Kürbis".

EIN BRASSEN?

Nach zwei weiteren Futteraktionen baute ich mitten in der Woche erneut ein kleines Camp auf. Da die anderen Bänke null Aktionen brachten, beschränkte ich mich auf das eine Plateau, erhöhte dort die Futtermenge und wählte eine Stelle mit strategisch günstigerem Winkel aus. Als der Teekessel dampfte und die Ruten endlich lagen, war es lange dunkel. Mittlerweile hatten sich viele Raben in den Bäumen dieses Seeteils eingefunden. Sie verliehen der Szenerie eine Spannung, etwas Unheilvolles, das mir die Sinne schärfte und mich wach hielt. Gegen Mitternacht fiel der Hanger der rechten Rute durch. Ich nahm sie auf und dachte sofort an einen Brassen. Wie ein nasser Sack kam mir der Fisch entgegen. Doch irgendwie blieb er tief und ließ sich nur schwer bewegen. Doch kein Schleimer? Ich wollte nicht schon wieder diesen Fehler machen und kletterte ins Boot. Der Sturm blies weiterhin konstant, auch diese Nacht. Er drückte mich schnell über den

Fisch und als ich von oben Druck ausübte, quittierte mein Gegenüber mit stürmischer Flucht! Wie der runde Spiegler vom Wochenende nutze er die Wassersäule über seinem Buckel in zehn Metern Tiefe. Doch ich entschied den Drill für mich. Nass bis auf die Knochen und doch euphorisch vor Glück ruderte ich zum Ufer, einen massiven, kugelrunden Spiegler im Schlepp. Der dunkle Fisch hatte winzige Flossen, einen Stiernacken und mächtigen Bauch. „Ihr könnt mich, Ihr Raben", rief ich in den Himmel.

SCHLECHTE NACHRICHTEN

Ein paar Tage später fischte ich noch eine weitere Nacht, dann sollte es mit Hauke nach Italien gehen. Mit Stefan Seuß wollten wir am Fluss Po für ein paar Artikel und Videoclips angeln. Hauke ist selbstständig und hatte sich für das lange Wochenende Urlaub freigeschaufelt, für mich würde es eine Dienst-Tour werden. Doch wie es schien, kehrte die Pechsträhne zurück. Am Morgen nach einer aktionslosen Nacht klingelte mein Handy. Es war Stefan: „Christopher, ich hab schlechte Neuigkeiten. Der Po führt sieben Meter Hochwasser, aus Angeln wird nichts!" Der steigende Pegel war uns nicht entgangen, doch dass die Fluten so schnell so hoch anschwellen würden, hätten wir nicht gedacht. Es war Mittwochmorgen und Hauke hatte bis Dienstag seine Praxis dicht gemacht, ich wandelte eine Dienstreise in Urlaub um und stornierte die Flüge. Eine Alternative musste her – schnell! Kopf, Herz und Bauch stritten sich um eine Entscheidung. Hauke wollte mit dem Kajütboot ein neues Gewässer im Osten befischen. Nein, danach stand mir nicht der Sinn. Ich wollte die Chance auf einen echten Big Fish! Schon seit zwei Jahren hatte ich geplant, im Spätherbst an die Seen bei Langres in Frankreich zu reisen. Immer kam

Wir tauften ihn passend auf den Namen Kürbis...

Links: Yes – Angeln erlaubt!!!
Rechts: Es wurde eine matschige Angelegenheit.

etwas dazwischen. Jetzt, durch unglückliche Umstände, war es möglich. Die Internet- und Telefon-Recherche ergab: perfekte Bedingungen vor Ort, Wetter, Mond, Wasserstand, alles passte. Doch würden wir eine freie Stelle bekommen? Acht Stunden Anfahrt und nur eine vage Aussicht auf einen guten Platz – es dauerte, bis ich Hauke dazu überredet hatte.

ANGELN VERBOTEN?

Am Donnerstagmorgen starteten wir durch, mit gemischten Gefühlen. Über Nacht war das Kondenswasser auf den Scheiben vom flüssigen in den gefrorenen Zustand übergegangen – zum ersten Mal in diesem Herbst. Was würde uns erwarten? Als wir ankamen, trauten wir unseren Augen nicht: freie Plätze und milder Wind! Am ersten See war unser Wunschplatz frei, nur direkt an der Staumauer angelten einige Franzosen aus dem Auto. Also gut, Karten kaufen und los! Natürlich fuhren wir am zweiten, vom Fischbestand noch interessanteren See entlang und auch dort war die gesamte, jetzt produktive Nachtangelzone verwaist! Das konnte nur einen Grund haben: Angeln verboten, die Zone war sicher schon dicht. Doch im Angelladen erfuhren wir, dass wir noch bis Montag angeln durften. Jedes Tempolimit missachtend knallten wir zurück zum See, beluden das Schlauchboot und steuerten den letzten Platz zur Staumauer in der Nachtangelzone an. Als ich ausstieg, verschluckte mich der Schlamm bis zu den Knien. Der Angeldruck vergangener Wochen hatte die Zone gezeichnet. Kein Millimeter war ohne Fußabdruck. Egal, sie gehörte uns! Das Tackle stand schnell und um uns erstmal zu beruhigen, kochte Hauke einen Tee. Die Suche mit Boot und Echolot ergab, dass der Großbereich vor uns einer Badewanne glich. Das Ufer fiel langsam auf fünf, je weiter wir uns der Staumauer näherten auch auf bis zu sieben Meter ab. Wir verteilten acht Ruten auf einer sehr großen Fläche. Jedes Rig lag in mindestens fünf Metern Tiefe. Hauke übernahm die Navigation mit dem Boot, ich platzierte die Montagen. Zuvor hatte ich mit Jan Brauns telefoniert, der die Seen sehr gut kennt. Er riet mir, nicht auf große Futtermengen zu setzen. Statt eine Handvoll Boilies punktgenau auf das Rig zu werfen, verteilten wir je rund 30 unterschiedlichen Durchmessers in einem Radius von gut 20 Metern um die Montage. Bei acht Ruten lagen so im ganzen Bereich einige der harten Kugeln am Grund und wir hofften...

DER SEE, AN DEM ES NIE DUNKEL WIRD

Früh senkte sich die Nacht über den See. Die Lampen der Stadt gegenüber reflektierten auf dem feuchten Schlamm und wir verstanden, warum er auch der See, an dem es nie dunkel wird heißt. Bei einer Pasta à la Pingeloni (nach Sascha Pingel, Nudeln mit Schinken und Champignons) lauschten wir in den späten Abend, die Kapuzen über den Köpfen wie gespitzte Fledermausohren aufs Wasser gerichtet. Was würde geschehen? Wir hofften auf einen Vierziger. Doch wer hatte hier vorher gesessen? Wie viel Futter lag noch ungefressen am Grund? In den anderen beiden Nachtangelzonen saßen Angler, ob sie fingen, konnten wir nicht beobachten. War unsere Entscheidung richtig? Der Wind, der Wasserstand, mein Gefühl – alles sagte ja. Und jeder weiß: Dem Mutigen lacht das Glück! Der letzte Bissen war noch nicht runter, da piepte es an einer der linken Ruten. Wir schlüpften in die Wathosen und schlidderten durch den Schlamm, während der Bissanzeiger einen langen Schrei ausstieß und die Rolle raste. Vom Boot drillten wir den Fisch, der sich schnell geschlagen gab: ein kleiner Schuppi, vielleicht neun Kilo. Dank des GPS lag die Rute wenige Minuten später wieder. Doch nicht lange. Es folgte ein Schuppi mit 14 Kilo, dann Spiegler und Leder mit 21,5 und 20,5 Kilo, später ein 17,5-Kilo-Spiegler! Wir waren baff, glücklich, überwältigt, glaubten es kaum. Alle Zweifel waren weggeblasen und eines klar: In den kommenden drei Nächten war alles möglich. Und es wurde wahr!

Die Lichtspiele der Stadt geben ihm den Namen „See, an dem es nie dunkel wird". Wir erlebten einen Traum...

Links:
Auf ziemlich große
Würmer bissen sie...
Rechts: Zwei echte
Perlen und ewig fiel
der Nieselregen.

DIE SESSION

Noch heute bekomme ich eine Gänsehaut, wenn ich daran denke, was wir dort im Schlamm erlebten. Noch heute fühle ich den leichten Nieselregen auf der Haut, der uns allmorgendlich durch die Foto-Sessions begleitete. Ich vernehme den einzelnen Pieper aus der Sounderbox, der uns als Signal ausreichte. Denn die Montagen lagen weit draußen, wir fischten mit Mono, die sank – raus aus der Gefahrenzone, wo Blinker oder Spinner der Spinnfischer taumelten. Noch bevor sich aus dem einzelnen Pieper ein Dauerton entwickeln konnte, waren wir oft schon an der Rute. Und es gab viele einzelne Pieper. Der verschlammte, abgegriffene Schmierzettel liegt vor mir auf dem Tisch, darauf notiert sind die Fische, Gewichte und Sprüche. Einer besonders geht mir nicht aus dem Kopf. Bis zum späten Abend des dritten Tages hatten wir schon einen Vierziger, doch nur insgesamt vier Karpfensäcke dabei. Hauke sagte: „Warte mal ab, die füllen wir noch alle mit solchen Teilen heute Nacht!" Irgendwie klang das gar nicht so unwahrscheinlich, doch am nächsten Morgen konnten wir es kaum glauben: An den Schnüren am Bankstick hingen drei dicke Vierziger und ein Fünfziger. Im geräumigen Wiegesack, dessen Griffe ums Paddel geschnürt waren, befand sich einer Ende Dreißig. Was ging hier ab?! Es war eine dieser Sternstunden, wenn alles passt, das Timing einfach perfekt ist. Ich gehöre nicht zu denen, die mit Zahlen und Gewichten jonglieren, doch hier muss es sein, um es greifbar zu machen: In nur vier Nächten hatten wir 30 Runs, 29 Karpfen. Neun Fische wogen zwischen 15 und 19 Kilo, acht zwischen 20 und 27 Kilo!

AUF WÜRMER

Ganz rechts:
Spiegler und Leder
über 20 Kilo in 20
Minuten, vier Säcke
voller Vierziger in
einer Nacht –
was für ein Trip.

Und alle bissen auf Würmer! Das zumindest erzählte Hauke dem netten Franzosen, der sich mit ein paar Fetzen Deutsch vor dem Rest der vielköpfigen Wanderergruppe profilieren wollte. Der Mann ließ Hauke gar keine Wahl. Er und seine Gruppe überraschten uns bei der Fotosession mit einem 36-Pfund-Spiegler. Ich blinzelte durchs Okular, Hauke hielt den Fisch, im Hintergrund der See. „Dreh Dich mal um", sagte er und grinste. Denn da standen wie aus dem nichts viele bunt gekleidete Menschen im Schlamm um unsere Zelte – die Wanderer. Hauke setze den Fisch zurück und schon kam der Applaus. Mutig stapfte uns einer der Gestiefelten entgegen. Nachdem er begriffen hatte, dass wir Deutsche sind, sprudelte es nur so aus ihm heraus. Hier die Kurzzusammenfassung: „Was is

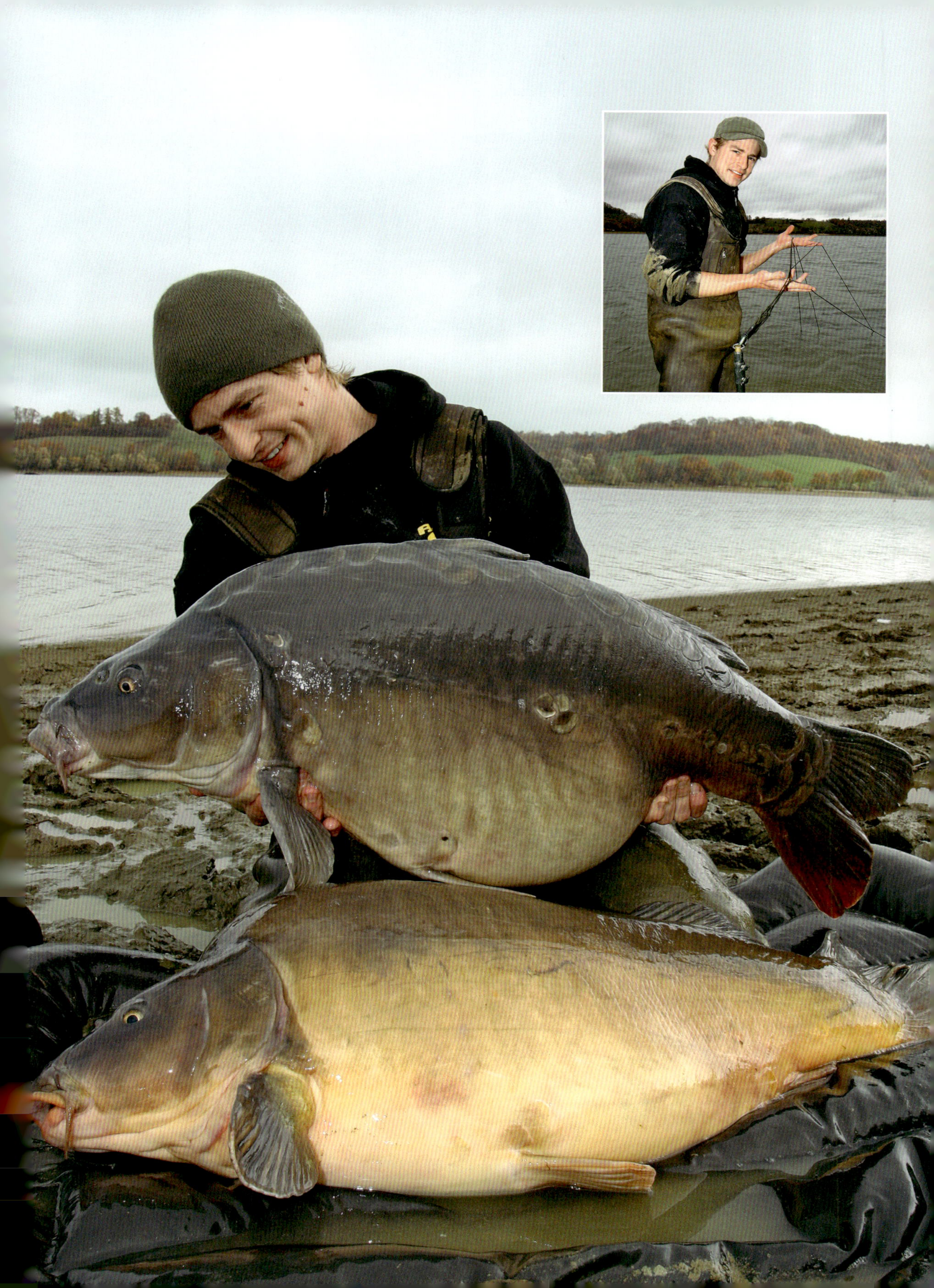

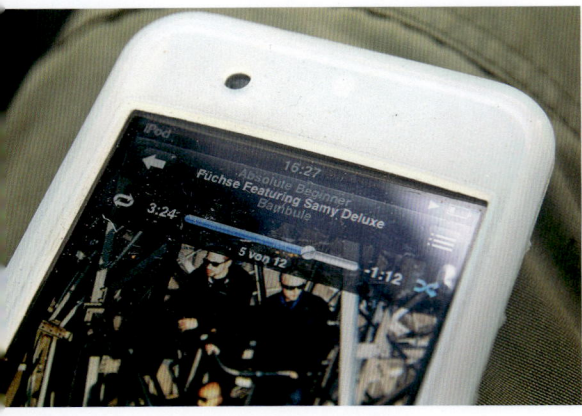

Links: „So sicher wie Wölfe bei Vollmond jaulen, Elstern alles was glänzt klauen..." Rechts: Vorfächer in 30 bis 35 Zentimetern Länge aus weichem Geflecht, 4er Kurv Shanks und harte 25er Boilies, dazu Wirbelbleie ab 170 Gramm.

Zwei aus einer Serie von Traumfischen: Den Fully unten tauften wir „Bella Langres".

das für Fisch?", Mann. „Ein Karpfen!", Hauke. „Was hast Du mit gefangen? Wurmer? Große Wurmer?", Mann. „Ja, genau, auf große Würmer (zeigt mit der Hand die ungefähre Wurmlänge an: 50 Zentimeter), ganz, ganz weit draußen!", Hauke. Der Mann übersetzte kurz für den Rest der Gruppe und alle im Chor: „Oooohhhhh, Aaaahhh!" Dann ein „Auf Wiedersehen, au revoir" und die Gruppe begab sich wieder auf den Pfad. Während die Schritte im Schlamm verklangen, kümmerte ich mich um den nächsten Karpfen im Sack...

FÜCHSE

Was diesen Wahnsinns-Erfolg erst möglich machte, war unsere Art zu angeln. Wir fischten als Team. Sogar die Drills teilten wir uns, von jedem Fisch machten wir beide Fotos. Egal, wer den Drill zu Ende führte, ich übernahm danach die Rute, kontrollierte Schnur und Rig, erneuerte gegebenenfalls, zog Boilies auf und legte die Montage wieder ab. Es ist erstaunlich, wie sicher die Handgriffe auch ohne Licht mit der Zeit sitzen, das Gedächtnis des Körpers die Regie übernimmt. Der Fisch lag dabei außenbords im Kescher und Hauke navigierte uns zur Stelle. Wir verloren keine Zeit und gingen äußerst pedantisch vor. Eigentlich war der Plan, die Rigs gut zu positionieren und dann liegen zu lassen, bis sie ablaufen. Doch selten dauerte es länger als zwölf Stunden. Unsere Futtertaktik hielten wir bei. Keine zehn Kilo Boilies verbrauchten wir in den vier Tagen. Am letzten Morgen zierte ein Mistelzweig das gepackte Boot. Hauke hatte ihn als Andenken für die heimische Vase geschnitten. Vor dieser Kulisse fotografierten wir einen alten, bekannten Recken des Sees, setzten über und packten den Wagen. Zum Abschied gaben wir dem Wasser die Hand, dann weckten wir die Lebensgeister mit Espresso, starteten den Motor und drehten die Anlage auf. Wie berauscht legten wir Strecke zurück. Die acht Stunden flossen so zügig wie eine Stromschnelle. Alter, deutscher Hip Hop schallte dabei aus den Boxen: „The Sky ist the Limit – und was ist mit der NASA?"

„Jede Nacht, jeden Tag auf der Jagd, wenn das Rudel tollt, wenn der Rubel rollt."
Absolute Beginner feat. Samy Deluxe

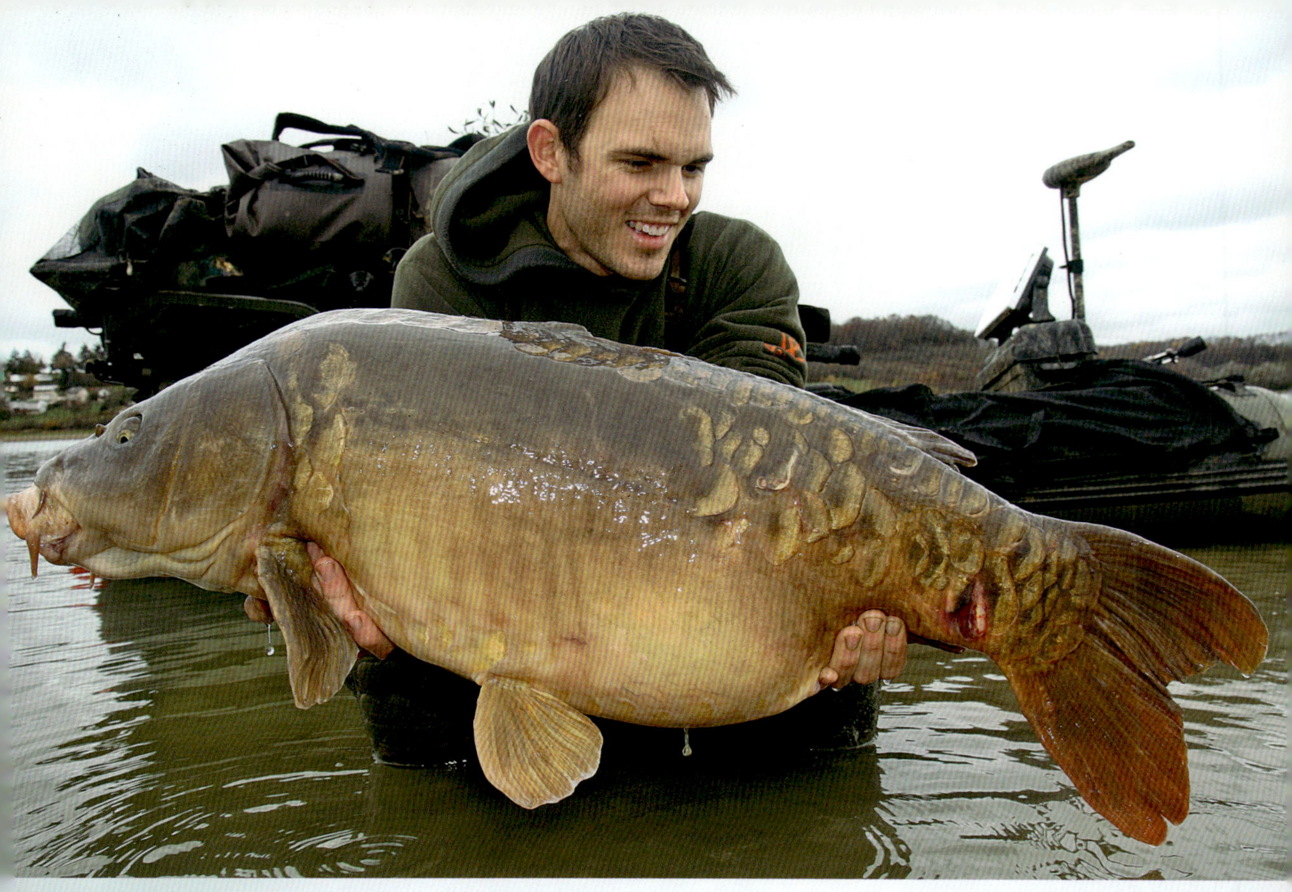

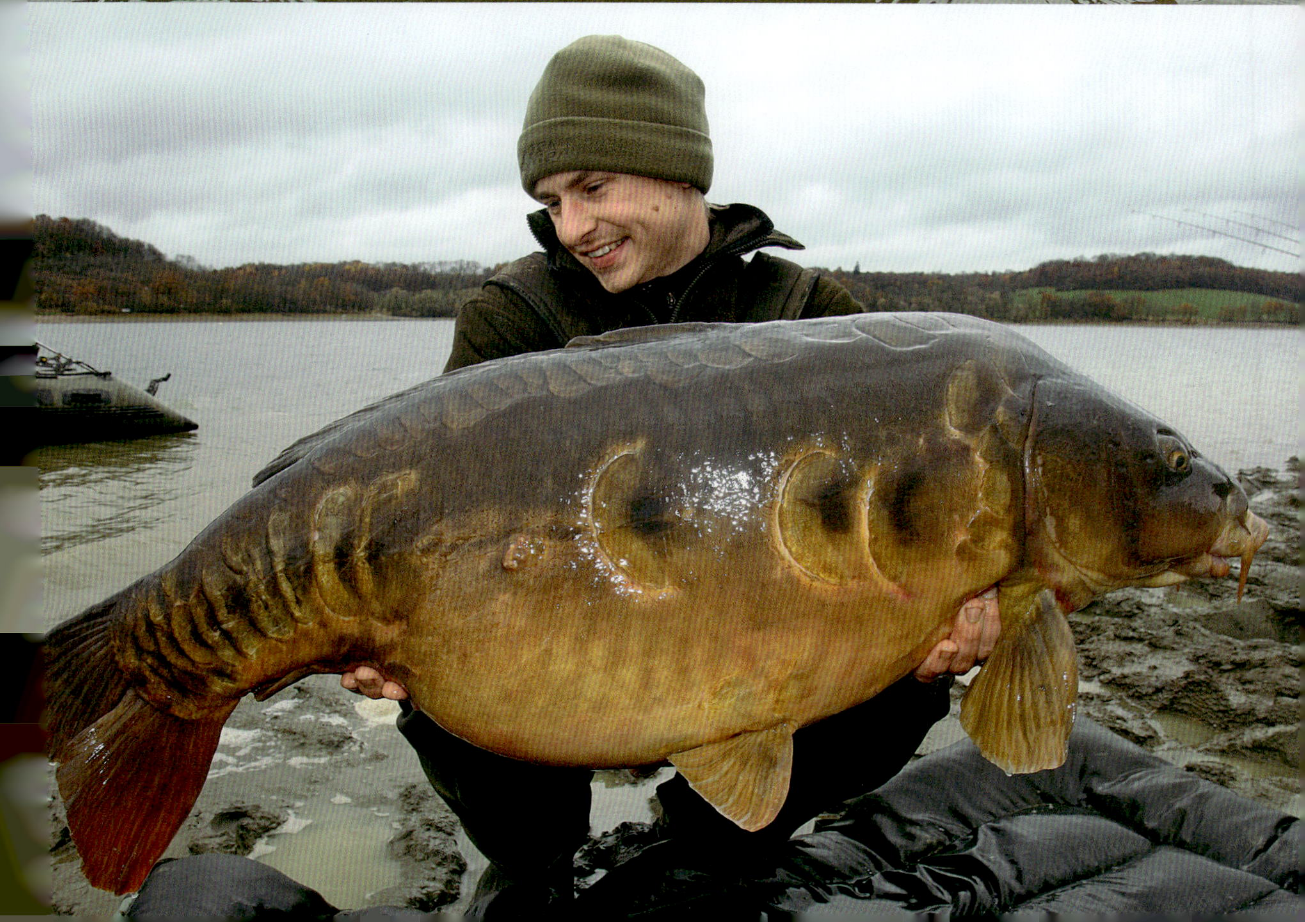

Futtertaktiken

Bei der Wahl unseres Futters sollten wir nie vergessen, wen und was wir damit erreichen wollen. In diesem Kapitel stellen Freunde von mir und ich Taktiken offen und ehrlich vor, die sich mehr als bewährt haben. Auch Mengen werden hier nicht verschwiegen. Zunächst kommt einer zu Wort, der Gewässer auf Gewässer mit Ausdauer, Geduld, starkem Willen und durchdachter Taktik förmlich umkrempelt. Klaus Wegmann, bitte:

Selektion statt Attraktion

von Klaus Wegmann

Selektiv statt attraktiv beschreibt meinen Futterstil bei Langzeitkampagnen. Mein Ziel ist es, schneller an die großen Karpfen eines Gewässers heranzukommen. Wie ein Boilie für solche Kampagnen gebaut sein sollte, wie ich ihn einsetze und welche Vor- aber auch Nachteile dieser Stil hat, beschreibe ich in diesem Beitrag.

KAUM ZU KNACKEN

Fische in Art und Größe durch den Einsatz ganz bestimmter Boilies zu selektieren, ist das überhaupt möglich? Meine Erfahrungen sprechen klar für ja! Es gibt im Groben vier Eigenschaften, die ein selektiver Boilie haben sollte: Er muss besonders hart sein (und bleiben) und 24 Millimeter oder mehr Durchmesser haben. Er darf nicht zu attraktiv sein, muss aber gut verdaulich bleiben. Die anhaltende Härte erreiche ich durch Egg Albumin, Reis- oder Blutmehl. Ein großer Köder, der auch im Wasser recht lange hart bleibt, ist für Weißfische und kleinere Karpfen nicht interessant. Den Aufwand, einen so harten Brocken zu zerkleinern, sparen sie sich lieber. Beim Aufbau meiner Boilies orientiere ich mich an den Richtwerten, die Jürgen Meyer (M&M Baits) publizierte. Eine optimale Verdauung sollte bei folgender Zusammensetzung gewährleistet sein: Proteingehalt 35 bis 60 Prozent, Fettgehalt 5 bis 10 Prozent, Rest Kohlenhydrate. Gute Verdaulichkeit ist wichtig, denn Ziel ist es, möglichst viele Karpfen auf die Nahrung zu trimmen. Funktioniert das, wird es Phasen geben, in denen bestimmte Fische sich sehr stark auf unser Angebot fixieren. Doch warum halte ich mein Futter entgegen dem Trend möglichst unattraktiv? Ganz einfach: Ein unattraktiver Köder lockt nicht so schnell Mitesser auf den Plan, er wird eben nicht schnell gefunden. Auch Karpfen werden nicht so schnell darauf aufmerksam, doch durch längeres Anfüttern konditionieren wir langsam, aber sicher immer mehr Zielfische auf unser Futter. Es kostet Geld und Zeit, eine Langzeitkampagne zu stemmen, doch es lohnt sich. Glaubt mir! Meine Köder für diesen Futterstil sind wie folgt aufgebaut: 350g LT Rotbarschmehl – 200g Maismehl grob – 110g Sojamehl vollfett – 100g Sojamehl entfettet – 100g Weichweizengrieß – 100g Milchpulver – 40g Egg Albumine – 30g Salz – 9 Eier Gr. L – 50ml Melasse – 3ml Sweetner – 1ml Flavour. Mit dem Aroma kann ich den Murmeln einen Stempel verpassen – für den Wiedererkennungswert.

Klaus Wegmann hält seine Boilies unattraktiv.

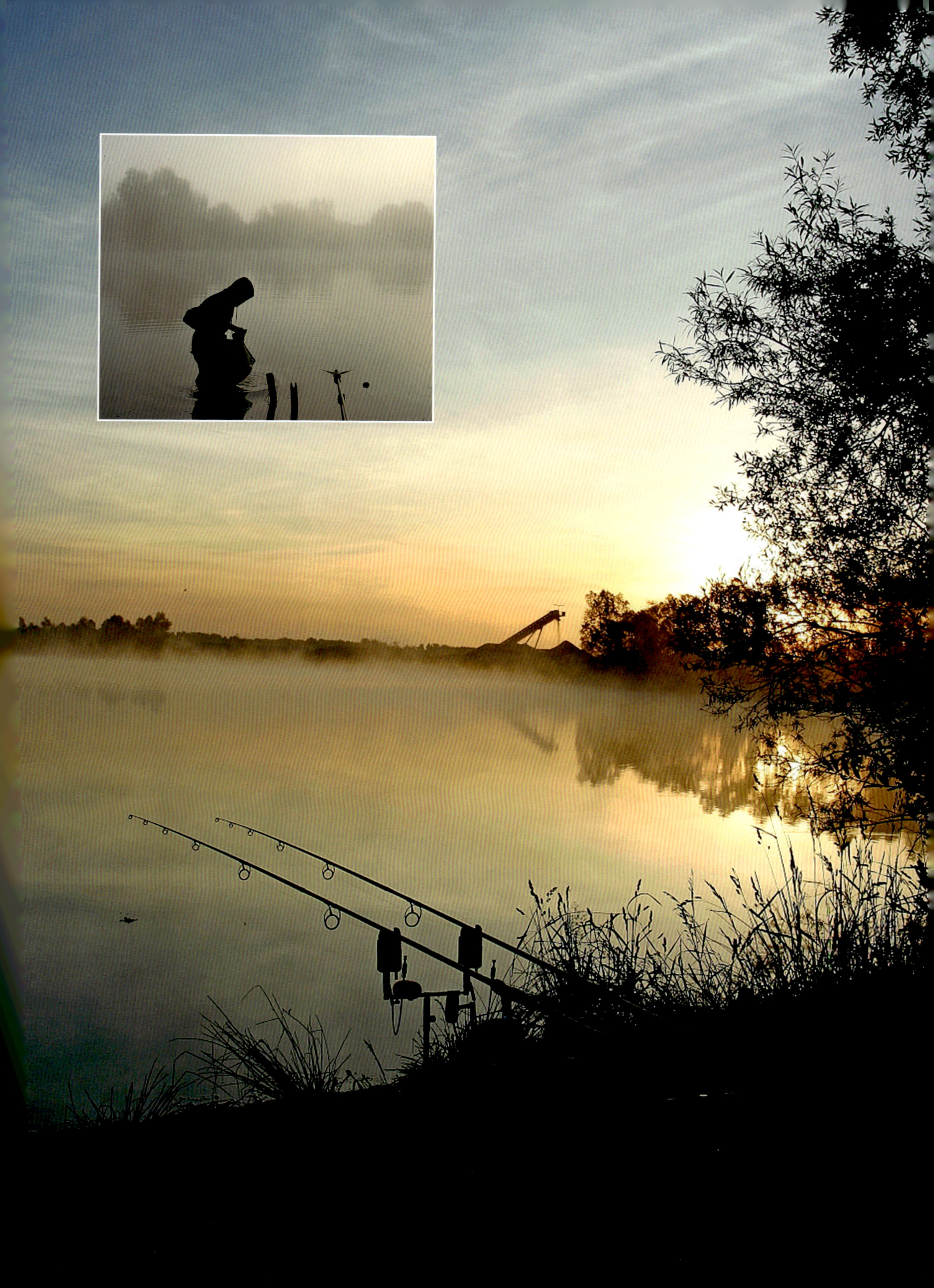

RICHTIG FÜTTERN

Der wahre Schlüssel zum Erfolg liegt im richtigen Einsatz des Futters. Meine Boilies stellte ich eigentlich schon immer selbst her. Früher hatte ich nur einen 24-Millimeter-Boilie-Roller, mit dem ich alle meine Mixe verarbeitete. Dementsprechend habe ich dann auch fast ganzjährig mit meinen selbst gemachten, schon damals eher harten, 24er-Boilies gefischt. Bis ich herausfand, dass dies oft der völlig falsche Weg war. Gerade im Frühjahr und immer dann, wenn ich nicht die Zeit fand vorzufüttern, fing ich eher schlecht. Das könnte damit zu tun haben, dass die natürliche Nahrung in den meisten Fällen eher klein ist und mein Boilie da völlig heraus fiel. Weiter ist, bedingt durch die Größe, die Anzahl an Ködern auf dem Gewässerboden deutlich kleiner als bei der gleichen Menge von beispielsweise nur 14-Millimeter-Boilies. Die Folge: Eine Stelle wird schneller leer gefressen und viele Fische kommen nicht zum Zug, sie bemerken die Nahrungsquelle gar nicht erst. Das richtige Timing ist also maßgeblich: Phasen, in denen Karpfen regelmäßig Nahrung zu sich nehmen, eignen sich hervorragend fürs Langzeitfüttern. Das ist neben dem Sommerende und goldenen Herbst ein eher kurzes Zeitfenster im Mai und Juni, kurz bevor die Karpfen laichen.

ZUR MENGE

Die Futtermenge ist ein heikles Thema, ich kann sie natürlich nicht pauschalisieren. Die richtige Menge können wir nur über Ausprobieren ermitteln. Grundsätzlich gilt: lieber zu wenig als zu viel. Ich beschreibe einfach mal ein Gewässer, an dem ich diese Taktik sehr erfolgreich einsetzte. Der See hat eine Größe von rund 35 Hektar, einen recht geringen Bestand an Karpfen von rund 60 Fischen, aber einen mittleren bis guten Bestand an Brassen. Weiter wurde das Gewässer in der Zeit, in der ich es befischte, nur von wenigen anderen Karpfenanglern besucht, also wenig anderes Futter eingebracht. Diese Informationen müssen in die Entscheidung, wie viel wir füttern, einfließen. Auch das Wetter spielt eine Rolle. Werden zum Beispiel typische Bedingungen für Beißflauten vorhergesagt (sehr warm oder schwankender Luftdruck), füttere ich auch weniger. Ich startete an dem Gewässer im späten Juli mit drei Kilo Boilies alle zwei Tage. Mit dem Angeln begann ich erst Mitte August. Als der Platz angenommen wurde und es immer besser lief, schraubte ich die Menge auf fünf Kilo hoch. Ich richtete mich beim Füttern immer nach dem Ausgang der letzten Session. Und standen alle Zeichen auf Fangen, das Wetter und die Umstände passten, fuhr ich auch täglich ans Wasser, um die große Menge Boilies auf dem Platz zu verteilen. Ab Wassertemperaturen unter zehn Grad verkleinerte ich die Futtermenge etwas. Bis ich dann schließlich merkte, dass ich nur noch mit einem sehr großen Zeitaufwand vereinzelt Fische fangen konnte. Das war für mich dann der Zeitpunkt, mit dem Karpfenangeln für die Saison abzuschließen. Der Aufwand, um vielleicht noch einen letzten Fisch zu fangen, war mir einfach zu groß. Doch nach dieser Kampagne hatte ich auch einen Großteil des Bestandes gefangen, viele Fische bissen mehrfach im Laufe der Saison und der erhoffte Dicke, ein wahrer Traumfisch, war auch dabei.

SCHAFFEN SIE VERTRAUEN

Wir profitieren von dem Aufwand nur dann, wenn unsere Zielfische die Gaben regelmäßig finden und annehmen. Je länger wir die harten Brocken einbringen, ohne den Platz übermäßigem Angeldruck auszusetzen, desto besser werden wir fangen. Wir müssen den Karpfen die Chance geben, sich wirklich an die Boilies zu gewöhnen. Mit jedem weiteren Futtertag werden mehr Fische aus dem Bestand darauf aufmerksam. Es macht natürlich wenig Sinn, das Futter einfach ins Gewässer zu werfen. Auch die beste Vorgehensweise und der beste Köder bringen Ihnen keinen Fisch, wenn die Stelle nicht passt. Habe ich einen Hotspot gewählt, verteile ich mein Futter großflächig. Dadurch suchen die Fische aktiv nach meinen Ködern. Sie halten sich länger an der Stelle auf, das lockt weitere Fische an den Platz. Die Karpfen sind dann oftmals vollgefressen mit dem zuvor verteilten Futter, zu sehen an dem, was sie ausscheiden. Zentral auf meiner Stelle füttere ich etwas stärker, rund herum verteile ich einige Boilies sehr großflächig, um den Einzugsbereich meines Platzes zu vergrößern. Während meiner Langzeitkampagnen füttere und angele ich nur mit Boilies. Das ist wichtig, denn nur so dressieren wir die Fische auf einen Köder und halten die Beifänge gering. Fressen Karpfen unser Futter erst voller Vertrauen, werden andere Faktoren wesentlich unbedeutender. Ohne Argwohn fressende Fische sind unvorsichtiger, sie reagieren nicht mehr so sensibel auf alles, was Gefahr bedeutet: Schnur, Rig... Ein abgestimmtes Setup verwende ich natürlich trotzdem. Wenn ich drei Ruten nutzen darf, fische ich oft zwei auf dem Futterplatz und mit der dritten suche ich abseits vom Futter so lange, bis ich eine Stelle gefunden habe, auf der ich regelmäßig Bisse bekomme. Wenn wir die Angeltage im Verhältnis zu den Futtertagen gering halten, zum Beispiel eine Angelnacht auf eine Futterwoche, werden die Erfolge auch nicht abnehmen. Das Gegenteil ist der Fall: Die Beifänge fallen drastisch, doch das Durchschnittsgewicht der gefangenen Karpfen steigt deutlich! **Klaus Wegmann**

Herbstgold als Lohn einer langen Kampagne: 51-Pfund-Spiegler

An Großgewässern

Wen wollen wir füttern? Karpfen! Stellen Sie sich vor, Sie fahren zig Kilometer, pumpen verschwitzt das Boot auf, paddeln bei Dunkelheit und Regen zur Futterstelle – über Tage – und füttern kiloweise teure 20er-Boilies. Am Grund reiben sich die schleimigen Brassen aber schon die Flossen. Und wenn endlich der erste Karpfen am frühen Morgen die Stelle erreicht, wundert er sich über den Schwarm kugelrunder „Klodeckel", die bäuchlings auf dem Sand liegen und Luftblasen rülpsen. Nein danke! Dabei können wir die Mitesser auch wunderbar für unsere Zwecke nutzen, mit einer bewährten Langzeittaktik: Viele Hamburger zieht es in den Osten, Richtung Mecklenburg-Vorpommern, Richtung Freiheit. Dort warten große, unangetastete Gewässer mit schwer einschätzbaren Karpfenbeständen. Eine Taktik, die mit viel Aufwand verbunden ist, aber zu wahren Serien führen kann, sieht so aus: Sind Gewässer und Stelle gewählt, beginnt eine längere Futterkampagne. Zweimal die Woche – mindestens – wird der Platz mit Futter versorgt. Die ersten paar Fütterungen setzt sich das Futter aus Massen an Partikeln und Weichfutter (20 Kilo oder mehr) und einigen mindestens 24 Millimeter großen, steinharten Boilies (rund fünf oder mehr Kilo) zusammen. Schnell werden sich Weißfische in Massen auf der Stelle einfinden und das entgeht den Karpfen, die hier oft in großen Schwärmen unterwegs sind, nicht! Mit der Zeit senken wir den Partikelanteil drastisch und erhöhen die Boilie-Menge etwas. Wenn Sie die vielen Fahrtkilometer in Kauf nehmen und sich die Mühe machen, diese Taktik konsequent durchzuziehen, werden Sie garantiert belohnt! Marcus Lechelt geht einen anderen Weg. Er bedient sich schon seit vielen Jahren im „Osten" einer Instant-Taktik – mit Stil und gigantischen Erfolgen:

Karpfenmeere

von Marcus Lechelt

Angenehm dümpelt unser kleines Kajütboot auf den Wellen und während die Kraniche über uns in den Süden ziehen, taucht die Abendsonne langsam im Rot des Himmels unter. Wir sind in eine Welt des Friedens und der Gelassenheit eingetaucht, losgelöst vom Alltagsstress. Es entstehen offene Zeitfenster, die es zulassen, dass ich ein Buch lese, den Müßiggänger von Tom Hodgkinson, der über das Angeln und dessen grandiose Möglichkeit schreibt, einfach nichts zu tun. Angeln legitimiert das Nichtstun, so Hodgkinson, dem ich hier nur beipflichten kann. Das Angeln sei der Müßiggängersport par excellence. Tom Hodgkinson trifft in seiner Beschreibung für mich genau den Kern des Angelns, insbesondere des Karpfenangelns. Eine Freizeitbeschäftigung, bei der einer langen Periode des Nichtstuns ein plötzlicher Ausbruch von hektischer Aktivität folgt, ist genau das, was ich liebe! Eine Lebensqualität, die ich nun schon seit fast 30 Jahren erfahre und auf die ich auch für den Rest meines Lebens nicht verzichten möchte. Und weil der Wind jetzt gerade auffrischt, kreisen meine Gedanken um die Ankerleinen, die ich sorgsam V-förmig abgespannt habe. Alles scheint fest zu sein. Seit drei Tagen ankern wir bereits auf diesem wunderbaren Platz, einer geschützten Bucht in einem knapp 4000 Hektar großen Natursee. Wie die Kraniche versammeln sich hier auch die Karpfen vor dem eintretenden Winter. Die Wassertemperatur ist durch die kalten Nächte bereits auf zwölf Grad Celsius gefallen. Zu dieser Zeit beißen nicht viele Fische, aber umso größer ist die Chance, einen der wenigen richtig großen „Bullen" zu fangen. Meine Ruten liegen sorgfältig verteilt auf einer Kante in rund 250 Meter Entfernung. In größeren Seen ist es enorm wichtig, dass die Ruten auf markanten Plätzen liegen, die auch ohne Futter von den Karpfen angelaufen werden. Mein ausgesuchter Platz befindet sich hier in der Nähe eines größeren Krautfeldes, eine seltene Situation für diesen See. Mittlerweile ist unser Boot in Dunkelheit gehüllt, ich freue mich auf die heute Mittag gefangenen Barsche, die meine Freundin Anya gerade für uns in der Pfanne zubereitet. Mein Sohn Silas schaut vertieft in sein neues „Fischebuch" und ich schweife in Gedanken ab... und zwar ein Jahr zurück.

RÜCKBLICK

Damals hatte ich Christopher auf einen Törn mit unserem Kajütboot nach Mecklenburg eingeladen. Im Schlauchboot sitzend verfluchte ich gerade meinen lieben Freund Hauke, der mir eine leere Batterie für den E-Motor mitgegeben hatte und kämpfte mit einem gewaltigen Fisch, der im Kraut festsaß. Die Rute zwischen den Knien eingeklemmt, versuchte ich mit aller Kraft, gegen den Sturm anzukämpfen, der mit fünf Windstärken nach Beaufort die Wellen vor sich her trieb. Ist der Fisch noch dran oder hängt der Haken im Kraut fest? Abwechselnd rudernd und kurbelnd hatte ich es endlich geschafft, über das

Krautfeld zu kommen. Jetzt waren es nur noch ein paar Meter zwischen meiner Angel und der Montage, da fing die Spule der SS 3000 an zu knarren und gab wieder Schnur frei. Der Fisch war noch dran! Die geflochtene Schnur schnitt durch das Kraut und der Fisch löste sich aus dem Feld. Der Sturm machte es mir aber einfach unmöglich, mich auf einer Stelle zu halten. Also klemmte ich mir die Rute erneut zwischen die Knie und ruderte weiter. Warum hatte Hauke auch bloß die Batterie nicht aufgeladen!? Der Wind trieb das Boot so schnell vom Fisch weg, dass ich befürchten musste, er würde aussteigen. Eine Extremsituation, wie ich sie eigentlich mag! Dann sah ich in den Wellen plötzlich den riesigen Fischkörper. Der verdammte Sturm trieb mich aber immer noch weiter vom Karpfen weg. Ich ruderte gegen die Wellen um den Fisch herum und ließ mich dann über ihn hinweg zurücktreiben, um den Kerl dabei in meinen Kescher zu manövrieren. Nach dem dritten Anlauf hatte ich es endlich geschafft – ein Bulle war im Kescher! Mit den letzten Kräften ruderte ich wieder an Land, wo Christopher schon mit der Waage gezückt wartete, 108 Zentimeter und 24 Kilo, was für ein gewaltiger Karpfen für Mecklenburg-Vorpommern, wir freuten uns wie Bolle. Und während ich da draußen drillte, den einzigen Kescher an Bord, musste Christopher vom Ufer aus einen hübschen 30-Pfünder von Hand landen. Er klemmte sich den Fisch ganz einfach unter den Arm...

Spiegler aus dem Bilderbuch: 43 Pfund.

Von links: Christophers steinalter 20-Kilo-Spiegler, die große Freiheit und einer von vielen hohen 30ern.

GUTE CHANCE AUF GROSSE

Damals unterhielten wir uns auch ausgiebig darüber, worauf es beim Fischen in so großen Seen ankommt. Wie geht man an die großen Naturseen, die ich schon befischte, Gewässer mit einer Wasseroberfläche von 1000 Hektar bis hin zu so gigantischen Meeren wie dem ungarischen Balaton mit knapp 60.000 Hektar, heran? Erst einmal müssen Sie sich keine Sorgen darum machen, dass es vielleicht an Kapitalen mangelt. Ich bin mir sicher, dass alle Seen dieser Größenordnung alte Fische mit weit über 20 Kilo Gewicht beherbergen. Für welches Gewässer man sich also entscheidet, ist in Bezug auf die Fischgröße relativ egal. Die Seen unterscheiden sich eher in der Dichte der Population. Sie müssen sich klar machen, dass ein Fisch auf zwei Hektar Wasserfläche schon eher viel ist. Das heißt im Umkehrschluss: Wenn in einem Gebiet des Sees eine Schule mit zwanzig Karpfen umher schwimmt, sind 40 Hektar in einem anderen Teil des Sees ohne Fisch. Es bedeutet allerdings auch, dass in einem See von 5000 Hektar Größe 2500 Fische schwimmen! Stellen Sie sich nur einmal vor, dass eine größere Schule guter Fische Ihren Platz passiert – alle großen Seen können uns unglaubliche Sternstunden bescheren! Ich habe es an verschiedenen Großgewässern erlebt und an verlängerten Wochenenden zehn bis zwanzig Fische über 15 Kilo gefangen. Man muss die Karpfen in diesen riesigen Wasserwüsten eben nur finden. An einem großen See ist die Platzwahl absolut entscheidend. Für fast alle überdurchschnittlich großen Binnengewässer gibt es eine reiche Auswahl an gutem Kartenmaterial mit Tiefenangaben – meistens sogar mit detaillierter Liniendarstellung (Isobathen). Oft kann man anhand dieser Karten den befischbaren Teil schon um einiges einschränken. Bei in Frage kommenden Bereichen ziehe ich immer die Hauptwindrichtung mit in Betracht. Ich suche meistens die Uferzonen aus, auf die der Wind aus Süd oder West steht. Mit Google Earth verbringe ich dann etliche Stunden bei der Suche nach ruhigen und geschützten Plätzen im Vorzugsbereich, die das sichere Ankern mit meinem Boot möglich machen. Teilweise kann man auf den Luftaufnahmen sogar die Flachwasserzonen bis circa 1,5 Meter Tiefe erkennen. Mit der Linealfunktion ist sogar die reale Entfernung zum Ufer zu messen.

FÜTTERN MIT STRATEGIE

Je größer das Gewässer, desto wichtiger ist der Einsatz von Futter. Bei der Futtermenge spielt es eine große Rolle, wie viel Zeit zum Fischen zur Verfügung steht. Grundsätzlich fahre ich nicht extra im Voraus zum Füttern, da der Zeitaufwand für mich einfach zu hoch wäre. Meist bin ich nur für ein verlängertes Wochenende unterwegs, ich habe also drei

Nächte Zeit, um ein paar gute Fische zu fangen. Die richtige Futtermenge für einen solchen Kurztrip abzuschätzen, ist nicht ganz leicht. Füttern wir zu wenig, finden die Fische den Platz nicht, liegt zu viel, ist die Wahrscheinlichkeit sehr gering, dass die Fische den Boilie am Rig aufnehmen und sich dann auch noch haken. Für ein erfolgreiches Wochenende hat sich eine Instant-Futtertechnik als sehr effektiv erwiesen: Am ersten Abend füttere ich, dem Gewässer angepasst, eine größere Menge Boilies (zum Beispiel fünf bis zehn Kilo) und ungefähr die doppelte Menge an Partikeln. In dieser Nacht vermeide ich es, auf dem Platz zu fischen. Wenn der Drang zu groß ist, die Ruten auszulegen, verteile ich sie fernab des Futterplatzes. Ist die Stelle gut gewählt, werden die Weißfische bereits über die Partikel herfallen. Die Karpfen werden dann nicht lange auf sich warten lassen und den Fraßgeräuschen folgen. Der Futterplatz sollte als ein Futterareal verstanden werden und daher mehrere tausend Quadratmeter groß sein. Ich füttere gemischtes Boilie-Allerlei: weiche, harte, steinharte, kleinere und große, unauffällige wie auffällige Boilies. Fürs Instant-Füttern macht es Sinn, wenn die Mischung möglichst süß ist und einige Boilies sehr wasserlöslich sind. Um die Chance auf einen Biss zu erhöhen, besteht der Boilie-Mix zu rund fünf Prozent aus besonders harten, bis zu 45 Millimeter großen und auffällig bunten Knödeln, am liebsten in den Farben grün, gelb und weiß. Diese Boilies sind in der Regel einfach zu groß und zu hart, um von den Weißfischen angerührt zu werden. Selbstredend, dass die Rigs mit den auffälligen Boilies (gerne in Kombination mit einer halbierten Tigernuss) bestückt werden. Mit meiner Futtertechnik kann ich bereits in der zweiten Nacht mit mehreren Bissen rechnen. Jetzt sollte auf keinen Fall

108 Zentimeter lang, 24 Kilo schwer und vielleicht nie zuvor gefangen – das Angeln vom Kajütboot öffnet ganz neue Perspektiven...

„Großer Karpfen oder kleiner Karpfen, Papa?"

nachgefüttert werden. Nachdem der Futterplatz nun mehr oder weniger abgeräumt ist, werden die Montagen erst so richtig effektiv. Die Fische nehmen die Boilies an den Rigs viel öfter auf und wenn der Haken nicht gleich sitzt, ist es nur noch eine Frage der Zeit. Es macht natürlich wenig Sinn, in einem Karpfenmeer irgendwo im Nichts 20 Kilo Boilies zu verteilen. In diesen großen Gewässern ist es, anders als in kleinen Seen nicht möglich, die Fische durch das Futter einfach anzulocken. Der nächste Fisch, der eventuell drei Kilometer entfernt schwimmt, wird bei einer willkürlichen Platzwahl wohl kaum unser Futter aufspüren. Also müssen wir Gebiete finden, in denen sie sich oft bewegen. Es gilt, natürliche Routen und Fraßplätze zu finden wie beispielsweise Muschelbänke, Krautfelder mit Schnecken oder Kolonien von Zuckmückenlarven. Areale mit Krautbestand und kiesigem Boden erwiesen sich als besonders gut. Bei all der Vorplanung, Strategie und Technik vergessen wir schnell, dass Angeln wie ein Müßiggänger zu begreifen. Es ist oft doch besser, der eigenen Intuition zu folgen, als sich an zu eng geschnürten Plänen festzubeißen. An unserem gemeinsamen Wochenende lagen Christopher und ich mit der Taktik richtig. Sie brachte uns noch einige weitere Fische über 15 Kilo, darunter auch ein weiterer Bulle von 40 Pfund für Christopher.

...Ich erwache aus meinen Gedanken, der Duft der goldbraunen und knusprig gebratenen Barsche steigt mir in die Nase und bringt mich zurück zu Anya und Silas. Unterm Sternenhimmel im Boot schmeckt es noch mal so gut. Ich genieße die große, erfüllende Freiheit, die mir dieser Angelstil bietet und frage mich, was will man mehr? Meine Ruten liegen auf einer abfallenden Kante an einem großen Krautfeld. Ab 3,5 Meter Wassertiefe lichtet sich das Kraut, also habe ich die Montagen in Tiefen von 3,5 bis 5 Metern abgelegt. Die Kante verschafft mir zwei Vorteile, zum einen liegt die Schnur direkt auf dem Grund und ist für die Fische kaum wahrzunehmen, zum anderen kann ich die Schnüre bei weiten Distanzen stärker spannen, so dass auch ordentliche Wellen keinen Bogen hinein drücken. In der Nacht zuvor brachte mir die linke Rute, dort wo die Kante am stärksten abfällt, zwei kräftige Fische um die 15 Kilo und einen alten Recken mit 18 Kilo. Doch in dieser sollte es noch besser kommen. Als mich Silas am nächsten Morgen fragt: „Großer Karpfen oder kleiner Karpfen, Papa?", muss ich lachen und berichte ihm überglücklich: „Großer Karpfen!". Denn ich durfte einen wahren Großsee-Bullen mit 46 Pfund an Bord begrüßen!

Marcus Lechelt

Gegen Mitesser

Natürlich sind Mitesser wie Brassen, Döbel, Krebse und Wasservögel längst nicht immer willkommen. Wirklich steinharte, große Boilies können helfen, sie fernzuhalten. Es heißt zwar, dass kleine Köder eher der natürlichen Karpfennahrung ähneln und darum attraktiver sind. Das müssen wir dann aber mal ignorieren. Auch stimmt es längst nicht überall: Gerade an Gewässern wo Krebse oder Muscheln die Hauptnahrung darstellen, laufen große Köder oft viel besser als kleine. Und was könnte es für einen gewichtigen Karpfen attraktiveres, besser lukrativeres geben, als den Nährwert von zig Larven in Form eines 25-Millimeter-Boilies aufzunehmen? Ein Grund für Härte: Gerne weiche ich meine Boilies (und Partikel) im Wasser des Sees ein, den ich längerfristig befische und befüttere. Von pH-Werten habe ich keine Ahnung, aber durch Einweichen gleichen wir unser Futter an und machen unsere ausgeschwemmten Köder alt, also ungefährlich. Mit Gaben, die schon länger am Grund liegen, sammeln Karpfen jedenfalls sehr selten schlechte Erfahrungen. Frische Happen haben öfter mal einen Haken. Nur, wenn unsere Boilies zu schnell zu weich werden, haben Karpfen davon auch nicht viel. Brassen, Vögel, Krebse & Co sind dann schnell zur Stelle.

Doch was können wir gegen Mitesser unternehmen, wenn wir nicht mit harten Ködern fischen wollen oder gerade einfach keine haben? Wenn wir Boilies verwenden, hilft es oft schon, weniger beim Angeln einzusetzen und die Kugeln weiter um den Hakenköder zu verteilen, statt punktuell zu füttern. Auf auffällige Pop Ups sollten wir dann verzichten, nur keine Aufmerksamkeit auf die Hakenköder lenken, bitte! Gegen Krebsscheren und Schnäbel helfen Tigernüsse, zur Not auch Holzkugeln. Brassen mögen Tigers auch nicht überall. Krebse finde ich noch nicht mal so problematisch. Ein echtes Problem sind Wollhandkrabben. Die Fieslinge blockieren unsere Hakenköder, da sie sich einfach darauf

Das hier ist kein unerwünschter Beifang. Diese kapitale Schönheit fing ich gezielt. Schleien sind willkommen.

Keine Sorge, die kam mit dem Schrecken davon! Aber die Pop Ups blieben danach in der Dose...

legen. Und mit einer ausgewachsenen Krabbe legt sich kein Karpfen an. Hier können doch wieder Pop Ups helfen. Stehen diese etwas weiter über Grund lassen die Scherenträger sie oft links liegen, Holzkugeln helfen auch – ansonsten oft kontrollieren. Von Gummi-Ködern würde ich die Finger lassen. Die „Wollhänder" haben eine Vorliebe für Kunststoff und schnibbeln auch gerne am Silikonschlauch rum. Gegen Vögel helfen neben großen, harten Ködern unauffällige Boilies, Tigers und vor allem Hanf. Drei Kilo Hanf sind für ein paar Karpfen die Einladung zu hemmungslosem Fressen, Ralle & Co suchen sich daran halb tot. Dass wir über bestimmte Flavour die Mitesser eingrenzen können, hörte ich oft, kann es aber nicht bestätigen. Gegen Katzenwelse ist meiner Erfahrung nach tatsächlich nur ein Kraut gewachsen: Tigernussgras (Mutterpflanze der Tigernuss).

Form und Größe

Gerade, wenn wir ausschließlich mit Kugeln füttern, stellen sich die Fische beim Fressen auf die entsprechende Größe ein. Ein durch Vorfach und Haken beschwerter Boilie fällt da schnell aus dem Rahmen und bleibt liegen. Füttern wir hingegen gemischte Größen, zum Beispiel in 16, 20 und 24 Millimetern, können sich die Fische nicht mehr auf eine Größe einschießen und der Köder samt Haken verschwindet schneller in einem Rüssel – so die Theorie. Natürlich können wir unserem Hakenköder auch durch etwas Kork Gewicht nehmen. Auch über verschiedene Formen können wir den Effekt erreichen. Dumbels – Boilies in Pelletform – gibt's zu kaufen. Oder machen Sie doch bei der nächsten Boilie-Produktion einfach mal extra ein paar Kissen, die entstehen, wenn Sie den Aufsatz des Rollers auf zu dicke Würste drücken. Mit der Futterkelle, Futterboot oder Boot sind die auch gut zu füttern. Habe ich die Zeit dazu, halbiere ich gerne ein paar Kilo Boilies. Auch am Haar biete ich dann einen halben Happen an. Halbierte Boilies waschen schneller aus, bleiben gut in Kanten liegen und unterscheiden sich von der Standard-Form – nicht nur bei kurzen Sessions drei echte Vorteile. Ein Freund setzt darauf, völlig unterschiedlich aufgebaute Boilies zusammen zu füttern. Er geht davon aus, dass manche Fische besondere Vorlieben haben. Um die Geschmäcker zu bedienen, füttert er zum Beispiel einen salzig, würzigen Fisch-Boilie gemeinsam mit einem cremig-süßen Vogelfutter-Boilie. Ich tendiere dazu, nur eine Sorte zu füttern. Doch wenn ich auf Tour gehe, sind immer zwei Boilie-Typen dabei. Beim oben beschriebenen Kurztrip nach Nordfrankreich erlebte ich deutlich, wie solche Vorlieben ausfallen können: Von 29 Fischen wählten 27 einen süßen Fisch-Boilie mit Knoblauchöl und Squid-Aroma. Den cremigen, auffällig weißen Boilie fanden nur zwei Karpfen überzeugend – oder lag es an der Farbe?

Diese Farben fangen (meistens)

Unzählige 30er, mehrere 40er, einen 50er und Bernadette, die Königin des Cassien mit über 60 Pfund, fing Meik Pyka, als er das erste Mal weiße Bodenköder taktisch einsetzte und in größeren Mengen fütterte. Das machte ihn zum Trendsetter, denn weiße Boilies sind seit dieser Sommer-Session wieder voll in Mode. Wieder, denn es gab schon vor Jahren einige Jungs, die mit White Chocolate von Nash regelmäßig Traum-Sessions erlebten und über die Bedeutung der Farbe schwiegen. Marcus Lechelt fand heraus, dass die Karpfen an den von ihm beangelten Großgewässern in Mecklenburg-Vorpommern auf hell-grüne Boilies stehen. Die Ruten mit grünen Ködern brachten immer mehr und schneller Fisch. Marcus ist überzeugt davon, dass die Fische im Futterneid die grünen Boilies zuerst aufnehmen. Meinen ersten Mecklenburger Vierziger fing ich allerdings auf die Steigerung des Wunderköders Boilie: einen weißen Fluo Pop Up! Zumindest bis zu einem gewissen Grad können wir überragend mit den knalligen Poppies fangen, denn irgendwann setzt die negative Konditionierung auch hier wieder ein. Nicht umsonst versuchen Wettkampfangler unter Angeldruck die Futterfarbe dem Untergrund anzupassen. Ich war zunächst überrascht von dem Ergebnis 27 zu 2 für unauffällige Fisch-, statt weißer Boilies in Frankreich aus dem Beispiel oben. Doch wir fischten dort Anfang November. Die Karpfen hatten bereits eine ganze Saison Angeldruck auf den Buckeln. Schon zuvor am heimischen Venekotensee erlebten wir das: Ein Fluo Pop Up vor einem ganz bestimmten versunkenen Baum war ein Garantie-Köder für mindestens einen

Der einzige echte Wunderköder: ein weißer Fluo Pop Up

20-Pfünder. Heute nicht mehr. Die Baumrute bringt zwar immer Fisch, aber solche, die schon länger im Gewässer sind, machen um die knalligen Pop Ups einen großen Bogen. Nach meiner Erfahrung funktionieren auffällige Pop Ups besonders im Frühjahr gut. Vielleicht ist nach der Winterpause die schlechte Erfahrung vergessen. Auf jeden Fall aber sind die Fische in den Monaten April und Mai in Bewegung, neugierig und bereit, nebenbei einen Happen aufzunehmen. Indem wir zum Beispiel weiße Bodenköder füttern, steigern wir das Vertrauen in die Farbe. Besonders bewährt haben sich bei mir Fluo Pop Ups in den Farben Weiß, Orange, Pink und Gelb mit Buttersäure-Aromen wie Scopex. An manchen Gewässern ist Grün die Farbe schlechthin. Und angeln alle mit weißen Pop Ups, verwende ich eine Farbe, die im Angelladen nie vergriffen ist. Ich bin mir sicher, dass Karpfen Kontraste wahrnehmen und versuche, mit meinen Ködern solche zu schaffen: Auf einer hellen Sandfläche in fünf Metern Tiefe fischte ich mit zwei Ruten. Die Vorfächer waren identisch, auf ein Haar zog ich einen Boilie und ein echtes Maiskorn, auf das zweite einen Boilie und ein künstliches, pinkes Korn. Die Montagen lagen nur wenige Meter auseinander und ich wechselte sie auch aus. Ergebnis an diesem Tag: acht zu zwei für Pink! Auf hellem Boden spielen dunkle Köder ihren Trumpf aus, auf dunklem Boden, in großen Tiefen und bei Nacht, grelle Farben wie Weiß und Gelb. Und was ist mit Licht? Als ich vor Jahren las, dass Jens Bursell den ehemaligen dänischen Rekord-Spiegler auf ein „Light-Rig" fing, schüttelte ich noch ungläubig mit dem Kopf. Doch es funktioniert. Auf weiße Pop Ups, die ich mit blauen Mini-Knicklichtern spickte, fing ich Fische. Allerdings auch nicht mehr oder weniger, als mit Köder ohne Leuchteffekt. Am Nettelsee, einem stark verschlammten, sehr flachen Kleingewässer in Schleswig-Holstein, funktionierten nachleuchtende, künstliche Maiskörner hervorragend. Kamen Fische auf den Platz, wühlten sie das Wasser sofort trübe. Anscheinend stachen da die kleinen Leuchtköder einfach ins Auge und verschwanden doch noch in einem Rüssel.

Frage der Frequenz

Einige Mecklenburg-Fans stellen sich den Wecker in aller Herrgottsfrühe, um den Plätzen eine Bonus-Ration Futter zu geben. Hier fressen Karpfen bevorzugt morgens, Brassen aber die ganze Nacht. Durch die frühe Zusatzfütterung ist sichergestellt, dass für die dicken Rüssler der Tisch auch gedeckt ist. Auch deshalb mag ich wirklich harte Boilies, ich füttere einfach nicht so oft! Es kursiert die Meinung, nur wer täglich füttert, hält den Platz interessant. Natürlich können wir das nicht verallgemeinern und müssen es auf bestimmte Gewässer beziehen. An einem großen Gewässer mit geringem Karpfenbestand zum Beispiel würde ich alle zwei bis drei Tage rund drei bis acht Kilo Boilies füttern. Da kann ich keine Kugeln gebrauchen, die in kleinen Mäulern, Schnäbeln oder zwischen Scheren enden. Die Köder sollen definitiv für unsere Zielfische liegen bleiben, auch, wenn diese sich erst am dritten Morgen nach dem ersten Füttern blicken lassen. Boilies, die sich in kurzer Zeit am Grund auflösen, mögen locken, bringen in solchen Situationen aber wenig. An Gewässern mit dichtem Bestand ist es hingegen sinnvoll, täglich zu füttern – sogar mehrmals. Am Cassien beispielsweise war es in der warmen Jahreszeit der Bringer, einen von den Fischen angenommenen Platz zwei oder sogar dreimal täglich mit mittleren Mengen zu befüttern.

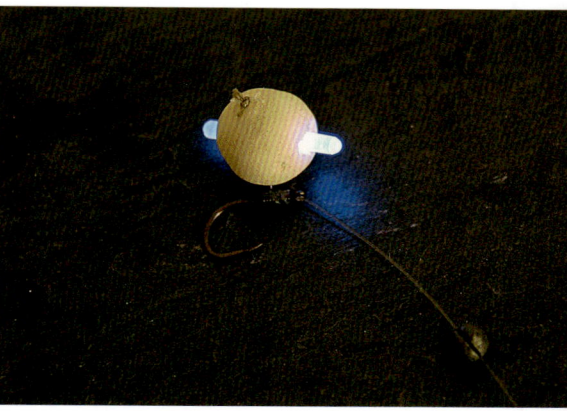

Out statt in und überall

Es ist schon ein paar Jahre her, dass am Glabbacher Bruch einige Karpfenangler allabendlich die Wurfrohre zum Qualmen brachten. Karpfen, Brassen, Krebse und Heerscharen von Wasservögeln nahmen die Gaben gerne an. Die Fänge der Angler waren allerdings eher bescheiden. Jedes Wochenende flogen neben Boilies auch Montagen ins Wasser und es war, als hätten die Karpfen von Freitagabend bis Sonntagmorgen die Mäuler vernagelt. Trotzdem fütterte jeder stumpf seinen festen Platz vor. Und noch etwas hatten alle gemeinsam: den Boilie. Fisch-Stinker, die sich einzig in Dosierung von Fischmehl und Flavour unterschieden. Nach einigen erfolglosen Nächten rollte ich statt des Fisch-Boilies einige Kilos mit Krillmehl und würzte sie ordentlich mit Robin Red – ohne Flavour. Statt nur an „meiner" Stelle vorzufüttern, umwanderte ich alle zwei Tage den See und verteilte an allen interessant scheinenden Stellen meine Murmeln: im Bereich einer Insel, an einem kleinen Überlauf, bei Seerosenfeldern und – ganz legal – im Schongebiet. Mein Boilie trug einen einzigartigen Stempel: Krill, feurig gewürzt. Und er war nicht nur an einer Stelle zu finden, sondern an vielen – wie natürliche Nahrung. Die Karpfen sollten ihn einfach erstmal unbedarft fressen, ohne gleich mit Schnüren oder gar Haken in Kontakt zu kommen. Erste Erfolge kehrten schnell ein. Zunächst nur, wenn ich unter der Woche angelte und die Wochenenden mit Angeldruck mied. Später fing ich auch an Wochenenden gut. In der Saison 2004 konnte ich so fast den gesamten Bestand des Sees fangen. Damals durften nur rund zehn Prozent des Seeufers befischt werden, der Rest lag im Naturschutzgebiet oder war Privatbesitz. Die Futteraktionen der Angler konzentrierten sich auf die unzugänglichere Waldseite, auf der keine Spaziergänger nervten. Diese Seite ist auch dem oft milden Südwestwind zugewandt. Auch ich fischte fast immer dort. Denn die Fische hielten sich den gesamten Sommer fast ausschließlich dort auf! Sie fraßen wohl jeden Boilie, der hier rein flog, allerdings erst, als die Luft rein war: keine Schnüre im Wasser, alte Boilies am Boden. Ein interessantes Phänomen: Das Futter der Angler machte ein ganzes Areal zusätzlich attraktiv, die Fische hielten sich dort auf, wurden aber dennoch scheuer. Mit meinen Boilies gehe ich nicht mit der Mode. Im Gegenteil: Was gerade „in" ist, ist für mich „out". Allerdings hört man auch immer wieder von Gewässern, die mit bestimmten Boilies von sehr vielen Anglern regelrecht geimpft werden. Der Rainbow Lake ist so ein Beispiel: Bis auf eine Woche im Februar, wenn das Gewässer

Links: Am Bruch war ich lieber out. Rechts: Light Rigs fangen, brachten mir aber im Vergleich nicht mehr Fisch.

Mit reichlich Futter und Ruhe sind wahre Sternstunden am Cassien planbar.

gekalkt wird, ist er rund um die Uhr mit mindestens 20 Karpfenanglern besetzt. Und sehr viele verwenden im Winter Quench-Boilies und in den anderen drei Jahreszeiten Club Mix Boilies von Solar. Natürlich wird auch auf andere Kugeln gut gefangen, aber die Solar Boilies fliegen hier rein wie in Teichwirtschaften Pellets. Vielleicht sind sie hier schon so was wie natürliche Nahrung, wenn auch mit Vorsicht zu genießen.

Instant-Taktik: große Flächen füttern

Mit dieser Futtertaktik können Sie selbst vorsichtig fressende Fische ohne lange Kampagne einfacher haken: Füttern Sie auf großer Fläche. Natürlich ist es wenig sinnvoll, am Baggersee in Tiefen von zwei bis 20 Metern die Fläche eines halben Fußballfeldes zu füttern, wenn die Fische nur flach fressen. Ist das Gewässer jedoch eher strukturarm, kann es Wunder wirken, mit Futter Fläche zu belegen. Durch die Flächenfütterung werden mehr Fische auf unsere Gaben aufmerksam. Denn je größer das Futterfeld, desto höher die Wahrscheinlichkeit, dass Fische darauf treffen. Auf flächigen Futterplätzen müssen die Fische längere Strecken von Boilie zu Boilie zurücklegen. Hat ein Karpfen einen Boilie aufgenommen, richtet er sich wieder auf und sucht den nächsten – möglichst zügig, damit ihm kein Artgenosse zuvorkommt. Er frisst also unvorsichtig und bleibt in Bewegung. Die Chancen, dass er den Köder aufnimmt, das Vorfach streckt und sich hakt, sind also höher als auf engen Futterplätzen, wo die Fische mit dem Kopf am Boden kleben und sich weniger bewegen. Sehr von Vorteil ist auch, dass sich die Fische auf großflächig angelegten Futterplätzen beim Fressen besser verteilen und nicht so schnell erschrecken, wenn wieder einer kopfschüttelnd mit einem Haken im Maul losstürmt. Wollen wir viele Fische fangen, geht der Weg also oft über Fläche! Im Extrem erlebte ich es schon, dass nacheinander drei Ruten auf einem großen Futterfeld abliefen. Zwei Fische in einem Kescher kamen schon oft vor. Setzen Sie dann auf diese Taktik, wenn die anderen Karpfenangler punktuell füttern. Haben auch Ihre Kollegen am Wasser die Vorteile der Fläche entdeckt, gehen Sie wieder gegen den Trend und versuchen es mit kleineren Futterplätzen, nur ein paar Boilies auf PVA-Schnur zum Hakenköder oder Fluo Pop Ups. Übrigens ist das Füttern großer Flächen eine Top-Taktik, wenn wir auf Tour sind oder nur wenige Male vorfüttern können! Hier ein paar Beispiele:

Auf Tour: In Frankreich machte ich mir die Flächenfütterung oft und an vielen Gewässern zu Nutze. Am Cassien beispielsweise ist es mittlerweile wieder sehr in Mode gekommen, gerade in der warmen Jahreszeit Massen auf großen Flächen zu füttern. Sessions mit mehr als 50 Fischen die Woche sind alles andere als selten. Da der Fischbestand des Sees sehr dicht, die Nahrungskonkurrenz auch durch die vielen Welse und Katzenwelse sehr groß ist, geht die Taktik auch immer wieder voll auf. Im Sommer bieten sich Plätze mit ebenem Boden in größeren Tiefen von zehn bis 20 Metern für die Flächenfütterung an. Erfolgreich angewendet habe ich sie bisher auf dem bekannten „Walrücken" im Nordarm, auf „Kevin Ellis", auf der Ebene mit weichem Sediment vor dem Platz „Ruine", auf dem „Privé-Plateau" rechts von „Ruine" und im „Kreuz". Für wichtig halte ich, dem Futter Zeit zu geben. Drei Tage füttern, ohne auf dem Futter zu angeln, lautet meine Devise. Die Montagen liegen in der Zeit natürlich nicht trocken, ich verteile sie abseits des Futters als Fallen. Futtermengen von zehn Kilo Boilies am Tag und mehr sind kein Problem. Gut war es, mehrmals täglich zu füttern. Haben die Fische den Platz voll angenommen, verwende ich weniger Futter, verteile es aber sehr weit um den Hakenköder.

Am Lac de Carces ist die Taktik im September auch voll aufgegangen. Hier sind Boote verboten, darum beschränken sich die meisten Futtertaktiken auf den Nahbereich oder es wird punktuell mit Futterbooten gefischt. Auch ist das Nachtangeln nur an Wochenenden erlaubt. Als ich den See befischte, bekam ich mit Glück noch eine Stelle im Hauptkörper. Der Angeldruck war enorm und ich vermutete die Fische in der größten Wasserfläche. So weit ich konnte watetet ich in den See und schoss Boilies mit dem Wurfrohr großflächig ins offene Wasser, bis die Schultern schlapp machten. Das war an einem Donnerstagabend. Das Futter konnte bis zum folgenden Mittag wirken, dann warf ich die Ruten darauf und fing. Für Kurz-Sessions an kleineren Flüssen oder Kanälen kann es auch gut aufgehen, über die ganze Gewässerbreite zu füttern – nicht zu viel, aber weit verteilt – und dann die erlaubte Rutenanzahl strategisch zu verteilen.

Frühjahr im Süden, 30 Grad Anfang April, Karpfenangeln in einer anderen Welt.

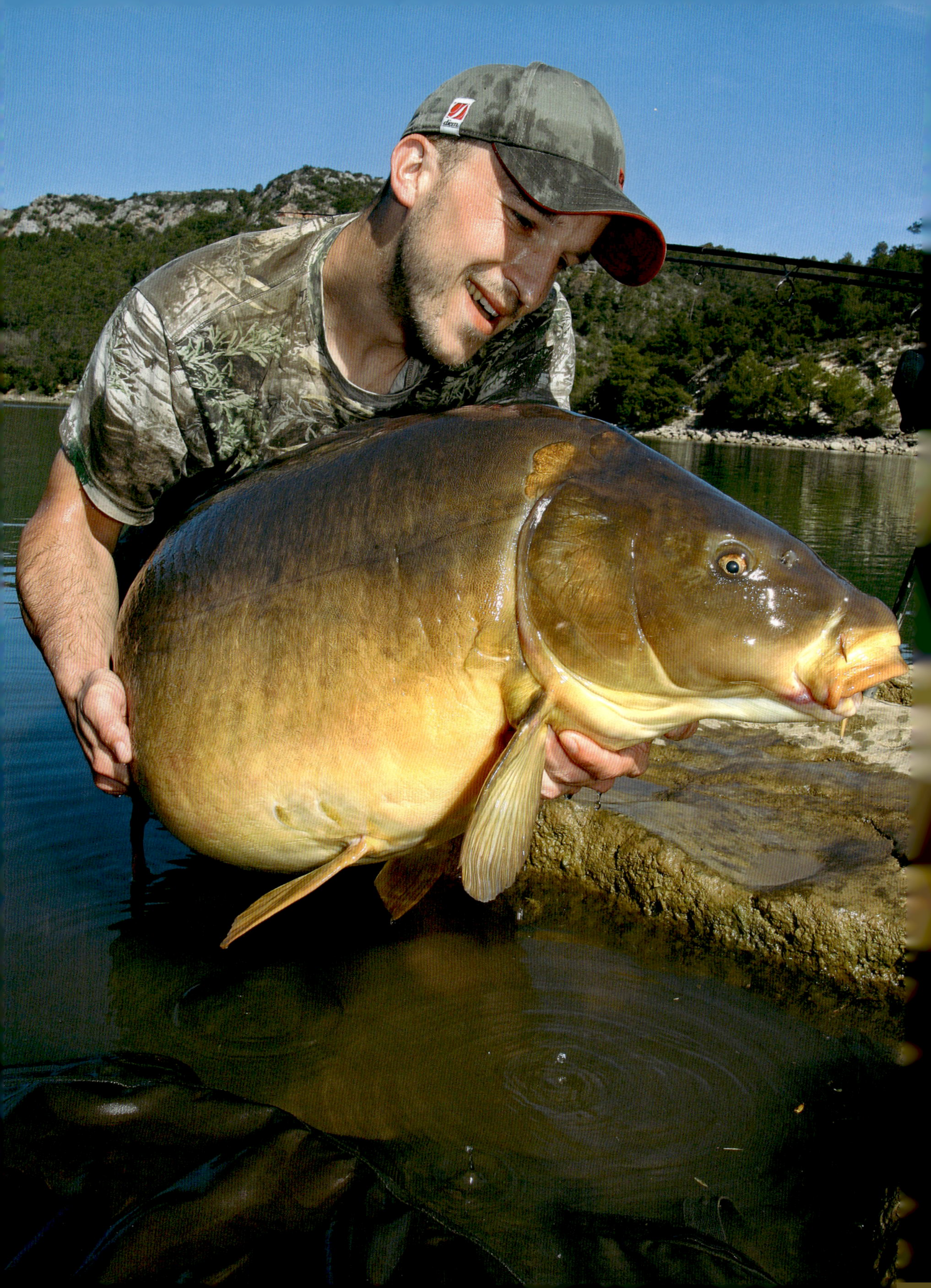

Vor der Laichzeit: Es gibt vor der Laichzeit eine Phase, in der wir absolute Ausnahme-Sessions erleben können. Dann schlagen sich die dicken Rogner zusammen mit den Milchnern so richtig die Bäuche voll. Das gute an der Sache: Sie haben sich bereits in ihren Laichgebieten zusammengefunden! Den gesamten Bestand werden wir dann auf kleiner Fläche antreffen, alle Fische fressen und die Damen haben Höchstgewicht. Im April 2011 traf ich das Timing zusammen mit Christian perfekt. In neun Tagen fischten wir an fünf südfranzösischen Gewässern. Für fünf Tage hatten wir unseren Wunschplatz an einem Stausee. Anfangs waren wir uns noch nicht sicher, ob wirklich schon ein Großteil der Fische in unserem Areal versammelt war. Also stellten wir mit dem Futterboot kleine Fallen mit Weichfutter, einer Partikelmischung und zerkleinerten Boilies. Der erste Biss kam nach wenigen Stunden: gleich ein 40er, gefolgt von einem guten 30er! Das reichte uns als Beweis: Fortan warfen wir die Ruten, fischten mit wenigen Montagen im heißen Areal und fütterten großflächig Boilies in 20 und 24 Millimeter mit dem Wurfrohr. Dem Futter entsprechend kamen Einzelköder an die Haare. In den vier verbleibenden Nächten verschossen wir über 30 Kilo Boilies – Anfang April! Doch die Taktik ging voll auf: Neben einigen Fischen unter 30 Pfund fingen wir 14 über der 15-Kilo-Marke. Bis auf drei große Milchner waren es ausnahmslos pralle Rogner, die in die Maschen glitten. Der größte Fisch der Tour biss in der letzten Nacht zusammen mit einem weiteren schweren

Zwei Jahre in Folge nahmen Christian und ich im Süden die Top-Zeit mit. Unten links: Der größte Fisch der Tour biss nach höherem Futtereintrag bei weniger Angeldruck.

Nicht knausern, nach der Laichzeit brauchen die Fische Energie – da sind Partikel genau richtig!

Spiegler. In dieser Nacht hatten wir noch eine Rute vom Futterplatz genommen und die Futtermenge sogar etwas erhöht. Also: weniger Schnüre, aber mehr Futter auf großer Fläche. Das schafft Vertrauen, besonders bei den Großen! Ich denke, dass die heiße Phase nicht jedes Jahr abzupassen ist. Es hängt von der Entwicklung des Frühjahres ab. Zu schnell darf es sich nicht erwärmen, ein Kälteeinbruch ist ganz schlecht und an den französischen Stauseen kommen die schwankenden Wasserstände dazu. Trotzdem: Wenn wir diese Faktoren beachten und beobachten, können wir solche Sessions alle paar Jahre wiederholen!

Nach der Laichzeit: Zur Laichzeit im Zeitraum zwischen April und Juli, je nach Wetter, versammeln sich Karpfen in einem flachen, erwärmten Gewässerbereich. Nach dem Liebesspiel haben sie richtig Hunger und sind vor allem kaum argwöhnisch. Jetzt, aber auch zu anderen Zeiten, wenn Sie besonders viele Fische in bestimmten Bereichen finden, können Sie eine Initialzündung starten: Füttern Sie dort, wo Sie die Fische ausgemacht haben, einmal größere Mengen auf größerer Fläche vor, um einen Fressrausch auszulösen. Am Angeltag sparen Sie dann auch nicht mit dem Futter und ernten! Das hört sich extrem an und glauben Sie mir, es dauerte auch bei mir, bis ich mich dazu durchringen konnte, gut 20 Kilo auf einen Schlag zu füttern, obwohl ich die Fische längst gefunden hatte. Ganz sicher, auch ohne diese Aktion hätte ich gefangen. Aber niemals so gut! Jedes Jahr aufs Neue setze ich genau diese Taktik an einem bestimmten Gewässer ein. Ergebnisse von 15, 18, sogar 23 Fischen in nur zehn Stunden angeln bestätigen, dass die Initialzündung voll aufgehen kann. Dann machen übrigens auch Partikel in Mengen Sinn, denn wir füttern die Fische sehr direkt. Brassen kommen uns hier nicht in die Quere. Meine Mischung bestand aus rund 10 bis 15 Kilo Mais, Tigers und Weizen und rund 5 Kilo Boilies.

Im Niemandsland: Der Baggersee hatte einige interessante Strukturen und ich große Sorgen, dass die schon längst unter Futter standen. Die ausgetretenen Uferstellen deuteten jedenfalls daraufhin. Also machte ich ein Experiment: Ich wählte eine unzugängliche Uferstelle völlig ohne Struktur unter Wasser. Das Ufer fiel einfach relativ zügig bis auf über zehn Meter ab. Über einen Zeitraum von rund zwei Wochen verteilte ich hier alle paar Tage Partikelmassen und reichlich Boilies. In Zahlen: 90 Kilo Mische die Woche. Am Morgen nach meiner ersten Angelnacht auf dem Futter hatte ich drei Runs – nicht schlecht für das Gewässer, doch den Aufwand nicht wert. Seither lasse ich lieber die Finger von Mischfuttermassen und mache das, was mir mehr Spaß bereitet: die Fische aktiv suchen und dort mit verschiedenen Taktiken beangeln, wo ich sie gefunden habe... Dennoch, stimmt die Menge und liegt das Niemandsland in einer Zugroute, können wir es durch Futter interessant machen. Freunde und ich machten regelmäßig die Erfahrung, dass gerade Futterplätze abseits der markanten Strukturen des Gewässer große Fische bringen. Bei Strukturen bissen zwar mehr Karpfen, aber häufig kleinere.

Bei Plateaus: Bloß nicht auf dem Plateau angeln, das machen alle! Haben Sie schon mal gehört, oder? Wenn alle tatsächlich sehr viele sind, schließe ich mich dem an, ansonsten kann ich Ihnen nur dringend empfehlen, ab Juli an großen Baggerseen die Plateaus im offenen Wasser zu befüttern und zu befischen! Und dann gehört auch immer eine Rute auf das Plateau! Zumindest ging die Taktik bei mir an verschiedenen Seen dieses Typs gut auf: tiefer Baggersee mit großer Wasserfläche, viel Struktur, klarem Wasser, Kraut und dünnem Fischbestand. Michael Lechelts Gastbeitrag hat uns beigebracht, dass wir im Tiefen neben dem Plateau in einer biologischen No Carp-Zone liegen können! Ab Juli ist das Wasser warm, aber sauerstoffreich, die Fische sind sehr mobil, haben einen hohen Stoffwechsel. Mein Futter verteile ich dann über den gesamten Bereich eines Plateaus, etwas also auch darum herum. Ideal waren bei Seen mit Tiefen über 15 Metern dann Bereiche zwischen drei und acht Metern. Auch meine Ruten verteilte ich entsprechend. Eine aber und die brachte viele und auch gute Fische, platzierte ich immer „on top" – gerne sogar noch mit einem Pop Up! Dann füttere ich mit öligen Ködern oder schütte etwas Fischöl über die Futtermischung. Das aufsteigende Öl spricht die Fische in der ganzen Wassersäule an.

Abseits geht's weiter

Allabendlich flog die Ration leckerer Murmeln ins Wasser – am richtigen Platz und mit Köpfchen, wie ich fand. Die Karpfen nahmen es dankend an, buckelten über dem Platz und sprangen in der Nähe. Jede Nacht traf wohl dasselbe Trüppchen greiser Spiegler der gehobenen Gewichtsklasse auf dem Futterplatz ein. Ich angelte meine erste Nacht und fing großartig. Heiß auf Erfolg legte ich gleich noch eine Nacht nach, statt weiterzufüttern. Doch außer zwei Karpfen aus dem Kindergarten ging nix mehr. Was war da los? Ganz klar, das über Tage des Fütterns aufgebaute Vertrauen habe ich den Fischen in einer Nacht genommen. Schließlich durften diese zuschauen, wie ihre Artgenossen reihenweise vom Platz gezogen wurden. Kein Wunder, dass sie in der kommenden Nacht lieber wieder irgendwo Muscheln knackten. Hätte ich den Platz nach der erfolgreichen Nacht wieder ruhen lassen und statt zu angeln erst mal zwei, drei weitere Tage gefüttert, wäre auch das Vertrauen der Fische zurückgekehrt – garantiert. Nicht zu gierig werden, lautet also die Devise, auch wenn's nach Erfolgssträhnen schwirig ist. Aber die sollen sich ja schließlich wiederholen. Was aber, wenn wir zwei oder noch mehr Nächte Zeit haben? Nun, bestenfalls verbringen wir unsere Zeit an einer Stelle, von der aus wir nicht nur den Futterplatz beangeln können. Sondern auch eine mögliche Zugroute dorthin, oder eine „Holding Area" in der Nähe. Auch dort profitieren wir von dem Vertrauen der Fische in unsere Köder. Ich denke, schlechte Erfahrungen verbinden die Tiere zunächst eher mit einem Bereich des Gewässers als mit dem Futter. Wenn ein Fisch hundert Boilies über einen längeren Zeitraum aufnimmt und bei Nummer 101 hat die Sache einen Haken, wird er das Futter trotzdem schnell wieder akzeptieren. Doch die Stelle wird er

Durch taktisches Vorgehen fingen wir einen guten Teil des Bestandes in zwei Nächten – fast alle Großen!

vorerst meiden. Unser Futter wird dann schon kurz nach dem Zurücksetzen an anderer Stelle wieder fressen. Das habe ich jedenfalls schon einige Male erlebt. An einem rund sieben Hektar großen Baggersee fingen Hauke und ich ein und denselben Spiegler dreimal in zwei Nächten in drei verschiedenen Bereichen des Sees, aber jedes Mal auf weiße Boilies. Zwei unserer sechs Ruten legten wir bei dieser Session auf den groß angelegten Langzeitfutterplatz, die anderen verteilten wir an strategisch günstigen Stellen: einer Kante, einem Seerosenfeld, Holz im Wasser. In diesen zwei Nächten hatten wir über 30 Runs und fingen damit einen Großteil des Bestandes, fast alle Großen – teilweise sogar zweimal! Bis zum späten ersten Morgen liefen die Ruten auf Futter im Stundentakt ab, dann aber kehrte Ruhe ein. Die Fische hatten den Trubel dort satt und machten einen Bogen um den Bereich. Die Fallen ohne Futter an verschiedenen Hotspots schlugen aber weiter zu, wenn wir auch insgesamt wesentlich weniger Aktion hatten. In der warmen Jahreszeit lege ich wie schon beschrieben am Cassien große Futterplätze mit Boilies an. Habe ich den Futterplatz einige Zeit befischt und auch gefangen, nehme ich die Montagen für mindestens 24 Stunden weg und füttere nur. Das funktioniert dort wunderbar!

Köderkunde

Die Taktiken sind preisgegeben, jetzt werfen wir einen Blick auf das, was wir Karpfen bieten können. Schließlich hat unser Futter ernst zu nehmende Konkurrenz: Schnecken, Larven, Krebse, Muscheln...

Wunderköder Boilie

Lenny Middleton und Kevin Maddocks, wir danken Euch! Die beiden erfanden Ende der 70er Jahre das Haarvorfach und machten es damit möglich, harte, selektive Karpfenköder so anzubieten, dass sie auch Fische fangen. Heute ist es nur noch schwer vorstellbar, welche Revolution Haar und Boilie (to boil, englisch: kochen) damals bewirkten. Wie oft hing ein Brassen dran, wenn mit weichem Teig geangelt wurde. Wie oft ging der Anschlag ins Leere, wenn der Haken seitlich durch hart gekochten Teig gestoßen wurde. Das hatte ein Ende und der (die, das?) Boilie wurde zu einem Standard-Köder und Namensgeber einer ganzen Angelart: „Du Boilie-Angler", hieß es zumindest damals im Vereinsheim, sobald jemand mit zwei gleichen Ruten und Bissanzeigern am See auflief. Wenn es einen echten Wunderköder gibt, dann ist es aber tatsächlich der Boilie – kein Zweifel! Dabei ist die Kugel, ohne die Karpfenangeln in moderner Form nicht mehr stattfinden könnte, nicht mehr als hart gekochter Teig. Im Laufe seiner jahrzehntelangen Evolution hat sich der Boilie eigentlich kaum verändert. Er wird zwar immer wieder neu erfunden und unterliegt Trends, doch es ist immer noch die Kugel der Anfangstage, die das Karpfenangeln revolutionierte. Natürlich werden zahllose große Fische auf Partikel gefangen, auch mein bisher größter Karpfen mochte eine Tigernuss, doch große Karpfen lieben Boilies. Was sollen sie auch machen? Da liegen eben immer wieder diese zumindest genießbaren und extrem energiereichen Kugeln auf dem Grund rum, absolut maulgerecht, für die kleinere Konkurrenz kaum zu bewältigen, nicht wehrhaft wie Krebse oder scharfkantig wie Muscheln – Boilies eben. Wunderköder und vor allem: Wunderfutter! Der Diät-Plan eines Karpfens sieht wie folgt aus: 35 Prozent tierische Proteine, 10 Prozent Fette, 20 bis 30 Prozent Kohlenhydrate, Rest: Wasser. Ein Teichwirt erreicht diese Zusammenstellung der Ernährung in der Zucht durch Trockenfutter, Pellets, Partikel wie Weizen und die tierische wie pflanzliche, natürlich auftretende Nahrung in den Zuchtteichen – besonders Mückenlarven, Schnecken und Bachflohkrebse. Aus dieser gesunden Mischung zieht der Karpfen alles, was sein Organismus zum Leben braucht und nicht selbst aufbauen kann: essentielle (lebenswichtige) Aminosäuren (die Bausteine der Proteine), einige ungesättigte Fettsäuren, diverse Vitamine, Mineralien und Spurenelemente. Der Züchter möchte bei der Ernährung seines „Produkts" nicht mit der Natur konkurrieren, er bezieht sie mit ein. Mit guten, nahrhaften Boilies („High Nutrient Value", kurz HNV, ist hier der Modebegriff unter Karpfenanglern) ist es aber möglich, mit natürlicher Nahrung in Konkurrenz zu treten. Entscheidend für die Akzeptanz unseres Futters ist, dass es Fresssignale aussendet, die von tatsächlich vom Fisch fress-, wahrnehm- und verwertbaren Inhaltsstoffen ausgehen. Solchen also, die er aus seiner natürlichen Nahrung kennt – chemische Flavour sind damit bestimmt nicht gemeint. Je mehr unterschiedliche Futtersignale unser Futter (oder Köder) aussendet, desto attraktiver ist es. Wie ein guter Boilie aufgebaut sein sollte und welche Inhaltsstoffe wirklich wirksam sind, verrate ich Ihnen gleich. Vorher gibt's einen Beitrag von Jan Brauns, dem Inhaber der Futterschmiede Naturebaits, einem echten Futterexperten und sehr erfolgreichen Karpfenangler.

Boilies locken Fliegen, auf die stehen Echsen. Doch was müssen die Murmeln können, um Karpfen zu bringen?

Brotzeit statt bunte Tüte

von Jan Brauns

Zunächst muss ich alle enttäuschen, die auf der Suche nach dem ultimativen Köder sind, der uns die Karpfen in den Kescher führt wie einst der Meister aus Hameln die Ratten in die Weser lockte. Einen Köder, der das vollbringt, gibt es nicht und es wird ihn auch nie geben. Aber Kopf hoch, einige grundlegende Tipps bringen uns der Zauber-Murmel zumindest ein Stück weit näher.

BUNTE TÜTE

Für unser Angeln ist wichtig, dass wir uns im Vorfeld überlegen, was wir mit dem eingebrachten Futter erreichen wollen. Als ich mit dem Karpfenangeln anfing, kaufte ich grundsätzlich die bunten Boilies in der Kilo-Tüte im Angelladen um die Ecke. Ich fuhr an den See, warf aus, schoss mit dem Wurfrohr ein paar Hände nach und gut. Das brachte mir Fisch. Doch schon bald waren mir die zwei bis vier Karpfen pro Sitzung nicht mehr genug. Es mussten mehr sein! Mehr Futter bringt mehr Fisch, dachte ich und kaufte auf der nächsten Hausmesse einen 20-Kilo-Sack bunte Kugeln. Dann fütterte ich zehn Kilo zu einer guten Zeit auf einem guten Platz. Also die bunte Kugel ran ans Haar der ersten, einen bunten Pop Up des gleichen Fabrikanten ans Haar der zweiten Rute – raus damit! Es dauerte nicht lange und ich hatte fünf Karpfen gefangen. Da ich mich für mehrere Tage am See einquartierte, freute ich mich auf die mindestens 20 Fische, die da jetzt noch beißen würden. Pustekuchen, nach fünf war Feierabend, nichts ging mehr. Ich blankte und kam aufgrund des gut investierten Futterberges nicht mal auf die Idee, die Stelle zu wechseln. Die einfache Erklärung: Ich hatte auf das falsche Futter gesetzt. Die bunten Kugeln eigneten sich sehr gut als Instant-Köder – so wie ein greller Pop Up – nicht aber zum Anfüttern. Sie fielen durch ihre Farbe auf, sprachen durch ihr übertriebenes Aroma die Neugierde der Karpfen an (und es gibt kaum neugierigere Fische als Karpfen) und waren süß. Zucker ist ein natürlicher Attraktor, den die Fische sehr schnell wahrnehmen. Kein Wunder also, dass ich durch gute Stellenwahl eigentlich immer ein paar Fische im gut besetzten Gewässer auf die Fertig-Murmeln fing – ohne anzufüttern. Viele Karpfenanger kaufen noch heute genau wie ich damals ein Kilo Buntes und kommen damit zwei, drei Sitzungen lang aus. Für den beschriebenen Angelstil sind diese Murmeln ja auch genau richtig. Doch wenn wir gierig werden und wirklich überragende Ergebnisse erzielen wollen, sind sie völlig fehl am Platz. Dann muss was Deftiges her:

ES HEISST DOCH FÜTTERN, NICHT KÖDERN

Wollen wir Karpfen über ihren Geschmackssinn erreichen und dauerhaft auf unser Futter bringen, brauchen wir auch echtes Futter, keine Köder. Solches, das durch eine durchdachte Kombination an Inhaltsstoffen mit der natürlichen Nahrung konkurrieren kann. Können die Fische es gut verstoffwechseln, halten sie sich über einen längeren Zeitraum am Platz auf und besuchen ihn immer wieder. Und ganz wichtig, sie werden es nicht leid, das Futter zu fressen. Es ist wie bei uns: Den täglichen Besuch beim „Gasthaus zum goldenen M" haben wir schnell satt. So, wie einem Karpfen der überaromatisierte, aus Bindemitteln gerollte, klassische Fertig-Boilie schnell nicht mehr schmeckt (klar, es gibt mittlerweile auch sehr gute Fertig-Boilies, die für Kampagnen geeignet sind). Eine gute, deftige Brotzeit geht täglich: als solide Grundlage ein Bauernbrot, darauf Käse, Wurst oder Schinken – hmmm! Hätte ich das damals schon gewusst, meine Herbstferien wären sicher besser verlaufen. Haben wir das begriffen und nutzen die Vorteile guten Futters, kann Karpfenangeln so einfach sein: 2003 in Frankreich, an einem See aus dem Komplex bei Langres – ein unvergleichbares Gewässer mit atemberaubendem Karpfenbestand. Endlich war das Gewerbe angemeldet, meine Firma Naturebaits gab es jetzt auch auf dem Papier und Boilie-Zutaten konnten in rauen Mengen bei den Herstellern bezogen werden. Zwei Freunde befanden sich im Schlaraffenland. Neben Unmengen frisch gerollter Boilies führten wir auch Mix, Rollbrett und Kochutensilien mit, um am Wasser den hungrigen Karpfen Paroli bieten zu können. Fast vier Wochen standen auf dem Urlaubszettel, die wir uns zu zweit auf einem Platz einquartieren wollten. Mit einem Master-Plan: Wir wollten mal den Bestand des Sees überprüfen! Hört sich merkwürdig an, oder? Aber genau das hatten wir vor! Als wir ankamen, packten gerade zwei Franzosen auf unserem Wunschplatz zusammen und wir übernahmen. Die beiden hatten nichts gefangen und beschuldigten die anhaltende Hitzeperiode. Diese hatte das Volumen des Sees enorm abnehmen lassen und wir fanden eine maximale Tiefe von nur fünf Metern (statt über zehn Metern) vor. Der ganze See war stark zusammen geschrumpft, dadurch konnten sich die Karpfen nur noch in dem Areal vor uns aufhalten. Also verteilten wir gleich am ersten Abend 25 Kilo Boilies auf einer riesigen Fläche und steckten sie dann mit den erlaubten acht Ruten ab. Bereits in der ersten Nacht fingen wir sechs Karpfen. Das sollte erst der Anfang sein. Jeden Abend fütterten wir rund fünf Kilo auf der Fläche nach und warfen nur wenige Boilies als Futter zu unseren Hakenködern. So fanden die Fische in dem riesigen Gebiet immer wieder ein paar Happen – die Nahrungsquelle versiegte nicht. In den knapp vier Wochen fingen wir über 200 Karpfen, davon fast 30 doppelt! Unsere Taktik, den Fischen ein Futter zu bieten, das sie langfristig fressen können, ging voll auf. Die Umstände passten einfach. Maßgeblich für den Erfolg war aber, dass wir Boilies verwendeten, die mit natürlicher Nahrung konkurrieren konnten und kaum zu „überschmecken" waren – denn sie hatten es in sich...

Links: Ein Riese aus einer legendären Serie. In der Szene sprach man von einer Bestandsaufnahme! Rechts: Wir hatten den Platz, der Wasserstand war perfekt für unser Vorhaben!

MEIN BOILIE

Zu dieser legendären Session nahm ich genau den Boilie mit, der heute unter dem Namen P-Mix läuft. Hierbei handelt es sich um einen Mix, der aus Fischmehlen, Kohlenhydraten (Grieß, Maismehl), Sojamehl, Fleischmehl, Blutmehl, Milchpulver, Eialbumin, Robin Red und wasserlöslichem Rinderleberextrakt besteht. Ein solider Boilie-Mix muss sein wie ein Vollkornbrot, mit etwas Butter drauf, ein paar Scheiben Wurst und etwas Senf. Die abgestimmte Mischung bringt den Geschmack bei gutem Nährwert – so was können nicht nur wir jeden Tag essen. Doch jede einzelne Zutat alleine schmeckt nicht so gut wie die abgestimmte Mischung. So verhält es sich auch mit einem guten Boilie. Er muss: 1. eine deutliche Botschaft senden: „Friss mich!", 2. gut schmecken, 3. problemlos und ohne Darmkrämpfe zu verdauen sein. Im Folgenden hat Christopher in enger Zusammenarbeit mit mir und Jan-Simon Saamen unsere favorisierten Mehle, Additive und andere wichtige Zutaten für wirklich gute Köder und Futter recherchiert. Kombinieren Sie diese Zutaten clever, werden Sie überall damit fangen. Warum, versuchen wir auch zu erklären.

Jan Brauns

DAS GERÜST

Diese Mehle sind die Basis jeder Boilie-Mischung. Doch sie sind weit mehr als nur Füllstoffe: Sie enthalten reichlich Kohlenhydrate, die als Energielieferanten dienen und ein wichtiger Bestandteil der Nahrung sind. Zudem bringen sie nicht unerhebliche Mengen verwertbarer Fette und Proteine mit. Werner Steffens berichtet, dass Karpfen Getreidestärke gut verdauen können – bis zu 90 Prozent. Für das Trockenmischfutter, das in Teichwirtschaften zur Ernährung der Zuchtkarpfen eingesetzt wird, gelten 30 bis 40 Prozent Kohlenhydratanteil als optimal. Die nicht verdaulichen Bestandteile sind Ballaststoffe. Grundsätzlich gilt: Je feiner vermahlen die Mehle sind, desto besser gelingt dem Fisch die Verwertung. Grobe Bestandteile beschleunigen die Darmpassage. Die Durchlaufzeit des Futters hängt aber auch stark von der Wassertemperatur ab. Am Schnellsten geht es bei über 20 Grad durch.

Grieß: Hart- oder Weichweizengrieß ist ein Teil des Gerüst der meisten Boilies und besteht je nach Qualität aus bis zu 10 Prozent Proteinen. Grieß härtet nach dem Kochen sehr gut aus und fungiert besonders als Binder. Für die Bindeeigenschaften ist Gluten (Klebereiweiß) verantwortlich, das in Hartweizengrieß stärker vertreten ist als in Weichweizengrieß. Dem Fisch dient Grieß als Energie- und Proteinlieferant. 20 bis 40 Prozent im Mix.

Weizenvollkornmehl: leicht und gut zu verdauen. Damit können Sie Ihren Mix aufstrecken und die Kosten drücken. Bis zu 25 Prozent einsetzbar. Boilies mit einem hohen Anteil dieses Mehls schwemmen allerdings stark auf. Das kann aber auch gewollt sein, denn dadurch dringt schneller Wasser ins Köderinnere und spült lockwirksame Inhaltsstoffe aus. Verwenden Sie immer besser Vollkornprodukte. Karpfen sind Diabetiker, die schnell abbaubaren weißen Mehle lassen den Blutzuckerspiegel der Fische in die Höhe schießen. Vollwertkost wird über eine längere Dauer abgebaut.

Maismehl: eine echte Vollwertkost und hervorragende Zutat, besonders die süße, sehr gelbe Variante des Mehls. Maisgrieß (Polenta), die grobe Variante, lässt den Boilie gut "arbeiten" und hat einen intensiven Eigengeschmack. Bindet gut, klebt nicht, hat Gewicht, sorgt für Härte, ist aber nicht wasserlöslich. 20 bis 30 Prozent in der Mischung. Proteingehalt: 10 Prozent.

Erdnussmehl: mehr als nur Strecker oder Binder, denn das Mehl aus gerösteten Nüssen ist fettreich und schmeckt. Mehl aus gerösteten Nüssen ist geschmacksintensiver und länger haltbar als solches aus nicht gerösteten. Bis zu 20 Prozent.

Sojamehl vollfett: hoher Fettgehalt (satte 20 Prozent!) sorgt für einen geschmeidigen Teig, der sich gut verarbeiten lässt. Sojamehl an sich ist lockwirksam, es schmeckt nussig, enthält Lecithin (erlaubt das Vermischen von Fetten und Wasser, macht also fettige Attraktoren im Mix für Fische wahrnehmbar) und Vitamin E (verhindert, das fettige Mehle wie beispielsweise Fischmehle im Mix ranzig werden). Außerdem ist das feine Mehl eine mit 36 bis 45 Prozent Anteil nicht zu unterschätzende Proteinquelle. Bis zu 15, maximal 20 Prozent im Mix.

Reismehl: ist aus pulverisiertem Reis, sehr schwer und nicht wasserlöslich. Ideal, um dem Köder ein Skelett zu verpassen, das in Verbindung mit stark wasserlöslichen Zusätzen (z.B. Milchproteinen) gut ausschwemmt. Geeignet für sehr harte Boilies. Auch Reismehl enthält 10 Prozent Proteine. Bis zu 25 Prozent im Mix, in hoher Dosierung aber nur mit ausreichend bindenden Zusätzen einsetzbar, da Reismehl nicht bindet und den Teig bröselig macht. Reismehl beschleunigt die Verdauung des Karpfens, da es ein reiner Ballaststoff für den Fisch ist, er lässt sich also häufiger auf dem Platz blicken...

Einen größeren werden Sie im Buch nicht finden: Jan Brauns mit 34-Kilo-Spiegler.

FÜR GESCHMACK, GERUCH UND GEHALT

Sind Sie in den Produktbeschreibungen der Futtermittelanbieter schon über Begriffe wie Alanin oder Methionin gestolpert? Dabei handelt es sich um proteinogene Aminosäuren, die Bausteine der Proteine von Lebewesen. Unterschieden wird zwischen essentiellen und nicht essentiellen Aminosäuren. Erstere sind lebensnotwendig und können vom Körper nicht aufgebaut werden, sie müssen also mit der Nahrung zum Fisch kommen. Muscheln, Krebse, Schnecken – einen Eigengeruch hat Karpfens natürliche Nahrung bestimmt nicht. Dafür aber eine Botschaft, bei der die Geschmacksknospen der Fische ausschlagen. Und die senden Aminosäuren aus, da sie hoch wasserlöslich sind! Die Qualität des Proteins einer Zutat ist von seiner Aminosäurezusammensetzung abhängig, denn nicht alle Aminos sind nützlich für den Fisch. Werner Steffens zählt in „Der Karpfen" die zehn essentiellen Aminosäuren auf: Arginin, Histidin, Isoleucin, Leucin, Lysin, Methionin, Phenylalanin, Theronin, Tryptophan und Valin. Je ähnlicher die Aminosäurezusammensetzung der des Karpfens ist, desto besser ist die Verwertung. Darum kann hochwertiges Fischmehlprotein beispielsweise zu 95 Prozent verdaut werden! Wenn wir also Zutaten suchen, die der natürlichen Nahrung des Karpfens wirklich nahe kommen, die tatsächlich vom Fisch wahrnehmbare Fressreize aussenden, hier sind sie:

LT Fischmehle: LT steht für „low temperature", also niedrig temperiert während des Herstellungsprozesses. Diese Mehle werden durch Dampftrocknung bei 70 Grad aus getrockneten Fischen und Fischabfällen hergestellt. Im Gegensatz zur Produktionsweise bei 130 Grad (FD, flamedried) bleiben mehr Proteine enthalten, da die Eiweiße, aus denen Fischfleisch aufgebaut ist, bereits bei 70 Grad denaturieren. Hochwertige Fischmehle sind hervorragende Boilie-Zutaten. Die Eiweiße dieser Mehle sind nahezu vollständig wasserlöslich, also hervorragend wahrnehmbar und noch dazu vom Karpfen bis zu 95 Prozent zu verdauen und umzusetzen. Darum ist auch Fischprotein (separat erhältlich) eine der besten, käuflichen Zutaten für unsere Boilies. Fischmehl muss nicht höher als 45 Prozent dosiert werden, da es in höheren Konzentrationen keinen Mehrwert bringt und auch nicht gerade die Verdauung fördert (besonders, wenn noch die Nährstoffe anderer nahrhafter Zutaten wie Eier hinzukommen). Deutlich bergab mit der Fängigkeit geht es aber bei weniger als 30 Prozent im Boilie! Ideal also: 35 Prozent. Fischmehle bestehen meist hauptsächlich, längst nicht vollständig aus den Fischarten, deren Namen sie tragen. Wer ganz sicher gehen will, sollte statt auf den Namen lieber auf Protein, Fett, Asche und Histamin achten, also die Werte, die der Hersteller angibt. Rein optisch lassen sich Fischmehle nicht zuordnen. Aber seis drum, am wichtigsten ist sowieso die Frische des verwendeten Mehls. Denn neben rund 60 bis 80 Prozent Proteinen enthalten Fischmehle bis zu 12 Prozent Fette (darunter die wichtigen ungesättigten Fettsäuren). Und die werden ranzig. Verdorbene Fette sind giftig!

Garnelen(voll)mehl: Garnelenmehl wird aus Schalen gewonnen und hat einen extrem starken Eigengeruch, allerdings schwimmt es. Das Vollmehl wird aus ganzen Garnelen hergestellt, sinkt, ist aber teurer. Dosieren Sie schwimmendes Mehl nicht höher als 5 Prozent. Vollmehl kann auch doppelt so hoch dosiert werden. Zusammensetzung wie bei normalem Fischmehl. Oft enthält Garnelenmehl auch anderes Fischmehl. Definitiv ist es aber ein guter Attraktor, der die Sensorik des Fisches wirklich anspricht. Im Asia-Laden finden Sie eine Garnelenpaste, die Sie hervorragend um Ihre Hakenköder kneten können:

Belachan besteht aus vorfermentierten Shrimps. Fermentation bedeutet Zersetzung und macht die Zutat noch interessanter. Denn bei diesem Prozess werden die Aminosäuren aufgespalten. Dadurch sind sie vom Fisch noch besser wahrzunehmen und vor allem umzusetzen.

Lebermehl: wird aus Hühner-, Schweine-, Rinder- oder Dorschleber gewonnen, hat einen besonders intensiven Geruch und Geschmack und gehört zu den Zutaten, die sehr anziehend auf Karpfen wirken. Nicht nur mit 5 bis 10 Prozent im Boilie, sondern auch, um Ihre Köder nachzubehandeln, sind Leberextrakte sehr zu empfehlen. Rinderleberextrakt ist ein Wahnsinns-Additiv, da es sich zu 100 Prozent in Wasser löst. Leider hat es auch seinen Preis.

Muschelextrakt: Auf das Pulver der grünlippigen Muschel (als GLM Powder erhältlich), ein Import-Produkt aus Neuseeland, schwören wir, da es randvoll sitzt mit Aminosäuren, die in einer der Hauptnahrungen von Karpfen vorkommen. Das feine Mehl geht bei einer guten Dosierung von bis zu 10 Prozent im Mix ordentlich ins Geld. Auch viele andere Muschelextrakte, zum Beispiel aus Miesmuscheln, sind super Zusätze – allerdings so extrem teuer, dass sie als Futtermittelzusatz nicht in Frage kommen. Die Kilopreise liegen jenseits der 100-Euro-Marke. GLM ist noch relativ günstig, da das Muschelfleisch ein Abfallstoff aus der Glucosaminglucan-Produktion für die Behandlung von rheumatischer Arthritis ist. Nur das Glucosaminglucan wird der Muschel entzogen, der hoch proteinhaltige Rest wandert in die Futtermittelindustrie. Andere Muscheln werden nur der Nahrungsmittelkette zugeführt und damit komplett verwertet. Kein Abfall, also teuer...

Blutmehl: Die in den Roten Blutkörperchen befindlichen Hämoglobine sind eisenhaltige Proteinkomplexe. Die Bindefähigkeit dieses staubfeinen Mehls hängt vom Hämoglobinanteil ab. Doch in allen Varianten bindet es sehr gut und ist zudem ein hervorragendes Lockmittel. Denn Blutmehl hat einen prägnanten Eigengeruch und Geschmack, besteht zu satten 85 Prozent aus Proteinen und ist dabei hoch wasserlöslich! 5 Prozent im Mix reichen, bis zu 20 sollten möglich sein.

HÄRTER UND VERTEILER

Diese Zusätze dienen dazu, den Boilie hart zu machen und – noch wichtiger – unsere Additive auch durchzulassen! Denn wenn wir das Gute innen durch den Kochvorgang von außen versiegeln, bringt es uns gar nichts...

Casein: ein Kuhmilchprotein, das reich an einer für den Proteinaufbau des Körpers wichtigen Aminosäure ist: L-Glutamin. Es besteht bis zu 93 Prozent aus Proteinen, ist sehr leicht verdaulich, aber nicht wasserlöslich – ein Härter also, der nicht zu hoch dosiert werden sollte (5 bis 15 Prozent). Angeboten wird es in 30, 90 und 110 Mesh. Die Mesh-Zahl gibt die Körnung an, je mehr Mesh, desto feiner. Je weniger Mesh, desto härter werden die Boilies. Zusammen mit Eggalbumin sorgt es für gute Bindeeigenschaften.

Eialbumin: wird aus reinem Eiweiß hergestellt und schmeckt bitter. Es hat zwar seinen Preis, ist aber der beste Binder. Eine Dosierung von 3 bis 5 Prozent reicht, um ordentlich harte Pillen zu bekommen. Wenn Christopher an Gewässer mit vielen Krebsen oder Katzenwelsen fischt, rollt er Boilies in zwei Härtegraden aus einem Mix. Eine kleine Menge bekommt ganze 10 Prozent Egg Albumine – für die Hakenköder.

Milchpulver: getrocknete Milch, reich an Proteinen (also auch Aminosäuren) ist vollständig wasserlöslich und schmeckt gut. Das Pulver enthält Milchzucker, verwenden wir mehr als 15 Prozent, verklebt der Mix und lässt sich kaum mehr verarbeiten. Ideal sind 10 Prozent.

Lactalbumin: auch Wheyprotein genannt, wird aus Molke (Nebenprodukt der Käseherstellung) gewonnen, ist also ein Milchprotein. Lactalbumin hat die höchste biologische Wertigkeit aller Proteine, kann also besonder gut in körpereigenes Protein umgesetzt werden – zumindest beim Menschen. Doch auch für Karpfen ist es alles andere als minderwertig. Und die Fische scheinen den süßen Geschmack zu lieben. Es verleiht dem Boilie ab Zugabe von 10 Prozent eine gummiartige Konsistenz, die direkt nach dem Kochen am höchsten ist. Nach dem Abkühlen verliert es diese Struktur, daher eignet sich Lactalbumin nur bedingt alleine als Binder. Immer in Verbindung mit Eialbumin und Casein verwenden.

KÖRNER UND KRISTALLE

Vogelfutter: Es eignet sich hervorragend, um die Struktur des Boilies gröber zu machen, damit er im Wasser besser seine Inhaltsstoffe freigibt und gut verdaut werden kann. Zudem haben die Körner häufig einen guten Eigengeschmack. Verschiedene Aufzuchtfuttersorten und der süß schmeckende Klassiker Quicko bieten sich in Dosierungen bis 20 Prozent an. Das extrem würzige, für unsere Zungen schon scharfe Robin Red vom englischen Hersteller Haith's kennt und verwendet mittlerweile fast jeder. Trotzdem: Robin Red ist und bleibt einfach gut! Schärfe nehmen Karpfen wahr und sie mögen es sogar richtig scharf! Robin Red enthält unter anderem: roten Pfeffer, spanischen Pfeffer, Cayennepfeffer, Chili- und Paprikapulver. Diese Zutaten bekommen Sie auch günstig einzeln im Großhandel. Doch Robin Red sticht in seiner Fangkraft heraus. Wahrscheinlich liegt das am hohen Ölgehalt der enthaltenen Gewürze dieser besonderen Mischung. Ab 4 Prozent Anteil ist es nicht nur wirkungsvoll, es beeinflussen auch die Farbe des Köders.

Geschmacksverstärker: Schmeckt die Suppe fad, kommt Salz rein. Im Boilie ist das nicht anders. Die natürlichen Kristalle sind hervorragende Geschmacksträger und machen jede Kugel besser. 20 Gramm Meersalz je Kilo reichen völlig. Die im Handel angebotenen Geschmacksverstärker sind meist Hefeextrakte und damit empfehlenswerte Naturprodukte.

FLÜSSIGE ZUSÄTZE

Fischöl: Öl hat eine hohe Lockwirkung und da es aufsteigt, spricht es auch Karpfen an, die sich in höheren Wasserschichten bewegen. Gut geeignet im Boilie oder zum Nachbehandeln. Außerdem enthalten Öle essentielle, ungesättigte Fettsäuren. Karpfen sind darauf angewiesen, Fettsäuren aus der Omega-3- und Omega-6-Serie mit der Nahrung aufzunehmen – zum Beispiel durch den Anteil in Fischmehlen oder -ölen. Werner Steffens beschreibt, dass ein höherer Fettgehalt im Futter die Proteinnutzung verbessert und gibt 10 bis 15 Prozent Fettanteil im Futter als ideal an. Nährwert liefern Öle das ganze Jahr durch, in der kalten Jahreszeit aber klappt es nicht mehr mit der Löslichkeit. Bei unter 20 Grad Wassertemperatur sind die meisten Öle nahezu unlöslich und schwerer zu verdauen. Es ist also sinnvoll, sie im Winter wegzulassen oder niedrig zu dosieren.

Knoblauch- und Pfefferöl: Diese Öle sind besonders intensiv, frisch gepresster

Zum Benetzen ideal: Flüssige Extrakte sind reich an Aminosäuren, die schreien: „Friss mich!"

Knoblauch oder Granulat sollten aber kaum schlechter sein. Knoblauchöl wie -Extrakt sind Top-Zutaten. Was Karpfen an Knoblauch finden, wissen wir nicht. Doch machten wir alle sehr gute Erfahrungen mit diesem Additiv – auch instant.
Melasse (Betain): Der klebrige, dunkle Zuckersirup ist ein Nebenprodukt der Zuckergewinnung aus Zuckerrüben und reich an Betain. Das Extrakt selbst wird für die Medizin und Kosmetik aus Melasse gewonnen und ähnelt in seiner Struktur einer Aminosäure. Betain kommt in diversen Pflanzen, aber in erhöhter Konzentration auch in Muscheln und Krebsen vor. Darum schlagen bei diesem Stoff die Geschmacksknospen eines Karpfens aus! Für die Verarbeitung von Betain im Mix spricht, das es nicht hitzeempfindlich ist. Die Melasse eignet sich sehr gut, um damit fertige Boilies zu übergießen.
Fischsauce: Diese günstige Zutat bekommen Sie in jedem Asia-Laden. Da die Saucen für den Verzehr produziert werden, enthalten sie viele fischige Feinheiten, die in Nebenprodukten nicht mehr zu finden sind. Hergestellt werden manche Saucen durch Fermentation. Der Prozess erhält die Inhaltsstoffe und Aminosäuren werden vorverdaut, also aufgespalten und sind dadurch vom Fisch besser wahrzunehmen und zu verdauen. Ob zum Nachbehandeln der Boilies oder im Mix, Fischsaucen sind top und reich an natürlichen Betainen.
Fleischextrakte: Fleischsuppen, Brühen und Bouillons aus dem Supermarkt werden oft ähnlich produziert wie die Saucen und enthalten haufenweise freie Aminosäuren.
Süßstoffe: Karpfen lieben Süßes. Zucker beschleunigt die Gärung von Partikeln. Im Boilie macht synthetischer Sweetner eine bessere Figur. Die Süße können Fische wirklich aus dem Wasser schmecken und Sweetner hebt den Blutzuckerspiegel nicht an. Probieren Sie jeden Süßstoff vorher. Eine cremige Süße ist perfekt, bitterer Nachgeschmack ist weniger gut.

Meine Instant-Köder – süß und sauer
Südfrankreich, Ende März 2009. Anders als bei uns im kühlen Norden war dort schon der Frühling eingezogen, die Stauseen hatten Vollstau und wir fanden die Fische bei den Einläufen im Flachen. Christian und ich hatten zwölf Tage Zeit und wir wollten viel sehen und erleben. Darum entschieden wir uns, nur nachts und bis spät in den Morgen zu fi-

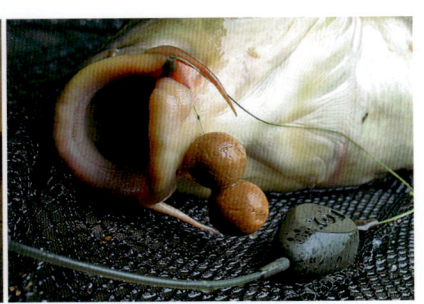

Instant-Köder müssen arbeiten, sobald sie das Wasser berühren – dann bringt die schnelle Nummer auch den schnellen Fisch!

schen und die Tage für Erkundungsfahrten an andere, uns noch unbekannte Seen und Flüsse zu nutzen. Für die Tour hatten wir einen Fisch-Boilie mit hohem Lebermehl-Anteil und viel Robin Red gerollt, recht salzig im Geschmack und basierend auf dem Biored-Mix von DD Bait (damals war ich noch Testangler von DD Bait/Prologic). Eher als Notreserve waren auch einige Kilo Monster Crab Fertig-Boilies im Gepäck. Es war reiner Zufall, dass wir mit diesen die Session begannen. Denn als wir früh morgens ankamen und sofort die Fische ausmachten, fanden wir – ohne den Wagen ausräumen zu müssen – zuerst die Readymades. Also verteilten wir mit dem Wurfrohr einige Boilies im Großbereich einer flachen Bucht, um abends dort das Angeln zu beginnen und zogen auch die Fertigen auf. In der ersten sehr kurzen Nachtsitzung fingen wir drei Karpfen. Da wir einen Großteil der Ausrüstung im Auto ließen, um morgens ohne Aufwand abfahren zu können, blieben wir bei den griffbereiten Fertig-Boilies. Nacht zwei übertraf unsere Erwartungen: Zwölf Fische bis 23,5 Kilo glitten in die Maschen. Die Fische waren voll da, dass bewiesen sie uns nachts deutlich. Überall rollten und sprangen Karpfen. In der dritten Nacht wollten wir darum unser Ass im Ärmel auspacken: die frischen, inhaltsschwangeren Selbstgerollten. Nach dem Einpacken fütterten wir (wie zuvor auch) einige Boilies vor. Voller Zuversicht warteten wir bis lange in die Nacht hinein hinter den Ruten auf den ersten Run. Nichts hatte sich verändert, Luftdruck und Temperatur waren gleich geblieben, noch immer zeigten sich die Fische überall. Erst im Morgengrauen rettete uns ein knapp 20-pfündiger Schuppi vor der Blank-Nacht. Wir waren mehr als verwirrt. Es konnte nur der Köder Schuld sein. Es waren so viele Fische in dem Bereich und die Bucht so groß, dass der Angeldruck aus zwei Nächten kaum eine negative Wirkung hätte zeigen dürfen. Also setzten wir für die kommende Nacht wieder auf die Fertigen und fingen acht dicke Spiegelkarpfen. Im weiteren Verlauf des Trips rührten wir die roten Fischkugeln nicht mehr an, das Vertrauen war dahin. Auf die Monster Crabs fingen wir auch an den anderen Gewässern, die wir besuchten, fantastisch. Doch nach der Tour startete Christian mit den Biored-Boilies eine längere Futterkampagne. Viele Fische durfte ich ihm im Laufe der Saison ablichten, alle bissen auf den Boilie, der in Frankreich so kläglich versagte.

Was war geschehen? Im Nachhinein ist die Erklärung leicht: Die selbst gerollten Fisch-Boilies waren instant einfach unwirksam, da sie anscheinend trotz des tollen Inhalts kaum Fressignale aussendeten – wir streckten den Mix mit Getreidemehlen auf, vernachlässigten aber die Wasserlöslichkeit. Es bedurfte einer langen Kampagne, den Fischen beizubringen: „Wir sind fressbar und nahrhaft!" Dann aber funktionierten sie super. Mit den Monster Crab Boilies der alten Generation fing ich wirklich überall exzellent, ohne vorzufüttern. Die Köder basierten auf einem Getreidemix mit marginalem Fischmehlanteil und wenigen Prozent wasserlöslichen Fischproteinen. Schon der Wasserglastest belegte, dass sie schnell arbeiteten, ihre Signale also verlässlich aussendeten. Die Getreidemehle waren größtenteils Ballaststoffe und passierten schnell den Darm. Durch synthetischen Sweetner waren die Köder sehr süß mit cremigem Nachgeschmack, Süße ist ein sehr guter Instant-Attraktor. Der Monster Crab Flavour war das Original von Rod Hutchinson, ein bewährter Klassiker. Ganze Hanfkörner im Boilie sorgten für den „Crunch-Effekt" und eine offene Struktur. Buttersäure brachte einen unscheinbaren, aber stechenden Geruch. Besonders das Aroma in Verbindung mit Buttersäure mache ich für den Erfolg des Köders verantwortlich. Letztlich kommt es zuerst darauf an, dass die Fische unsere Köder schnell finden und als fressbar erkennen. Neben den beschriebenen Fresssignalen halte ich auch Säure für fressstimulierend. Karpfen werden Säureschwankungen wahrnehmen, da sie in der Natur zum Beispiel durch die Ausscheidungen von natürlicher Nahrung vorkommen. Viele Aromen, mit denen ich sehr gute Erfahrungen sammelte, enthalten Säuren (wie Fruchtsäuren): Scopex in diversen Abwandlungen, Squid/Octopus, Monster Crab und Pineapple. Besonders interessant finde ich Buttersäure, die in reiner Form riecht wie Erbrochenes. Was auch immer Karpfen daran finden, ich halte Köder mit Buttersäure-Aromen für die besten Instant Boilies. Grundsätzlich nutze ich Flavour aber eher zurückhaltend. Zu unsicher bin ich, worauf Karpfen wirklich stehen, die Duftträger Ethylalkohol (oder andere) und Öl oder das tatsächliche Aroma? Auch gibt es genügend Beispiele, die gegen zusätzliche Aromen sprechen: Meik Pyka, Tim Roski und Sven Brodbeck testeten es 2007 am damals noch eher jungfräulichen Lac Bin el Quidane in Marokko. Sie fütterten und angelten mit Mais und fingen eine unfassbare Serie – unter anderem den damaligen Afrika-Rekord. Sobald sie den Körnern flüssiges Aroma zuführten, war der Futterplatz wie ausgestorben. Wenn wir uns also nicht sicher sind, lassen wir die Düfte lieber weg. Gute Düfte wie die oben genannten verwende ich unterdosiert. Viele Flavour sind nicht mehr als Marken, bestimmt aber keine Attraktoren. Sie locken nicht, sie dienen nur dem Lerneffekt: Etwas riecht, wird durch Neugierde aufgenommen, als fressbar erkannt und schon wird ein bestimmter Geruch mit Futter in Verbindung gebracht. So funktioniert – zumindest in der Theorie – die Dressur. Die oben genannten Aromen stechen dadurch heraus, dass sie eben doch attraktiv sind. Mit fruchtsäurehaltigem Ananas-Aroma unterdosiert in einem Getreidemehl-Boilie mit Garnelenvollmehl als einziges Additiv fing ich super am Cassien. Ausschlaggebend ist aber meiner Meinung nach die Säure, nicht der Duft! Ein Aquarientest belegte das: Ließen wir Stückchen von Boilies mit reichlich saurem Orangen-Aroma ins Becken rieseln, wurden

22, 20, 23,5 Kilo – ich fing viele Große auf Köder, die saure Aromen beinhalteten – wie Monster Crab, Scoberry oder Pineapple.

die rund 300 Gramm wiegenden Spieglerchen zu Piranhas. Gut arbeitende, also Fresssignale aussendende Fisch-Boilies sind instant großartige Köder. Von wegen, Fisch-Murmeln fangen nur nach vorherigem Füttern. Auswaschen müssen sie eben schnell, darauf sollten wir beim Zusammenstellen achten. Sehr gute Erfahrungen sammelte ich mit natürlichen, frischen Extrakten. Die eignen sich besser für Instant-Köder, da sie schnell verderben: 2004 verarbeitete ich in zwei unterschiedlichen Mixen (eine Getreidemehl-Mischung mit Krillmehl namens Crustacean-Mix von DD Bait und eine sehr fischige Kombination aus Savoury Fish Mix und Birdfood Rot von WS) frische, Rote Mückenlarven. Die sind in gefrorener Form im Aquaristik-Bedarf erhältlich und gehen ins Geld, wenn wir damit ein paar Kilo veredeln wollen. Außerdem ist das Auftauen aufwändig und sie schimmeln schnell. Aber: Brachte ich von diesen Murmeln ein paar Kilo auf einer größeren Fläche ein und die Bedingungen passten, drehten die Fische förmlich durch. Mit dieser Zutat in den Boilies erlebte ich am Glabbacher Bruch eine Session, die mir und der dortigen Szene wohl unvergesslich bleibt. 19 Runs in drei Nächten, 17 Karpfen auf der Matte, darunter drei der begehrten Top-Fische. Und das bei einem damals nur rund 75 Fische starken Bestand auf 30 Hektar Wasserfläche. Gute Instant-Fischmurmeln sind zum Beispiel die Freshwater und GLM von Naturebaits, die Proton-Serie von Pelzer Baits oder Signal von Starbaits. Eine ungewöhnliche Zutat mit guter Instant-Wirkung ist Parmesan-Käse. Ein Jungangler aus einem meiner früheren Vereine verwendete geraspelten Käse in einfachen Getreide-Mischungen ohne Aromen und angelte mich damit mal regelrecht nass. Zum Fallenstellen ohne Vorfüttern eine interessante Alternative zu weißen Pop Ups, denn für seine Köder sprach auch die weißliche, auffällige Farbe. Dagegen spricht der horrende Preis für große Mengen Parmesan...

Gut konserviert

Zwar lautet mein Motto: Je weniger zweifelhafte Inhaltsstoffe, desto besser. Konservierern konnte ich aber nie eine negative Wirkung nachweisen. An einem Hamburger Baggersee machte ich die Probe aufs Exempel und führte eine Langzeitkampagne mit Fertig-Boilies durch. Das Futter wurde dankbar angenommen, trotz hohem Angeldruck und erfahrenen Fischen. Allerdings fütterte ich reichlich Partikel bei, deren hoher Ballaststoffanteil den Karpfen dabei hilft, so ziemlich alles zu verdauen. Welche Konservierungsart ich wähle, hängt vom Einsatzgebiet ab. Zum Fallenstellen mit niedrigem Futtereinsatz sind konservierte Boilies gut geeignet. Dann wähle ich durch Zuckerstoffe haltbar gemachte Kugeln, die auch nicht länger als ein paar Wochen ohne Schimmelbildung liegen bleiben. Sehr bewährt haben sich bei mir zum Beispiel „Readies" von Mainline (Banoffee), Naturebaits (Freshwater) und TT Baits (Multiberry). Freezer Baits verwende ich für längere Futterkampagnen. Sie enthalten keinen Konservierer und werden durchgefroren geliefert. Ich kann sie dann im Froster lagern, salzen oder zuckern, um sie haltbar zu machen. Durch Trocknen bestimme ich sogar selbst den Härtegrad. Vertrauen habe ich zum Beispiel in den Triple S Boilie von Proline. Dessen Zusammensetzung entspricht meinem Boilie-Ideal für Futterkampagnen: Er basiert auf Fischmehl, enthält echtes Robin Red von Haith's, schmeckt dank reichlich Sweetner cremig-süß und beinhaltete Knoblauchpulver für Duft und Geschmack. Dazu ein bewährtes Aroma mit Buttersäure-Anteil: Squid and Octopus. Dieser Boilie braucht seine Zeit unter Wasser, er arbeitete nicht gerade schnell. Das hilft gegen Brassen und bei Futterintervallen von zwei Tagen ist es genau richtig. Durch Lufttrocknung wird er steinhart, also sehr resistent gegen Mitesser am Futterplatz. Außerdem enthält er keine Eier.

Links: Ein schöner 30er von der Frankreich-Tour. Rechts: Sind wir ungeduldig, muss der Köder passen.

Ohne Eier?

Die tierischen Proteine und Fette aus Eiern stellen zwar für Karpfen eine sehr hochwertige Energiequelle dar, aber es liegt auf der Hand, dass sie in großen Mengen auch schwer zu verdauen sind. Zehn Eier je Kilo Mix zusammen mit protein- und fetthaltigen Mehlen machen Boilies zu Kalorienbomben. Ist so, als würden wir uns alleine einen ganzen Kuchen einverleiben. Ein Karpfendarm (sie haben ja keinen Magen) muss schon einiges abkönnen, um das zu verwerten. Unter der harten Eierschale verbergen sich immense Mengen Proteine und Fette, die – komprimiert in einem Boilie – in dieser Form kaum in der Natur vom Fisch zu finden sind. Boilies stellen eine hochwertige Nahrung dar, die einfach und ohne Energieaufwand aufnehmbar ist. Das und ihre Selektivität machen sie so erfolgreich. Mit den Eiweißen aber sollten wir es trotzdem nicht übertreiben. Was die Eier mitbringen, reicht eigentlich aus. Fisch- oder Fleischmehle kamen in meinen Rollerzeiten als Lockstoffe in den Mix, nicht, um den Proteingehalt nach oben zu bringen. Eddy Sterckx sagt, Karpfen würden den Geschmack von Eiern nicht mögen. Doch mehr als 30 Jahre Boilie-Angelei in Deutschland, etliche Rekorde und Traum-Sessions so vieler Karpfenangler stehen dagegen. Viele Firmen verzichten in ihren Boilies trotzdem mittlerweile auf Eier. Wenn Sie selbst rollen, auf Eier aber verzichten wollen, versuchen Sie es mal mit der Ersatz-Zutat Nyco-Meth 2000 von Naturebaits.

Partikel

Partikel sind reich an Zucker, Aminosäuren, ätherischen Ölen und Fetten. Richtig vergoren kann ein Karpfen sie wesentlich besser verdauen als die Boilie-Proteinbomben. Die Nüsse und Körner sind reich an Ballaststoffen, sie helfen den Karpfen also sogar dabei, jeden noch so unverdaulichen Boilie aufzuschließen und sauber durch den Darm zu bringen. Außerdem liefern sie Energie in Form von Kohlenhydraten und essentiellen Fettsäuren. Doch erst der Kochvorgang und vor allem die Gärung machen aus unauffälligen, trockenen Partikeln eine reichhaltige, verdauliche Lockstoff-Suppe. Bei vielen Karpfenanglern kommen Partikel höchstens als Beifutter zum Einsatz, selten aber ans Haar. Das macht sie an manchen Gewässern zur Geheimwaffe. Denn wenn viele Karpfenangler Partikel beifüttern und mit Boilies angeln, werden alle Karpfen Partikel fressen, aber auf Boilies gefangen. Mit welchem Köder werden sie wohl die schlechten Erfahrungen verbinden? Und was sollte jetzt besser an Ihrem Haar baumeln? Körnchen! Aber besser keine Pakete. Wenn Tigernuss & Co nun mal einzeln am Grund liegen, sind ein bis zwei am Haar natürlicher. Obwohl: Mein Freund Meik kommt da als Regelbrecher daher. An seinem „Hausgewässer", dem Cassien, zieht er schon mal Ketten aus drei, vier Nüssen und zwei Stückchen Kork auf. Der Kork mittig auf dem Haar sorgt für Auftrieb. Am Grund liegt das Ganze dann wie eine Banane mit der Krümmung nach oben. Der Effekt: Der ausbalancierte Köder landet schnell im Maul eines fressenden Fisches, ist aber wegen seiner länglichen Unform nur schwer wieder loszuwerden – schon sitzt der Haken. Als Meik mir dieses Rig zeigte, konnte ich nicht groß aufmucken, denn kurz vorher fing er darauf Anni-Chardonnay, einen der heiß begehrten Schuppis – mit 26 Kilo. Und noch eine Ausnahme: Als letzte Rettung vor rekordverdächtigen Brassenfängen kommt da doch besser eine Körner-Kette ans Haar. Übrigens der einzige Nachteil mancher Partikel: selektiv sind sie wirklich nicht, aktivieren aber Futterplätze dadurch schnell.

Kochkurs für Körner

Erst durchs Kochen und Gären werden Partikel zu Topködern: Das heiße Wasser macht die Körner nicht nur weicher, es wandelt ihre Stärke in löslichen Zucker um und setzt die attraktiven, ätherischen Öle frei. Bei der Gärung werden die Proteine durch Hefeenzyme zu Aminosäuren aufgespalten, sozusagen vorverdaut: echte, natürliche Lockstoffe zum kleinen Preis – richtige Zubereitung vorausgesetzt. Leitungswasser unterscheidet sich oft sehr in Geschmack, Kalkgehalt und pH-Wert von Seewasser. Bestenfalls kochen wir

Meine Mischung: Tigers, Mais, Hanf, Weizen, Rosinen.

Links: Gut gegen Krebse – ein Boilie auf dem Haar, eine Nuss auf dem Verlängerungsstopper.
Mitte: Meik mit Chardonnay.
Rechts: Ausbalancierte Nüsse landen schnell im Rüssel.

unsere Partikel also in dem Wasser des Gewässers, das wir damit beangeln wollen. Geht's um große Körnermengen ist das nur leider kaum möglich. Auf längeren Touren im In- und Ausland nehme ich darum meine fertig zubereiteten Partikel ohne Wasser in Wickelsäcken mit und fülle die Säcke mit Seewasser vor Ort. Hier ein Kochkurs für die von mir verwendeten Nüsse und Körner:

Tigernüsse – Einmal auf die Nuss gekommen können Karpfen damit nicht mehr aufhören. Die Tigernuss ist der bessere Boilie: noch härter und resistenter gegen Krebse und andere Plagegeister, dabei kleiner und natürlicher, aber mindestens genauso attraktiv. Was wir im Karpfensack finden sind nicht die unverdauten Nüsse. Die Karpfen entziehen den Leckerbissen neben Proteinen auch hochwertige Fette – zurück bleiben nur die Ballaststoffe! Die Nüsse einfach 24 Stunden in reichlich Wasser einweichen, dann rund 30 Minuten kochen und schön lange mit Wasser bedeckt stehen lassen. Nach kurzer Zeit entwickelt sich im Gärvorgang der charakteristische, süße Schleim. Zwei, drei Tage sollten die Nüsse mindestens gären, lieber noch länger, bevor Sie zum Einsatz kommen oder eingefroren werden. Wenn Sie den Nüssen nach dem Kochen etwas Zucker zugeben, beschleunigen Sie den Gärvorgang. Tigernüsse sind auch nach Tagen unter Wasser am Haar noch fängig. Sie können Ihre Montagen mit Nüssen also lange liegen lassen. Zum Beispiel in der ruhigen Bucht, die so nach „Big Fish" riecht, Störung aber nicht gut verträgt. Gerade am Cassien ist das eine Top-Taktik! Und auch am Rainbow Lake verdanke ich so einer „alten" Nuss einen 55-Pfünder. Tigers sind unter ihrer bräunlichen Schale weiß. Zerbeißen Sie mal ein paar Nüsse in der Mitte in zwei Teile und werfen sie ins flache Wasser. Was passiert: Die Hälften fallen immer mit der hellen Seite nach oben zu Boden. Auf dunklem Grund signalisieren also viele weiße Flecken: „Karpfen, komm und friss mich!" Meine Tigers auf dem Haar schäle ich immer etwas ab, um das helle Innere erkennbar zu machen.

Mais – Das gelbe Korn aus der Dose ist eine echte Süßigkeit für Karpfen, besonders im Winter. Allerdings sehen das Weißfische ganz ähnlich. Hartmais ist da schon selektiver – das ganze Jahr ein großartiger Köder. Am Grund ist er mit seiner gelben Farbe gut zu sehen, auf den leicht säuerlichen Geschmack fahren Karpfen richtig ab und uns Angler kostet das goldene Korn kaum etwas. Wirklich fängiger Mais erfordert allerdings etwas Vorbereitung: Am besten Sie bereiten ihn in einer Thermobox zu. Mais rein, ordentlich mit kochendem Wasser bedecken und dann mindestens zwei Tage stehen und ziehen lassen. Keine Thermobox zur Hand? Dann können Sie den Mais auch kurz aufkochen und zehn Minuten köcheln lassen. Solange die Körner mit reichlich Wasser bedeckt sind, können Sie danach gären – je heftiger der Mais stinkt, desto besser!

Hanf – Nein, nicht zum Rauchen, die kleinen schwarzen Körnchen sind gemeint. Aber ganz so dahergeholt ist der Vergleich nicht, denn auch auf Karpfen scheint Hanf eine berauschende Wirkung zu haben. Der Clou der Körner ist ihr hoher Ölgehalt und der Sound, den sie verursachen, wenn sie zwischen den Schlundzähnen der Fische platzen. Wenn Sie den Hanf in einer Thermobox mit kochendem Wasser übergießen, kommt binnen eines Tages der Keim hervor und das Öl tritt aus – eine unwiderstehliche, ätherische Wolke. Es reicht auch, Hanf kurz aufzukochen. Er muss nicht gären. Mit einer feinen Nähnadel können Sie Hanf (oder auch Weizen) auf feines Garn ziehen und bringen die kleinen Körnchen dann am Haken an. Doch mit Pech wird die Arbeit nur mit XL-Rotaugen belohnt. Eine klasse Erfindung ist das Arma Mesh von FOX. In dieses Netz können wir Hanf füllen und es aufs Haar ziehen.

Weizen – der ideale „Schwamm" für den Sud anderer Partikel, vor allem Hanf. Ein Teil Weizen und ein Teil Hanf in der Thermobox mit kochendem Wasser übergießen und 24 Stunden ziehen lassen. Der quellende Weizen saugt das Hanföl auf. Am Grund gibt er das Aroma wieder frei, kostet aber nur einen Bruchteil der schwarzen Körner.

Reis – Als Hakenköder ist Reis eher ungeeignet, aber aufgrund seiner weißen Farbe am Grund sehr auffällig. Im Asialaden gibt's Reis in Großgebinden von 25 Kilo für unter 30 Euro. Sie können ihn entweder kurz aufkochen und dann quellen lassen oder in einer Thermobox mit kochendem Wasser übergießen. Wie Weizen sind die weißen Körnchen ideale Flüssigkeitsspeicher. Nicht nur Hanföl lässt sich mit ihnen binden, auch Aromen, die Sie dem Wasser zugeben oder eine andere Zutat aus dem Asia-Shop: Fischsauce.

Rosinen – Wenn ich in Gebäck etwas hasse, dann Rosinen! Aber am Haar machen die verschrumpelten Trockentrauben was her. Am Rainbow Lake boten wir jeweils eine Sultanine in Kombination mit einer Tigernuss an. Bastian Reetz gab mir den Tipp, Tigernüssen nach dem Kochen Rosinen beizumischen. Das verstärkt die Gärung und macht die Nüsse noch süßer.

Für Hunde, Katzen und Karpfen

Frolic-Ringe baumeln an vielen Haaren. Leider aber häufig an denen der Angler mit großer Kühltruhe und Appetit auf Karpfen. Selten zum Einsatz kommt hingegen Katzenfutter. Ich verwende das günstige Dosenfutter in Grundfutter und Teig, den ich ums Blei knete. Wenn Sie auf Graser aus sind, probieren Sie das mal aus. Die großen Vegetarier aus Fernost fliegen auf das stinkige Zeugs aus der Dose! Stichwort Dose: Auf ein Stück Frühstücksfleisch am Haar fing Klaus Wegmann im Winter einen der damals größten Kanal-Spiegler des Ruhrgebiets. Natürlich ist die Auswahl an Ködern noch weit größer. Ich weiß von Fängen auf Spargel, Gummibärchen, Legosteine, Holzkugeln, blanke Haken, Nudeln, Brot, Paranüsse, Toffifee... Doch diese Leckereien eignen sich nur als Köder, nicht als Futter und am Haar machen sie auch keine gute Figur. FOX Arma Mesh lässt sich mit allerlei Leckerbissen füllen: Hanf, zerkleinerte Tigers, Fleisch, Thunfisch, Dosensardinen und was uns sonst noch so einfällt. Haferflocken gehören nicht nur ins Müsli. Sie sind dank ihrer Form und Farbe auffällig am Grund. Besonders im Frühjahr oder auch Winter, wenn weniger mehr ist, sorgt eine Handvoll Flocken über dem Köder für Extra-Reize. Das passt gut zu weißen Pop Ups.

Pellets

Ein verschmitzter Blick nach links, nach rechts, dann griff ich unauffällig nach den feinen Kieseln am Boden und schleuderte sie mit einer schnellen Handbewegung ins Wasser. Genau über der Pose rieselten die Steinchen auf die Oberfläche. Schwupps, schon war der rote Punkt verschwunden und eine fette Regenbogenforelle sprang im Drill. Die armen Zucht-Salmoniden sind auf das Geräusch der Pellets beim Füttern so konditioniert, ich will nicht wissen wie viele Steinchen sie an Forellenseen schlucken. Denn das Geräusch mit Kieseln zu imitieren, ist dort längst ein alter Hut. Auch in der Karpfenzucht werden Pellets eingesetzt, wenn auch mit höherem Getreide- und geringeren Proteingehalt. Von ihrer Zusammensetzung und Lockwirkung her sind Forellen- oder Heilbutt-Pellets das ideale Futter. Leider aber wirken die öligen Brocken wie ein Magnet auf Brassen. Darum verwende ich sie nur dort, wo die Schleimer deutlich in der Unterzahl sind. Gerne schütte ich zubereiteten Hanf samt Flüssigkeit in einen Eimer mit kleinen Forelli-Pellets und Weizen. Der ölige Hanfsaft wird voll aufgesaugt und unter Wasser wieder freigegeben. Zusammen mit wenigen Instant-Boilies ist das mein liebstes Frühjahrs-Beifutter.

Was kreucht und fleucht

Mark Bergmann spannte im Sommer am Cassien einen kleinen Scherenträger mit Bait Bands auf ein Stückchen Kork, welches er vorher aufs Haar gezogen hatte. Dann platzierte er den „Pop Up" auf dem Futterplatz. Ein paar Stündchen später lief die Rute ab, ein schöner Spiegler glitt in die Maschen. Schon vor Jahren angelte Meik Pyka dort mit zerkleinerten Krebsen in Nylon-Strümpfen am Haar und fing. Maden gelten in England als Top-Winterköder. An kommerziellen Gewässern in Frankreich kommen sie bei Spezialisten das ganze Jahr zum Einsatz – in Massen! Es wird für eine Wochensession mit hundert Litern Maden angerückt und erstmal Masse gefüttert, dann geerntet. Diese Taktik muss unglaublich erfolgreich sein. Doch wer kann hundert Liter Maden bezahlen? Würmer setze ich gerne beim „Stalken" ein. Zwei, drei agile Mistwürmer sind besser als ein Tauwurm. Völlig in Vergessenheit geraten sind Mehlwürmer (Schwarzkäferlarven). Damit unter der Match-Pose gewannen wir als Kids jedes Vereinsangeln.

Links: Das fängt, aber ich esse die Kugeln lieber selbst! Rechts: Pellets sind toll, Brassen sind blöd. Darum nur dort einsetzen, wo der Kescher selten verschleimt...

Kapitel 5

Geschichten vom Wasser

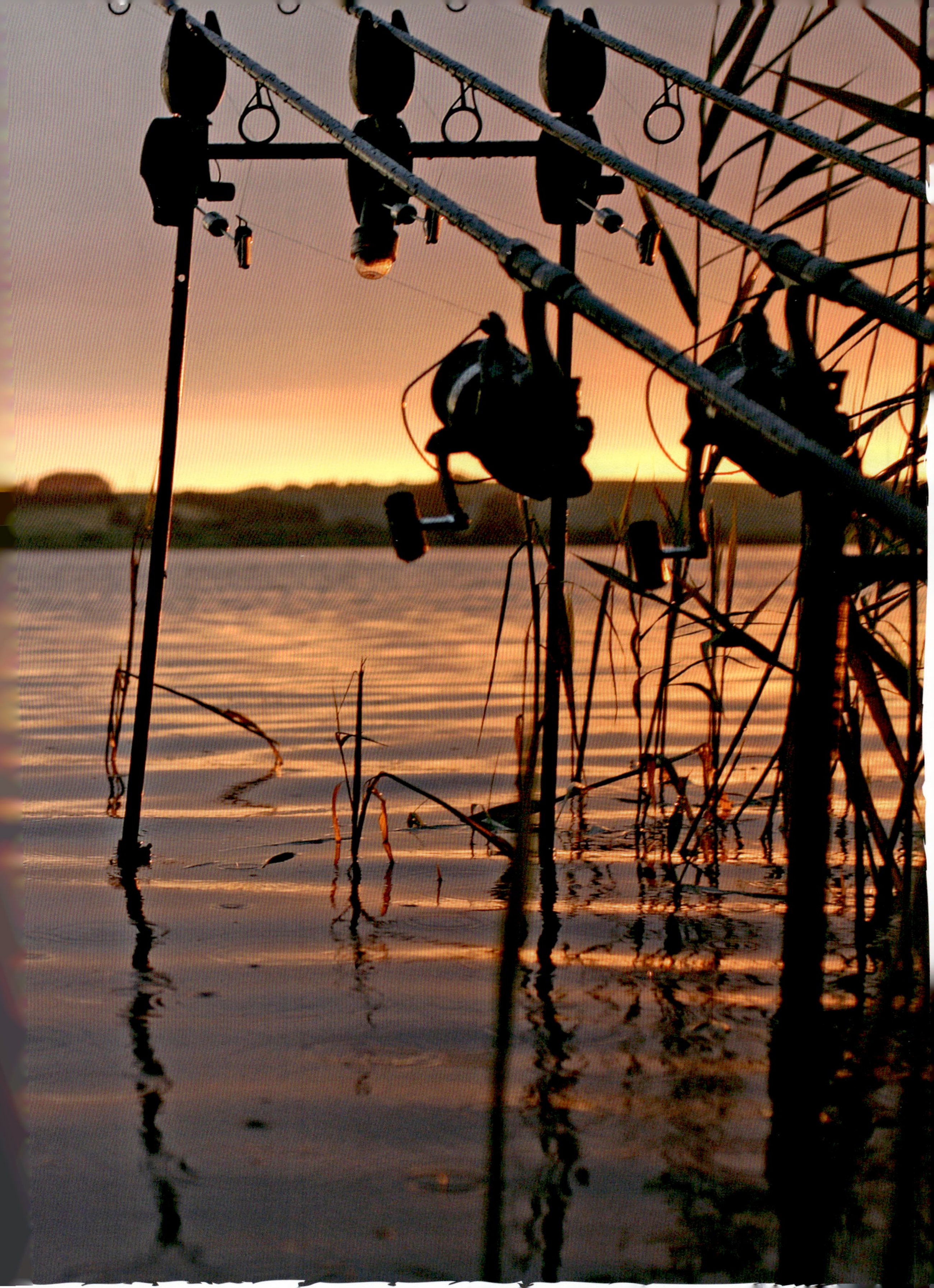

Links: Die Ruten mussten vorm Schilf im Wasser stehen. Rechts: Der Aufwand sollte sich lohnen!

Die Schönen und das Biest

von Hauke Kleinen

Karpfenangeln bedeutet für mich Abenteuer, die Flucht aus dem Alltagstrott. Dafür reicht mir nicht die eingeschobene Nachtschicht am Vereinsgewässer. Mein Abenteuer erwartet mich nach mindestens 100 Kilometern Autobahnfahrt gen Osten – an der Mecklenburgischen Seenplatte mit ihren 1001 Gewässern! Weite, unbetretene Schilfflächen, klares Wasser, tiefe Wälder und vor allem Ruhe. Hier sagt der Fuchs noch dem Igel gute Nacht. Als blutiger Einsteiger kam ich vor Jahren durch eine Guiding-Tour mit Sascha Pingel und Dieter Martens von Adventure Fishing in Hamburg auf den Geschmack. Gefangen habe ich einen kleinen Spiegler, aber das hat gereicht, ich leckte Blut! Die beiden Pioniere aus Hamburg und ich freundeten uns an. Sascha ist heute sogar Patenonkel meiner Tochter Mia. Gemeinsam beangelten wir viele Gewässer im „wilden Osten". Eines fahren wir noch heute an. Eine Perle, wie sie einmalig ist und an der ich den Schrecken meines Lebens erfuhr. Doch lest selbst:

DIE ENTDECKUNG

Im dichten Waldstreifen war gerade genug Platz für meinen Schirm, die Stelle nur vom Wasser begehbar und das Boot lag im lichten Schilf – vom Wasser aus nicht zu erkennen. Vor uns, wie so oft im Osten, lag eine lange Schilfkante mit einer netten Kante. Die Ruten wurden entlang der Kante verteilt und die Nacht brach herein. Resümee am Morgen: Sascha fing einen dunklen, alten 13-Kilo-Spiegler, ich hatte einen Aussteiger. Das war die erste Nacht an diesem gut 600 Hektar großen See, rund zweieinhalb Stunden von Hamburg entfernt. Sollte er es wert sein? Nach einem kräftigen Frühstück packten wir zusammen, um einen bestimmten Teil des Sees genauer zu erkunden. Sascha hatte im Laden von diesem Gewässer und seinen besonders schön beschuppten Spieglern gehört. Dieser See sollte ihre Heimat sein. Lange durchschnitt unser Boot, getrieben vom E-Motor, das unbewegte Wasser, bevor wir den angepeilten Bereich erreichten: eine riesige Bucht, komplett gesäumt mit Schilf. Erfreulich flach war der Bereich auch.

Je länger wir umherfuhren, desto sicherer waren wir: Wo, wenn nicht hier? Aber wo sollten wir aufbauen? Nach langem Suchen fiel mir ein grüner Streifen im Schilf auf. Beim Heranfahren entpuppte sich der Streifen als Hartschalenboot, das dort weit im Schilf festgemacht lag. Wir stiegen im brusttiefen Wasser direkt vor den Halmen aus und bahnten uns den Weg zum Boot. Der Kahn lag hier bestimmt schon einige Wochen, wenn nicht Monate unbenutzt. Darauf deuteten die Wassermengen im Rumpf hin. Wer hatte ihn hier abgelegt? Eine schmale Schneise führte 15 Meter durch das hohe Schilf zum Ufer. Wir folgten einem kleinen Trampelpfad, der sich im Unterholz verlief. Wir schauten uns die Uferstelle genauer an. Unter Laub und Gehölz lagen Eimer, Paddel und ein Tarnnetz. Alles sah unbenutzt aus. Wer lagerte hier seine Sachen mitten im Wald? Die Stelle machte keinen einladenden Eindruck. Riesige Bäume schirmten jedes Licht ab, das Schilf verdeckte die Sicht aufs Wasser, der Wald wirkte verformt und urig, es herrschte eine unheimliche Stille. Wir beratschlagten uns: Das war vielleicht eine Privatstelle. Womöglich würde uns der Besitzer wegjagen. Doch sie bot auch die einzige Möglichkeit, diese riesige Bucht zu befischen. Wir wollten es einfach drauf ankommen lassen!

Dafür liebe ich das Fischen im Osten: unentdeckte Juwelen und Abenteuer.

FAUCHEN IN DER NACHT

Am nächsten Freitag fuhr ich alleine los. Sascha gab mir seine schwimmende Abhakmatte mit, da wir die Fische im Wasser versorgen wollten. Meine blieb zu Hause – ein großer Fehler, denn ich hatte die Säcke und meine Waage in der Matte... Allerdings fiel mir das erst beim Beladen des Bootes auf – nicht gerade erbauend. 50 Minuten Überfahrt mit dem Schlauchboot, Camp aufbauen, Ruten raus. Die Sonne ging bereits unter und mit ihr verstarb jedes Geräusch. Die Vögel und anderen Tiere waren wie ausgeschaltet. Ich saß auf dem Schlauch meines Bootes, freute mich über das gute Wetter und spürte Kribbeln im ganzen Körper – wie immer an einem neuen Gewässer. Plötzlich röchelte und raschelte es hinter mir im Wald. Das Geräusch kommt aus der Ferne, dachte ich zuerst, realisierte aber schnell, dass der dichte Schilfgürtel für die Dämpfung verantwortlich war. Irgendetwas war da im Wald genau dort, wo mein Schirm stand! Ich glitt vom Boot ins Wasser und watete so leise wie möglich durch die Schilfschneise. Das Herz schlug mir bis zum Hals und übertönte das Geräusch aus dem Wald. Erst jetzt

Ich konnte wieder lachen, doch noch in der Nacht war ich starr vor Angst!

bemerkte ich die absolute Dunkelheit, auf die ich zu schritt. Es war so schwarz, dass ich meine Hände vor Augen nicht sehen konnte. Drehung um 180 Grad: schwaches Restlicht über dem Wasser. Drehung zurück: tief schwarz. An der Uferkante angekommen, vernahm ich das Röcheln wieder. Es kam tatsächlich genau von der Stelle, wo ich mein Zelt vermutete – keine fünf Meter entfernt! Jetzt konnte ich nicht mehr ohne Licht weiter schleichen. Ich verharrte einen Augenblick, atmete tief durch, führte die Hand langsam zu meiner Kopflampe und… Nein, die Anspannung war kaum zu ertragen. Was machte sich da an meinem Zelt zu schaffen und hatte mich bis jetzt anscheinend nicht wahrgenommen? Die Geräusche des Waldes waren mir wohlbekannt: Mäuse, Ratten, Marder, Dachse, Wildschweine, sogar Hirsche hatte ich schon als Gäste an meinen Angelstellen. Doch das hier war etwas anderes. Was??? Ein Schrecken durchfuhr mich. Das verlassene Boot, die Stelle, der Weg ins Nichts – sollte sich an meinem Zelt etwa ein Mensch zu schaffen machen? Nein, zu dunkel, unwahrscheinlich… Meine Hand wanderte wieder zur Lampe, ich zählte langsam rückwärts. Drei (mir war kotzübel), zwei (mein Herz überschlug sich), eins: Ein elektrisches, hohes Piepen durchdrang die Nacht und es strahlte Rot aus der Brusttasche meiner Wathose – der Receiver, Biss! Geblendet vom Licht der Diode setzte ich meinen bleiernen Körper in Bewegung und stolperte durchs Wasser zu den Ruten. Der Blank der Rute in meiner Rechten krümmte sich ordentlich, während ich ins Boot kletterte und dem Fisch mit dem Motor folgte. Langsam stellte sich die Routine wieder ein. Der Fisch kämpfe gut, doch zu „hibbelig" für einen großen. Nach wenigen Minuten rutschte der Schlagschnurknoten durch den Spitzenring, dann führte ich meinen ersten Fisch aus dem neuen Gewässer über den Kescher.

KEIN SACK WEIT UND BREIT

Ich versuchte, mich zu freuen. Mein Puls war bei schlappen 180 Schlägen angelangt und meine Atmung beruhigte sich nur langsam. Ich hob den Fisch ins Boot und fühlte durch das Netz über einen kalten, feuchten Körper. Jetzt musste ich doch Licht machen, um es mir zu bestätigen: Ein unglaublich schöner, voll beschuppter Spiegler lag vor mir. Eine Perle, wenn nicht der schönste Fisch in meiner bisherigen Karriere als Karpfenangler! So, jetzt schnell den Karpfen auf die schwimmende Matte und dann ab in den… Oh nein, die Säcke liegen ja schön trocken in Hamburg im Keller bei Sascha. Da fängt man einmal im Leben so einen Wahnsinnsfisch und dann das... Ich ging alle anderen Möglichkeiten im Kopf durch: Fisch auf Matte fotografieren, Fisch in Wathose zwischenlagern, Fisch in Kescher hältern – scheiße, scheiße, scheiße! Es ging nicht anders, ich machte Fotos auf der Matte und legte mit ungutem Gefühl die Rute wieder aus. Erst als ich den Schalter des Bissanzeigers wieder auf On umlegte, holte mich der Gedanke an die Geräusche wieder ein. Da ich jetzt aber von Euphorie getragen war, stapfte ich mit geschwellter Brust durch die Schilfschneise zum Zelt. Keine Spur von Mensch oder Tier. Ich legte mich auf die Liege und starrte ins Schwarz des Waldes. Selbst nach einer halben Stunde konnte ich die Hand vor Augen nicht erkennen. Mit einem mulmigen Gefühl lag ich da. Der Kopf spielte verrückt, doch irgendwann übermannte mich endlich die Müdigkeit und die Augen fielen zu. Ein Geräusch schreckte mich auf. Kerzengrade saß ich auf der Liege. Angestrengt lauschte ich ins Nichts. Was geht hier ab in diesem merkwürdigen Wald?! Dann piepte der Bissanzeiger und noch bevor ein Run daraus wurde, war ich in der Wathose und schon auf dem Weg zu den Ruten. Der Fisch kämpfte lange und als er endlich in die Maschen glitt, kündigte zartes Rotlicht am Horizont einen neuen Tag an. Auch darüber freute ich mich! Der Fisch war – wie konnte es auch gerade jetzt anders sein – noch größer und noch schöner als der erste. Ich klingelte Sascha im Morgengrauen aus den Federn, doch er konnte wie geplant erst am späten Nachmittag zu mir stoßen. Der Frust wegen der vergessenen Karpfensäcke wurde nur größer, denn bis zum Nachmittag fing ich drei weitere, natürlich voll beschuppte Spiegler. Im Wasser, das mir über den Bauch ging, machte ich miserable Selbstauslöser-Bilder und ärgerte mich so schwarz, wie die vergangene Nacht war. Nicht ein Fisch war letztlich dem Seltenheitswert entsprechend auf die Chipkarte gebannt.

ANGRIFF!

Als ich meinen Angelpartner auf dem Boot sah, stieg die Laune wieder. Ich war doppelt froh, hatte ich doch einen Fotografen und Partner zur Seite, der mir in der kommenden Nacht beistand. Es dämmerte bereits, als wir den gemütlichen Teil des Abends mit Käse und Rotwein auf dem Schlauchboot einläuteten. Schnell versank die Sonne am Horizont. Sie leuchtete feuerrot auf spiegelglattem Wasser. Wir waren in Goldgräberstimmung. Bis in die frühe Nacht saßen wir hoffnungsvoll bei den Ruten. Plötzlich war es wieder da, das unheimliche Geräusch, genau wie am Vorabend! Das Röcheln ging mir durch Mark und Bein. „Wildschweine", flüsterte Sascha, „die sind genau am Zelt!" Nein, das waren ganz sicher keine Wildschweine und vor allem war es nur ein Etwas. Ohne Licht wateten wir hintereinander durch die schmale Schilfstraße. Immer wieder stoppten wir und horchten in das tiefe Schwarz vor uns: Schmatzen, Rascheln, Kratzen, Schnaufen. Am Ufer angekommen verharrten wir. Sascha schaltete seine Kopflampe an und beleuchtete die Schirme. Nichts! Erleichtert schritten wir im kleinen Lichtkegel zum Camp. Plötzlich fauchte uns gefühlte fünf Meter entfernt etwas so bösartig und laut an, dass ich vor Schreck einfach instinktiv zurückbrüllte, so laut es meine Lungen hergaben. Etwas Großes löste sich aus der Dunkelheit und rannte in den Wald. Uns standen die Nackenhaare zu Berge. Sascha brachte keinen Ton hervor. Zehn Meter hinter uns befand sich ein steiler, gut 15 Meter hoher Hang. Mein Versuch, ihn am Vortag hinaufzuklettern, scheiterte. Doch dieses Ding schaffte es, binnen Sekunden die Anhöhe zu erklimmen. Ein letztes

Wenn wir am Land unerwünscht sind, steigen wir eben ins Boot – eine gute Entscheidung.

Fauchen hallte uns entgegen, dann waren wir wieder alleine mit der Stille. Was in Gottes Namen war das? Löwe, Säbelzahntiger, Wolf? Wir standen wie angewurzelt da und noch bevor wir uns wieder fingen, schrie ein Bissanzeiger auf. Sascha ruderte so schnell er konnte, ich nahm die Schnur auf. Das Boot warf kleine Wellen von den ruckartigen Paddelbewegungen. Der Fisch hatte am Schilf der gegenüberliegenden Buchtseite gebissen und zog kräftig von der Rolle. Sascha ruderte ihm nach, direkt ins Schilf! Ich erschrak, als mir die Halme an die Wangen schlugen. Der Schlagschnurknoten war noch lange nicht auf der Rolle, doch wir standen mitten im Schilf! Damit hatte ich nicht gerechnet. Der Fisch war ins Dickicht geflüchtet und dann etwas weiter aus ihm heraus in den See geschwommen. Ohne Rute stieg ich aus. Leichter gesagt als getan: Das Wasser stand mir immer noch bis zur Oberkante der Wathose. Auf Zehenspitzen nahm ich die Rute vom Boot und stolperte der Schnur folgend durch die „Binsen". Einen Zickzackkurs durchs Schilf und zehn Minuten später sammelte mich mein Angelpartner wieder ein – noch immer kein Fisch. Einige Meter weiter führte die Schnur erneut ins Schilf. Zum Glück leuchtete ich diesmal vorm Aussteigen ins Wasser: Direkt vorm Boot lag ein Karpfen, das Vorfach hing um einen Halm. Auf seiner Flanke lagen zwei, nein drei Linien goldener, großer Schuppen wie Apfelscheiben auf einem Pfannkuchen! Ich konnte mein Glück nicht fassen, als der Traumfisch ohne Gegenwehr ins Netz glitt. Fassungslos starrten wir auf das einmalige Tier und freuten uns riesig. Was für ein See und endlich gute Bilder, dachte ich!

DOPPELTE WUT
Vergessen war die unheimliche Begegnung, nur noch der See und seine „Beauties" war Thema, bis wir nach einer ganzen Weile einschliefen. Ich musste wohl schon eingedöst sein als Sascha fragte: „Was machst Du an meiner Liege?" „Nichts...", murmelte ich.

„Komm hör auf, ich will pennen", raunte Sascha zurück. Schon saß ich kerzengerade und leuchtete auf sein Camp. Die Mülltüte vor seiner Liege war völlig zerfetzt. Sauber, die nächste Attacke und vom Übeltäter weit und breit keine Spur. Um die Bestie handelte es sich wohl nicht. Die hätte sicher eher Sascha gefressen als unseren Müll. Diese Nacht blieben wir ohne Schlaf. Zwei weitere schöne Fische und permanente Müllangriffe sorgten dafür. Mit dem ersten Licht machten wir dann endlich den Angreifer dingfest, besser gesagt die Angreifer: Eine Waschbär-Familie hatte Saschas Müll zum Spielplatz für die drei Jungen erklärt. Plötzlich trollten sich die putzigen Bären, etwas hatte sie verschreckt. Wenig später stapften zwei ältere Männer den Waldpfad hinab genau auf unsere Stelle zu und unterhielten sich lautstark. Da wir unsere Schirme etwas abseits im Gestrüpp stehen hatten und da die beiden ohne Punkt und Komma in ihr Gespräch vertieft waren, bemerkten sie uns nicht. Es waren offensichtlich Vogelfreunde aus dem nahegelegenen Dorf, die ihre erste Erkundungstour des Jahres mit dem alten Boot in der Schilflücke machen wollten. Nach einigen Minuten rief Sascha freundlich: „Guten Morgen!" Dass nicht beide gleichzeitig an einem Herzinfarkt starben, wunderte mich, so sehr zuckten sie vor Schreck zusammen. Doch kaum hatten sich der Schrecken gelegt, fingen die beiden an wie die Wahnsinnigen zu schimpfen. Unverschämtheit, Naturschutz, Landschaftsschutz und überhaupt! Wie auf dem Campingplatz, verbrannte Erde, scheiß Kanuten – nur einige der Zitatfetzen... Ich konnte mir ein Schmunzeln kaum verkneifen, als sich bei dem älteren etwas Schaum vorm Mund bildete. Sascha versuchte, nach der ersten Welle der Beschimpfung mit Ruhe und Verständnis zu kontern. Doch gegen die geballte Wut der alten Herren war kein Ankommen, auch nicht mit Einsicht.

Vom Wasserbett auf Karpfen. Die Sandbank machte es möglich.

Der Blick aus dem Boots-Camp an einem goldenen Morgen. Das Ding aus dem Wald war hoffentlich in weiter Ferne!

Weitere Zitatfetzen: Einpacken! Anzeige! Wasserschutzpolizei! Sie würden jetzt ihre tägliche Runde mit dem Boot machen – wie schon die vergangenen 20 Jahre. Und wir sollten gefälligst verschwinden. Täglich? Die beiden? Nein, Danke! Wir wollten auch nur noch verschwinden! Sie schoben und zerrten das rotte Boot durch die kleine Schneise und explodierten erneut, als sie die Ruten sahen. Ja, die Wut ließ sich noch steigern und ich wartete nur darauf, dass der eine ächzte – das kann kein altes Herz mitmachen. Langsam wurden die Stimmen leiser, da sich das Boot der beiden selbsternannten Ordnungshüter endlich entfernte. Wir packten zusammen und beluden die Boote. Ein obligatorischer Kontrollblick: alles weg, kein Müll, keine platt gelatschten Pflanzen – von wegen verbrannte Erde... Schweren Herzens ruderten wir auf den See. Wir gaben die einzige Stelle auf, von der aus die große, flache Bucht zu beangeln war. Und damit die tollen, voll beschuppten Spiegler... Ich hatte das Echolot eingeschaltet. Mittig in der Bucht schob sich eine ansteigende Kante auf. Erst beachtete ich sie nicht wirklich, doch dann konnte ich die Anzeige nicht mehr aus den Augen lassen. Rasant ging es hoch und schon pendelte sich die Greyline in 80 Zentimetern Tiefe ein. Ein Blick über die Bordwand bestätigte es: flach! Es ratterte in meinem Kopf. „Oh ja, es gibt wohl doch noch eine gute Chance, an diese Traumfische heranzukommen", dachte ich und rief: „Stopp!", um dem verdutzt dreinschauenden Sascha meine Pläne zu erläutern. Eine neue Herausforderung: Bootsangeln. Doch die Bilder hier sagen mehr als tausend Worte. Ich ertappte mich in den folgenden Wochen immer wieder dabei, wie ich im Internet nach entlaufenen Raubkatzen recherchierte. Mitten auf dem See im Boot sollte ich jedenfalls keinem Säbelzahntiger mehr begegnen. Na dann, schlaft gut in Euren Zelten!

The Story about Big Scale

von Meik Pyka

> „Ich bin hergekommen, weil es auf der inneren Landkarte jedes Menschen diesen einen Ort gibt, auf den sein Kompass weist, denn er hat eine magische Anziehungskraft." Alvah Simon, Nördlich der Nacht

Ich widme diese Geschichte meinem Freund Christopher Paschmanns. Die Überschrift lehnt an seinen zweiteiligen Artikel „The Story about Bruce" an, den er 2005 im Carp Mirror veröffentlichte. Nachdem ich diesen Bericht von ihm las, wollte ich ihn unbedingt kennenlernen. Ein Jahr später trafen wir uns dann schließlich auch und freundeten uns an. Mein Gastbeitrag handelt von dem See, dessen Karte ich mir unter die Haut stechen ließ. Der mystische Lac de St. Cassien ziert heute meinen Rücken. Diese Geschichte erzählt von einem Fisch, der zur Legende wurde und aus einer verlorenen Zeit – meiner Zeit!

Vor vielen Sommern

Es war der Sommer 1997. Mein Freund Sven Brodbeck mit seiner damaligen Freundin Lena und ich mit Simone fuhren an den heiligen See. Uns standen zwei Wochen bevor

Big Scale ist eine Legende und eines der wertvollsten Puzzlestücke in meiner Sammlung!

Damals war der Cassien anders, abenteuerlicher. Es gab weniger Plätze, weniger Fische, weniger Angler.

und wir freuten uns auf eine unvergessliche Zeit mit unseren Mädels und hofften auf ein paar gute Fische. Damals lebten im Cassien längst nicht so viele Karpfen wie heute. Die Großen waren allesamt bekannt und zählten zweifellos zu den schönsten und kultigsten Fischen der Welt. Im Restaurant am See von Gerald Thevenon hingen die alten Fotografien der Cassien-Riesen und -Beauties an den Wänden. Für uns war diese Halle die „Hall of Fame". Schon 1996 betrachteten Sven und ich ehrfürchtig diese Bilder. Im April 1997 durfte ich dann selbst einen der ältesten und schwersten der berühmten Recken auf den Armen halten. Der graue Leder mit dem unschönen Namen „Die Hure" wog 28,5 Kilo! Doch das ist eine andere der vielen Geschichten, die dieser See schrieb. Zurück zum Sommer. Der See hatte Vollstau. Das bedeutete: viel Schilf im Wasser und auf den unzähligen Landzungen standen die Weiden wie Mangrovenwälder. So liebten wir den See, denn das war genau unsere Angelei! Es war Zeit zum Fallenstellen. Schon in den ersten beiden Tagen fing Sven die berühmte „Schlange" mit 20 Kilo und einen uns damals unbekannten Spiegler mit 21 Kilo! Das war der Wahnsinn! Bei Simone und mir lief es schleppend. Wir „movten" oft und beangelten alle drei Arme des Sees bis hin zum Ende des Westarms. Doch außer etlichen Mückenstichen, einem Schlangenbiss und ein paar Döbeln holten wir uns dort nur einen Blank ab. Nach elf Tagen und Nächten kam bei mir die Ernüchterung: Karpfen bis 19 Kilo. Das war ganz und gar nicht schlecht, aber ich war einfach verwöhnt, hatte wirklich alles gegeben und wollte mehr! Die gesamte Zeit über fischten Sven und ich getrennt voneinander. Das war effektiver und wir waren alleine mit unseren Mädels. Ich wusste nur, dass Sven und Lena irgendwo am Ende des großen Nordarms saßen und so beschloss ich, für die letzten drei Tage noch einmal umzuziehen. Nur raus aus dem von Touristen eingenommenen Westarm und rein in den hinteren Teil des einsamen Nordarms. Wir entdeckten die beiden im sogenannten Eisschrank. Früher gab es dort am Ufer noch keine Angelstelle. Sven und Lena hatten sich irgendwie in der Steilwand eingerichtet. Wir unterhielten und beratschlagten uns. Svens Erfolge bestätigten mir, dass es richtig war zu „moven". Er hatte in den vergangenen Tagen Fische bis 18 Kilo gefangen. Simone und ich entschieden uns für einen wunderschönen Platz, der heute als „Carp Killers Bay" bekannt ist. Es war damals das erste von vielen Malen, dass ich diesen Spot beangelte. Es gab hier unzählige Möglichkeiten, die Rigs abzulegen und ich konnte mit meinen Ruten eine große Fläche abdecken – genauso, wie ich es noch heute mag. Ich erinnere mich noch genau an das Gefühl am ersten Abend. Ich war so aufgeregt und überzeugt von der Stelle so weit hinten im Nordarm, dass ich kein Auge zu bekam. Erst lange nach der Geisterstunde schlief ich ein. Und wachte morgens enttäuscht auf – nichts. Die Bissanzeiger hatten nicht einen Ton abgegeben.

ER IST ES

Am Abend des zweiten Tages entschied ich mich, eine der Ruten umzumontieren. Damals fischten wir weiche Silstar-Ruten mit 14 Ringen – geniale Stöcke! Die Subfloat-Montage lag auf rund 3,5 Meter Tiefe an einem Krautfeld vor der gegenüberliegenden Spitze. Doch der Auftriebskörper störte mich und ich nahm ihn ab, um die Schnur vor dem Rig besser im Kraut verstecken zu können. Die Tigernüsse platzierte ich wieder in einer Lücke zwischen dem Kraut, diesmal aber mit einem besseren Gefühl. Doch wieder blieb es die Nacht über ruhig. Erst am darauffolgenden Morgen weckte mich ein einzelner Pieper. Es war die Silstar am Krautfeld. Was war los, nichts tat sich weiter, keine Bewegung in der Spitze und es war völlig windstill. Egal, ich drehte mich um und kuschelte mich in den Schlafsack. Nach ein paar Minuten ertönte erneut der Bissanzeiger, wieder nur einmal. Wir schliefen damals zu zweit auf einer Liege und Simone hatte mich so eingekeilt, dass die vermeintliche Brasse wohl noch etwas länger rumpiepen müsste. Doch dann ertönte der Dauerton! Ich kam nicht in die Schuhe, also rannte ich ohne über die spitzen Felsgrate. Als ich die Silstar aufnahm, hing der Fisch schon bombenfest. Jetzt, wo ich diese Zeilen niederschreibe, fällt mir wieder auf, wie hirnverbrannt ich damals eigentlich handelte. Ich ging rückwärts, um den Fisch unter vollem Druck aus dem Kraut zu zerren. Die Schnur sang vor Spannung. Simone war es, die mir riet, endlich ins Boot zu steigen. In diesem Moment ging ein Ruck durch die Rute – ein Lebenszeichen, der Fisch war noch dran. Simone an den Rudern paddelten wir dem festsitzenden Gegenüber entgegen. Und erst, als wir die andere Seite erreicht hatten, bemerkte ich, dass der Fisch gar nicht festsaß! Er stand einfach nur wie ein Brett im Wasser! Eine ganze Weile drillte ich den kraftvollen Fisch im Morgenlicht, bevor ich ihn das erste Mal sehen konnte. Seine Flanke leuchtete kurz auf in etwa drei Metern Wassertiefe. Lang genug, denn ich erkannte handgroße Schuppen auf dem gewaltigen Karpfen! Sofort schossen mir die Bilder von Klaus Brix „Fully Scaled" durch den Kopf und ich wusste nicht, wohin mit all der Anspannung. Erst nach einer gefühlten Ewigkeit gab sich der Riese geschlagen, doch dann richtig. Nie werde ich dieses Bild vergessen, noch heute stehen mir die Haare zu Berge, wenn ich diese Erinnerung wachrufe: Bewegungslos lag dieser unglaubliche Fisch an der Wasseroberfläche und wollte einfach nicht in den Kescher passen, der Bügel war nur 90 Zentimeter breit. Mir blieb nichts anderes übrig, als

Links: Der gewaltige Leder mit 28 Kilo.
Unten: Hoffen im Steilufer – alles ist dort möglich.

Kein Wort vermag dieses Gefühl zu beschreiben...

die Rute abzulegen und mit schüttelnden Bewegungen nachzuhelfen, bis sich der gewaltige Rücken im Kescher krümmte – einfach irre. Einfach unglaublich. Wir schüttelten mit dem Kopf und ich schrie lauthals: „Carp Killers, jaaa Carp Killers!" – immer und immer wieder. Sven und Lena mussten es einfach gehört haben, der ganze Nordarm musste es gehört haben. Ja, ich fühlte mich, als hätte die ganze verdammte Welt es gehört! Den Karpfen außenbords, ruderten wir zurück zum Ufer, es dauerte ewig. Ich war so euphorisch und voller Adrenalin, dass mir das gewaltige Gewicht des Fisches keine Probleme bereitete. Ich wuchtete ihn auf die Matte und erst dann setzte ein regelrechter Schock ein. Völlig geschafft sackte ich hinter diesem Berg von Karpfen auf die Knie und sah Sven und Lena auf unser Ufer zurudern. Ich höre noch heute Svens Worte über den windstillen Cassien hallen, als wäre es gestern gewesen: „Das kann nicht der Fisch sein, der hat da was vorgelegt. Das kann nicht der Fisch sein..." Es war der Fisch, ja DER Fisch: Es war Big Scale! Mit einer unfassbaren Länge von 1,28 Metern und 29,5 Kilo Gewicht ist dieser Fisch noch heute, nach über 20 Jahren intensivster Angelei, mein tollster Fang. Ich kehre zu meinem See zurück, immer und immer wieder. Nur die „Hall of Fame" ist heute nicht mehr im Restaurant am Wasser zu sehen, sie hängt bei mir zu Hause, an meinen vier Wänden. Und das Cassien-Puzzle wird nie fertig...

1997 – Big Scale – 29,5 Kilo. Ich liebe diesen See und er liebt mich!

Zurück zu den Wurzeln

von Bastian Reetz

Es gibt Orte im Leben, die von Dauer sind. Für viele mag es das Elternhaus oder die Heimatstadt sein, die vertraute Umgebung, die altbekannten Straßen, die dort lebenden Familienmitglieder und Freunde. Diese Orte sind wichtig, denn sie geben Halt und ermöglichen eine Rückkehr in gewohnte Strukturen, gerade in schwierigen Zeiten. Man ist mit und in ihnen verwurzelt.

NORDHOLLANDS POLDER

Doch diese Orte können nicht nur die unmittelbare Heimat sein, sie können sich auch in einer Melodie, einer Person oder einem Ort fernab der elterlichen Gefilde manifestieren. Und so geht es auch mir, meine eigentliche Heimat sind die Polderlandschaften Nordhollands, das flache Grün umweht von der salzigen Luft der nahen Nordsee. Der weite Blick, der Wind, das Schreien der Möwen und vor allem das viele Wasser der unzähligen Grachten, Sloote, Fahrten und Kanäle, die beinahe jede Wiese und jedes Feld einfrieden. Rund 25 Jahre ist es nun her, als meine Familie die folgenschwere Entscheidung traf, dort oben ein Ferienhaus zu kaufen. Das Haus wurde der Traum meiner kleinen Anglerseele, fieberte ich doch jedem Urlaub entgegen. Wochenlang wurde vorbereitet, Ruten montiert und ein innerer Schlachtplan entworfen, wie man den schuppigen Unterwasserbewohnern nachstellen wollte. Es gab das Karpfenangeln des Frühjahrs, die Aalnächte im Mai, die wunderschönen Schleien im Juni und die fetten Brassen, Seezungen und Wolfsbarsche des Sommers. Der Herbst stand im Zeichen der Raubfische. Morgens wurden Köderfische gestippt und danach, im Idealfall hatte ich ein paar Gründlinge in der Strömung vor den Kanalverbindungsrohren gefangen, durchstreifte ich die noch nebelverhangenen Polder mit der Stellrute. Häufig standen aber auch die Barsche im Vordergrund, oft nur handlang, aber dafür in enormen Mengen.

URSPRUNG

Und auch meine Entwicklung zum Karpfenangler fand hier ihren Ursprung, da die Faszination der langen, kampfstarken Schuppenkarpfen nach und nach andere Angelarten in den Hintergrund stellte. Erst mit Dosen- und Hartmais, dann mit Käse und Boilies wurden die Haare beködert, und immer öfter schrien die Optonics auf und die weichen 1,75-Pfund-Karpfenruten, die ersten, die ich besaß, wurden zum Halbkreis gebogen. Von wahren Ungetümen, goldenen Torpedos in der Zehn-Pfund-Klasse. Dabei standen immer zwei Reviere in Konkurrenz: Einerseits die größeren Schifffahrtskanäle mit vielen zweistelligen Fischen und andererseits die flachen Poldergräben mit ihren kampfstarken Wildkarpfen, die mit großen Bugwellen das selten knietiefe Wasser aufwühlten, falls man doch einmal zu unachtsam ans Ufer trat. Die Konkurrenz wurde zum System: Tagsüber oder abends fischte ich meist für wenige Stunden in den Poldergräben der unmittelbaren Umgebung des Ferienhauses, während die ersten Nachtangeln meines noch jungen Karpfenanglerdaseins an den scheinbar riesigen Kanälen verbracht

Beobachter im Morgenlicht. „Was macht der da?"

wurden. Stundenlang wurden diese ersten Nächte am Wasser vorbereitet, die Zeit einer ganzen Nacht am Wasser schien unendlich. Lebensmittel und Schlafsäcke fanden aufwändig ihren Weg in den väterlichen Kombi, Mais wurde gekocht und dann ein ganzes Kilo Boilies eingepackt. Aufgeregt bis in die Haarspitzen schleppte ich dann die vielen Einzelteile an den vorgefütterten Platz – Abenteuer standen an! Ein Akt, der nunmehr seit vielen Jahren zur Routine geworden ist. Mein Gerät ist heute in wenigen Minuten eingeladen, mehrere Sätze Ruten warten direkt hinter der Kofferraumklappe in der Garage, und die unterschiedlichsten Plätze an verschiedensten europäischen Gewässern werden in immer gleicher Manier bezogen. Eine Angelnacht reiht sich an die nächste, Dutzende, Hunderte, Tausende. Die Magie ist deutlich verblasst – das Leben an den Ufern ein Teil des Alltags geworden. Damals war alles magisch und geheimnisvoll – die Ausrüstung, das Aufstellen des Zeltes, die Angelliteratur und natürlich das Schreien des Bissanzeigers beim ersten Run der Nacht. Die kindlich naive Euphorie eines Junganglers, dem die Welt unter Wasser zu Füßen lag, der sie aber noch nicht entzaubert hatte. Heute „konsumiert" man Zielfische...

NICHT VERGESSEN

Das Ferienhaus in Nordholland besuche ich auch heute noch sehr oft. Es ist weiterhin Heimat und dort oben kann ich etwas dieser kindlichen Naivität zurückgewinnen. Doch es ist anders geworden – kam ich vor 15 bis 20 Jahren noch mit 10 Kilo Hartmais und 5 Kilo Boilies durch einen zehntägigen Urlaub, so werfe ich diese Futtermenge heute häufig noch vor dem Erreichen des Hauses auf der Urlaubshinfahrt von der Kanalbrücke auf den Futterplatz. Nächte mit 10, 20, ja einmal sogar mit mehr als 50 Bissen (zu zweit) ließen die Ansprüche steigen. Daheim und in Frankreich wurden gezielt Große beangelt, in Holland hieß es einige Jahre lang Masse statt Klasse. Doch dies entzauberte auch das Angeln, war man doch zusehends enttäuscht, wenn nach mehrtägigem Anlegen massiver Futterplätze nicht innerhalb der ersten Minuten eine Rute ablief. Natürlich, die ersten Zwanzigpfünder fanden sich unter den Hunderten von Fischen und man begeisterte sich an den vielen Bissen. Nur noch selten fischte ich ganze Nächte, meist nur wenige Stunden aus dem Stuhl heraus. Man fuhr nach einigen Fischen zufrieden zum Haus zurück und verbrachte die Nacht lieber im warmen Bett. Mein geliebtes Holland war zwar weiterhin emotionale, familiäre und anglerische Heimat, perfekt für eine allumfassende Erholung, doch etwas hatte ich vergessen – die wunderbaren Wildkarpfen der Polder direkt hinter dem Ferienhaus. Vor einigen Jahren dann änderte sich nicht nur in meinem Leben, sondern auch in den von mir befischten holländischen Gewässern einiges. Die Bestände in den Kanälen waren nicht mehr so einfach mit beliebig angelegten großen Futterfeldern – ungeachtet der Jahreszeit – zu befischen, das Angeln wurde wieder schwieriger und geheimnisvoller. Ich erinnerte mich an die versteckten und unwegsamen Plätze an den Ziehbrücken, das überhängende Schilf und das Angeln unter kleinen Brücken. Und ich erinnerte mich an die Wildkarpfen der Polder. Es war ein sonniger Aprilmorgen, als der Hundegang wie üblich mit dem Betreten der großen Kuhweide gegenüber dem Haus begann. Doch diesmal war etwas anders: Der Hund war angeleint, ich hatte keine Laufschuhe an und die Polbrille umschloss meine Augen. Und in der Jackentasche steckte eine Dose Zuckermais. Früher musste es „der Gute" von HAK sein, da seine Körner besser am Haar hielten, heute sollte auch die Billigversion von Albert Heijn seinen Zweck erfüllen – zwei Dosen hatte ich gekauft. Eine sollte noch bis morgen auf ihren Einsatz warten.

WIE DAMALS

Der Morgen war sehr ruhig, kaum ein Lüftchen wehte von den Dünen her über das flache Land. Das Wasser des Poldergrabens, ein Ort, wo ich schon als Zehnjähriger Aale, Barsche und kleine Karpfen gefangen hatte, war extrem aufgeklart. Das Zooplankton schien wirklich auch die letzte Alge gefressen zu haben. Wie ein Freiluftaquarium offenbarte

Die Polder, ein Stück Heimat – Hund Life findet das auch.

Was zählt das Gewicht?

der kaum 50 Zentimeter tiefe Graben seine Geheimnisse. Am Auslauf standen wie üblich die Barsche und ein neugieriger Rotaugenschwarm, ein schöner Hecht lugte etwas weiter aus den Wasserpflanzen und auch zwei kleine Schleien kreuzten meinen Weg. Und da war er – der erste Karpfen des Tages. Er stand ruhig in einer Krautlücke und sonnte sich. Die Schleimhaut schimmerte bläulich auf den goldbraunen Schuppen, er schien keine Notiz von mir zu nehmen. Ich schlich weiter den Graben entlang, der Hund fiepte, da ich ihn an kurzer Leine vom Baden abhielt. Und am Gatter, einem Ort, der oft mein Ziel zum Aalangeln war, sonnten sich die nächsten beiden Fische. Sie wirkten majestätisch, der eine lang und dünn, der andere etwas bulliger. Der größere von beiden mag vielleicht sieben Pfund schwer gewesen sein, doch er steht in meinen Gedanken auch heute noch derart plastisch vor mir. Bedeutsamer als viele der Großfische, die den Weg in meinen Kescher fanden. Doch ich schlich weiter den Graben entlang, weiter oben sah ich das Wasser aufspritzen. Schlagende Karpfenleiber zeigten mir an, warum der eine gesichtete Fisch bereits so dünn war. Die Fische laichten in diesem flachen Graben, während das Wasser des nahen Schifffahrtskanals noch keine 15 Grad hatte. Hier an den flachen Gräben beginnt das Leben früher und hier begann auch meine Karpfenkarriere. In den nächsten beiden größeren Krautlücken verteilte ich jeweils eine halbe Dose Mais und steckte einen Schilfhalm in den weichen Uferschlamm. Dieser sollten mir am nächsten Morgen Anhaltspunkt sein, um die Montagen in den rund vier Meter breiten Graben passgenau in den Krautlücken abzulegen. Mittags sah ich die Fische wild laichend im Graben. Das Wasser war trüb und ich konnte nicht erkennen, ob der Mais bereits verschwunden war. Allerdings war ich auch besorgt, dass die Fische derzeit keinerlei Gedanken ans Fressen verschwenden würden. Der nächste Morgen würde es zeigen, denn dann versprach ich mir am ehesten eine Chance. Nachmittags fuhr ich in ein weiter entferntes Angelgeschäft, um mir leichte Bleie zu kaufen, ich knüpfte kurze Vorfächer an die 10er Haken, die Haare passend für drei Maiskörner. Und so schälte ich mich tatsächlich als überzeugter Langschläfer am kommenden Morgen um 5 Uhr aus dem Bett, schnappte mir die Abhakmatte, zwei Ruten, den Kescher sowie einen kleinen Rucksack, worin die zweite Maisdose gegen die Thermoskanne schlug. Selbst der Hund schaute mich verwundert an und fragte sich, was ich denn um diese Uhrzeit vorhatte.

ICH KEHRE ZURÜCK

Die wenigen hundert Meter waren schnell zu Fuß überwunden. Ja, ich war zu Fuß zum Angeln unterwegs! Ich konnte den erwachenden Morgen wunderbar genießen, den Vögeln zuschauen, wie sie ebenfalls zum Fischen gen Meer zogen. Doch ich ging den Weg nicht bis zu den Dünen hinab, ich bog stattdessen vorher rechts auf die Weide ein und schlich mich in einem großen Bogen an den Schilfhalmen vorbei. Von Fischaktivitäten war nichts zu sehen, allerdings war die Wasseroberfläche noch voller Blasen und Schaum. Stille Zeichen des gestrigen Laichspiels. Schnell war ich an den Schafen und Ziegen vorbei und platzierte die beiden Ruten auf Höhe der Halme. Wie unglaublich flach das Wasser doch war. Jeweils warf ich nur ein paar einzelne Körner Mais dazu. Nachdem ich zum Platz zurückgekehrt war, die Hanger in die lockere Schnur eingehängt und die Bissanzeiger auf leiseste Stufe gestellt hatte, die Köder jeweils rund 40 Meter nach links und rechts von meinem Sitzplatz entfernt, setzte ich mich auf die Abhakmatte. Ich war wieder angekommen, in der kindlichen Naivität und Spannung vergangener Angeljahre. Nichts passierte, der Morgen erwachte langsam über den Blumenfeldern und mit dem zunehmenden Licht machten sich auch die Fische bemerkbar. Erste Bugwellen schoben sich durch den Graben, doch ich wagte es nicht aufzustehen, da ich die Fische nicht erschrecken wollte. Ich stellte den heißen Tee zur Seite, jetzt musste doch etwas passieren. Aber es dauerte noch, bis plötzlich weit entfernt das Wasser explodierte und deutlich verzögert der Hanger der rechten Rute nach oben schoss. Voller Adrenalin, den taunassen Kescher über dem Kopf, ging ich dem Fisch entgegen. Unglaublich, wie stark diese kleinen Karpfen doch sind. Und dann lag er im Kescher, goldbraun gefärbt und wunderschön. Nach diesem Fang packte ich ein, holte Brötchen und lief zurück zum Haus. Es war einer dieser perfekten Momente, die mich wieder näher zu meinen Wurzeln brachten – der puren Freude am Fischen, der Natur und dem Zauber des Wassers.

Die pure Freude am Fischen, der Natur und dem Zauber des Wassers...

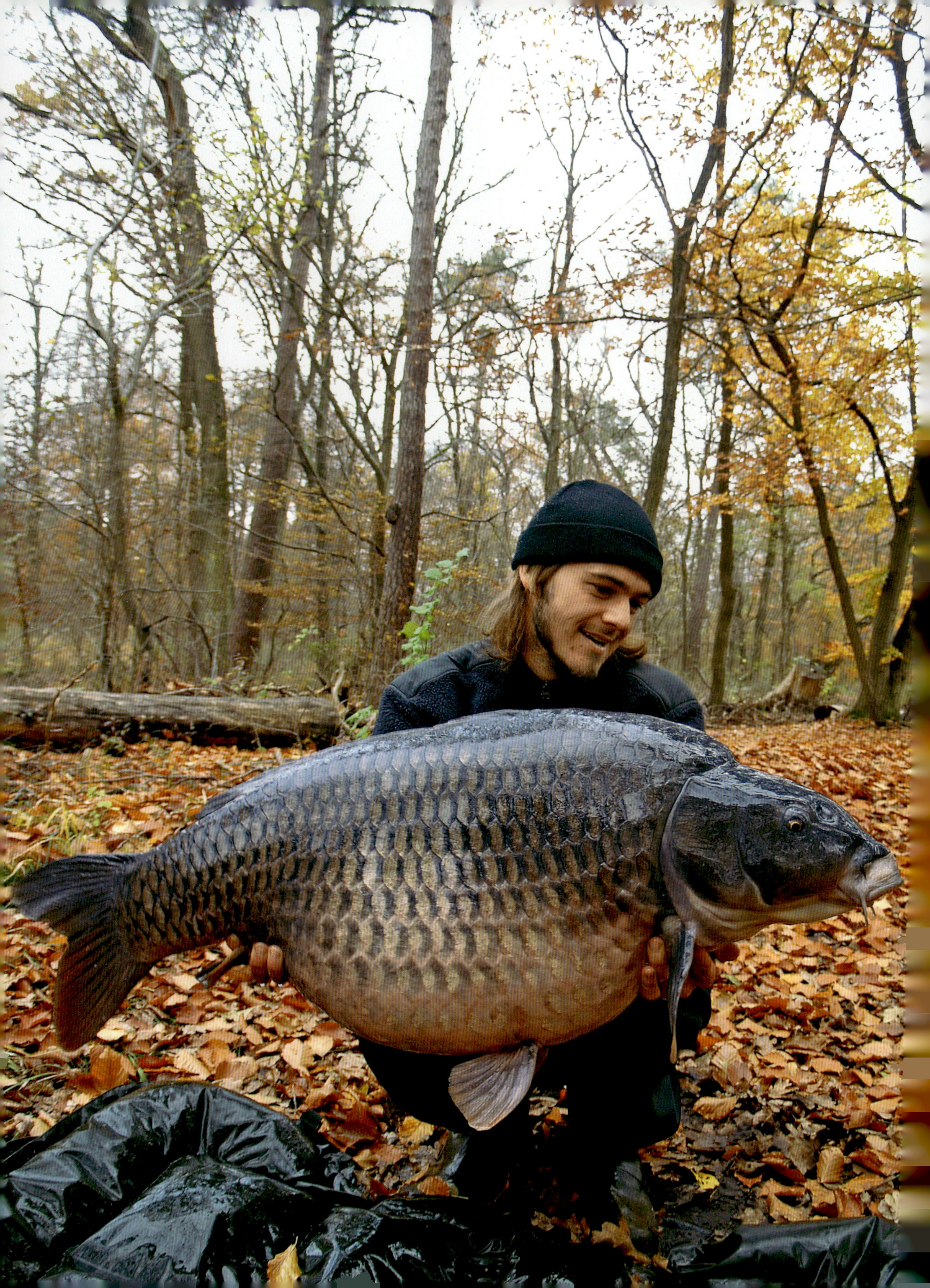

Der Dinosaurier

von Volker Seuß

Diese Zeilen entstanden, als ich kurz vorm Ende meines Studiums stand. Noch gut kann ich mich daran erinnern, wie es begann. Es dauerte, bis ich mich entschloss, fürs Studium Heimat, Job und die vertrauten Ufer meiner Hausgewässer zurückzulassen und nach Karlsruhe zu ziehen. Heute, knapp vier Jahre später, kann ich mit einem fetten Grinsen im Gesicht behaupten: Es war die beste Entscheidung, die ich treffen konnte! Und das sage ich nicht, weil mir alles leicht von der Hand ging. Uni oder Angeln? Ein Zwiespalt, der mich durchs Studium begleitete. Vor mir liegt meine angefangene Abschlussarbeit und wie so oft denke ich nur ans Fischen. Meine Ziele an dem verwunschenen, unscheinbaren Gewässer, das im Zentrum dieser Geschichte steht, verfolgte ich hingegen mit großem Eifer und Ehrgeiz.

ZIELFISCH AUF DEM SILBERTABLETT

Es war einer der urzeitlich anmutenden Bewohner, der mich an dieses Gewässer lockte. Erst auf der Jagd nach ihm erkannte ich, welches Paradies ich gefunden hatte. Über die Jahre haben sich dessen Bewohner perfekt an ihre Umgebung angepasst. Das Faszinierende aber daran ist, dass jeder Einzelne dennoch seine ganz individuellen Merkmale hat. Dies wird durch unterschiedliche Färbungen, charakteristische Zeichnungen oder die urwüchsigen Formen der Karpfen zum Ausdruck gebracht. Jeder Fisch ist absolut einzigartig und entsprechend wertvoll für mich geworden. Zwar sind im Laufe der Zeit einige wenige gegangen und in jüngsten Tagen einige mehr dazu gekommen, doch der Urbestand blieb im letzten Jahrzehnt beinahe unverändert. So haben es zumindest meine Recherchen ergeben. Ich recherchiere gerne, besonders wenn es dabei um Fische geht. Auch zu Beginn meines Studiums, als ich unter den einheimischen Anglern noch „neu in der Stadt" war, begab ich mich auf Recherche. Noch wusste ich nichts über die Gewässer, von denen meine Studienstadt Karlsruhe umgeben ist. Wo sollte man anfangen, welches Gewässer war das richtige, welches eine Niete? Es gab einfach zuviel Wasser bei zu wenigen, nur spärlichen Infos. Anders als ich es aus meiner Heimat, dem Rhein-Neckar-Dreieck gewohnt war, schien mir die Szene hier viel zerstreuter. Ein fester Kern war nicht zu erkennen, eher mehrere Ecken, so dass es für mich eine Weile dauerte, bis ich einen groben Überblick über Gewässer, Vereine und deren Fischdichte hatte. Im Karlsruher Raum gibt es viele Raubfischangler. Einige „Catch & Release-Vertreter" kennen, verstehen und akzeptieren sich untereinander. Eine Form, die ich begrüße und bei der Suche nach interessanten Gewässern und Zielfischen sehr zu schätzen gelernt habe. Ein Raubfischangler war es auch, der das Bild eines von ihm gefangenen Karpfens so mir nichts dir nichts auf die Internetseite des städtischen Angelcenters stellen ließ, wohlgemerkt mit Datums- und Gewichtsangabe. Dieses Bild erregte natürlich viel Aufsehen unter den Einheimischen, was zur Folge hatte, dass es schnell wieder entfernt wurde. Ein Kumpel aus der Heimat wusste, wohin es mich zum Studieren verschlagen würde und da fiel ihm spontan das Bild ein, welches er im Web gefunden hatte.

Bingo, schoss es mir durch den Kopf, als ich an einem winterlichen Abend im ersten Semester das Bild bekam. Es handelte sich um einen makellosen, bulligen Schuppenkarpfen dessen Körpermasse nicht den geringsten Zweifel an der Gewichtsangabe von 48 Pfund aufkommen ließ. Was ich da sah, war einfach ein Zielfisch auf dem Silbertablett. Der Fänger präsentierte seinen Fang mit dem Rücken zum Gewässer, wodurch genau zu erkennen war, wie der See beschaffen ist und wo man am Ufer nach dem Fangplatz zu suchen hatte. Nun startete meine eigentliche Recherche, denn um welches Gewässer es sich handelte und wo sich dieses befand, war mir zu diesem Zeitpunkt noch unklar. Mit google earth und einer detaillierten Gebietskarte machte ich mich auf die Suche. Der Hintergrund des Fangfotos war dabei mein wichtigster Anhaltspunkt. Der Pool wirkte schlauchförmig und in seiner Größe recht übersichtlich. Da ich nicht zuviel Aufsehen unter den einheimischen Anglern durch Nachfragen erregen wollte, wählte ich die harte Tour: Je nach Entfernung schwang ich mich aufs Rad oder sprang ins Auto, um alle in Betracht kommenden Gewässer selbst in Augenschein zu nehmen. Für mich hat sich dieser steinige Weg immer wieder als richtig herauskristallisiert. Auf jeden Fall besser, als sich auf Halbwahrheiten oder falsch gelegte Fährten zu verlassen. Auch mag ich es besonders, meine Gewässer und Zielfische selbst zu entdecken und zu erarbeiten – der Weg ist das Ziel und nicht das Bild an der Wand!

EIN VERGESSENER SEE
Mittlerweile war es März und ich machte mich auf zu meiner finalen Rundfahrt, um auch noch die letzten in Frage kommenden Gewässer aufzusuchen. Zuerst stieß ich auf einige verlandete Tümpel. Später auf mehrere Vereinsteiche, die zwar schön anzusehen waren, aber nicht dem entsprachen, was ich als Herausforderung sehe. Ein letzter See blieb mir noch, doch innerlich war ich bereits darauf vorbereitet, wieder eine Niete zu ziehen. Gut kann ich mich erinnern, wie ich anhand der Landkarte einem Bach folgte und schließlich auf einen Waldweg stieß. Genau hier sollte doch eigentlich der Pool liegen. Es war aber nichts zu sehen, außer Büschen und Wald. Ich folgte einem kleinen Pfad, der ins Dickicht führte. Plötzlich glitzerten mir, vom Wasser reflektiert, Sonnenstrahlen entgegen! Ich kämpfte mich durch die Böschung hinab zum Wasser. Er war es! Das Wasser war glasklar und selbst so früh im Jahr von dichten Krautbänken durchzogen, die auch nach den langen Wintermonaten fast bis zur Wasseroberfläche reichten. Der Vereinseintritt verlief relativ problemlos. Meine Angelkarte sollte ich bei der nächsten Vorstandssitzung entgegennehmen. Doch soweit kam es nicht, die nächsten beiden Vorstandssitzungen wurden ohne Rückmeldung abgesagt. Jedes Mal stand ich enttäuscht vor der verschlossenen Tür des Vereinshäuschens. In der Zwischenzeit war der Frühling eingezogen und die Wassertemperaturen deutlich in den zweistelligen Bereich gestiegen. Aufgrund des klaren Wassers begann ich schnorchelnd die Suche nach dem dicken Schuppi. Unter der Oberfläche schien der See noch wie ausgestorben, keine Flosse bekam ich zu Gesicht. Sorgen machte mir auch der enorme Krautbewuchs. Denn das Angeln vom Boot war verboten. Wie sollte ich einen Fisch aus diesem Dickicht sicher an Land bekommen? Dennoch legte ich, strategisch im See verteilt, Futterstellen an. Alle blieben in den kommenden Wochen unangetastet. Der See grenzt an ein großes Vogelschutzgebiet, das durch einen quer durchs Wasser gespannten Maschendrahtzaun

gekennzeichnet ist. Ich vermutete die unauffindbaren Fische dort. Mutig schnorchelte ich unter dem Zaun hindurch ins Schongebiet und fand tatsächlich die Karpfen! Hinter dem Zaun konnte ich in den folgenden Wochen stets dieselben Fische beobachten. Es schien ihre „Holding Area" zu sein. Die Fische waren alle außergewöhnlich. Fasziniert beobachtete ich sie von nun an täglich. Kugelrunde Spiegler, schwarze Wildkarpfen, Halbzeiler, stark und schwach beschuppte sowie torpedoförmige Karpfen waren darunter. An dieser Stelle soll nicht der Eindruck entstehen, dass es sich um viele Fische gehandelt hätte, es waren lediglich 10 bis 15 unterschiedliche Karpfen, die ich regelmäßig sah. Der größte Fisch war ein grauer, hochrückiger Schuppi. Ich nahm an, dass dieser Fisch der Große sei. Mein Futter präsentierte ich fortan sehr nah am Zaun. Ich wählte eine sandige Stelle mitten im Kraut, alle anderen krautfreien Spots wiesen hingegen kiesigen Untergrund auf. Zwischen dem sandigen Spot und dem Metallzaun waren zwar nur drei Meter Abstand, doch dieser war mit einem extrem dichten Krautgürtel gefüllt. Ich war mir sicher, dass das dichte Kraut und eine geschlossene Rollenbremse verhindern würden, dass ein gehakter Fisch unter den Zaun hindurch flüchten könnte. Mein Futter wurde auf diesem Spot sofort angenommen, während alle anderen gefütterten Stellen noch immer unangetastet blieben. Mittlerweile war ich unglaublich heiß aufs Angeln, doch mir fehlte noch immer die Erlaubnis. Der damalige erste Vorsitzende vertröstete mich am Telefon ein ums andere Mal und mir blieb nichts anderes übrig, als geduldig abzuwarten. Da ich keine Ahnung hatte, wie der Verein zum modernen Karpfenangeln stand und welchen Mitgliederansturm es seit der Fangmeldung gab, wollte ich vorsichtig und zurückhaltend bleiben. Erst als die Wassertemperatur kurz vor der 20-Grad-Marke stand, bekam ich den erlösenden Anruf, dass meine Papiere fertig seien. Voller Euphorie raste ich mit meinem Golf, besser bekannt als das „weiße Feuchtbiotop", durch die Stadt – auf an den Pool!

Links: Seine heimliche Heimat, der verwunschene Waldsee.
Rechts: Unter Wasser suchte ich IHN und fütterte sehr selektiv.

„WAS BISCHDN DU FER NEN FREAK?"

Die Montagen bestanden aus Safety Bolt Clips mit gekürzten Einhängern (damit sich das Blei schnell im Kraut ausklinken kann) und langen Monovorfächern. Ich tauchte sie zum Grund und senkte anschließend die Schnüre mittels Absenkbleien an der Krautkante ab. Zwischen meinem Spot und meinem Angelplatz lagen rund zwanzig Meter dichtes,

Wo bist Du? Zeig Dich endlich!

bis zur Oberfläche stehendes Kraut. Um die Landung eines Karpfens überhaupt erst möglich zu machen, verwendete ich dicke, geflochtene Schlagschnur. Sie sollte im Drill als Säge fungieren und das Kraut kappen. Zur Sicherheit legte ich eine große, aufblasbare Abhakmatte als Schwimmhilfe bereit. Am Abend baute ein Karpfenangler genau gegenüber auf. Leichte Panik kam in mir hoch, all die Wochen war keine Konkurrenz weit und breit und nun das. Die Nacht zog vorüber, bis auf einige Piepser, ohne Aktion. Wie konnte es sein, dass ich ohne Biss blieb? Fraßen die Fische doch über Wochen vertrauensvoll auf meiner Futterstelle. Mit der Taucherbrille kontrollierte ich den Spot, was ich vorfand, war erstaunlich. Scheinbar hatte ich meine Schnüre zu stark gespannt, denn die leichten Absenkbleie hingen auf den quer über den Futterplatz gespannten Schnüren wie Wäscheklammern. Der Platz war genau bis zu meinen Montagen leer gefressen, so was hatte ich bis dato noch nie mit eigenen Augen gesehen. Beim nächsten Ansitz vergrub ich die Absenkbleie an der Krautkante des Sandspots tief im weichen Sediment, spannte die Schnüre nur vorsichtig und siehe da, kurz vorm Morgengrauen bekam ich meinen ersten Biss. Der Drill war brachial. Auf Biegen und Brechen pumpte ich meinen Kontrahenten durch die ersten Meter des dichten Krautgürtels, dann ging gar nichts mehr, auch kraftvolle „Sägebewegungen" mit der Rute halfen nicht, der Fisch hing bombenfest im Kraut. Zum Glück war ich dieses Mal alleine am Wasser, also entschloss ich mich, die Matte als Schwimmhilfe einzusetzen. Kaum hatte ich mich über den Fisch gepumpt, war dieser wieder frei und lag vor mir auf der Wasseroberfläche. Es war der große Schuppi, den ich zuvor unter Wasser beobachten konnte. Doch ich reagierte zu langsam, im nächsten Moment explodierte er, so dass ich eine schöne Dusche abbekam. Nach bangen Minuten war es dann endlich geschafft, ich hatte ihn! Zurück am Ufer begutachtete ich den Fisch. Bereits vor dem Wiegen registrierte ich, dass es zwar der graue Schuppi war, dass es sich hierbei jedoch nicht um meinen Zielfisch handelte. Einen ähnlichen Schuppi hatte ich noch nie gesehen, geschweige denn gefangen. Sein Körper war übersät mit ganz feinen Pusteln, ähnlich dem Laichausschlag bei Brassen, die Schuppen waren rau wie Schmirgelpapier. Es machte fast den Anschein, als würde der Fisch einen Panzer tragen. Zudem war sein Schuppenkleid an mehreren Stellen versetzt, auch Narben und Verwachsungen, die von lange zurück liegenden Verletzungen zeugten, machten deutlich, dass ich einen der ältesten Karpfen des Pools erwischt hatte. Der alte Krieger war voller Laich und brachte es auf 38 Pfund. Bei den nächsten Ansitzen verlor ich einen Fisch im Kraut, fing einen weiteren, aber recht kleinen Karpfen sowie einige sehr große Graser. Es schien zuerst so, als würden die Karpfen nicht alle gemeinsam ablaichen, sondern eher stoßweise in kleineren Gruppen. Dennoch war es über die nächsten zwei Wochen nahezu unmöglich, einen Karpfen zu haken. Die mittlerweile sehr aktiven Graskarpfen machten es nicht leichter. Sie bewachten meine Futterplätze wie eine U-Boot-Flotte. Langsam häuften sich auch die Besuche der lokalen Karpfenangler. Argwöhnisch wurde ich beim Schnorcheln gemustert. „Was machschdn du doo im Wasser?" oder „Was bischdn du fer nen Freak?", rief es hin und wieder vom Ufer. Nach einigen offenen Gesprächen mit den Locals schienen die Fronten fürs erste geklärt. Solange ich akzeptiert wurde, war ich mit der Situation zufrieden. Nach dem Fang des alten Kriegers wurde mir bewusst, dass ich meinen Zielfisch noch gar nicht zu Gesicht bekommen hatte. Fortan beschränkte ich meine Suche nur noch auf ihn. Ich tauchte durch die dichtesten Krautbänke, durchforstete die unscheinbarsten Ecken des Sees und dieses Vorgehen brachte mich schnell auf seine Fährte. An einem warmen frühsommerlichen Tag im Juni stand er plötzlich in etwa vier Meter Wassertiefe vor mir. Er wirkte riesig, größer als alles, was ich bis dahin unter Wasser gesehen hatte. Als er davon stürmte, erzeugte er eine regelrechte Druckwelle. Das klare Wasser wurde trüb, Kies umhergewirbelt, sogar dichte Krautfelder spaltete er auf seiner Flucht vor mir. Kaum hatte ich ihn aufgespürt, musste ich meine Zielfischjagd für den Sommer unterbrechen. Die Prüfungszeit stand bevor, danach eine Rucksackreise durch den Osten Kanadas und ein Ferienjob für den Rest der Semesterferien. Mir fiel es nicht leicht, gerade jetzt mein Angeln an diesem magischen Gewässer zu unterbrechen. Doch eine Wahl hatte ich nicht...

HOFFNUNG IM HERBST

Erst Ende September kehrte ich für das dritte Semester nach Karlsruhe zurück. Das Wasser war bereits etwas abgekühlt. Der Herbst und damit das Datum des letzten Fanges rückten immer näher. Leider veränderte sich gegen Ende des Jahres auch die Situation am Pool. Viele der Locals, aber auch einige auswärtige Karpfenangler wollten im Herbst ihr Glück herausfordern. Vorbei war die ruhige und beschauliche Zeit, in der ich das Gewässer für mich allein hatte. An den meisten Stellen flogen täglich Futterrationen ins Wasser. Der zunehmende Angeldruck spiegelte sich eindeutig in den Fangergebnissen wieder. Außer einigen Brassen wurde nichts gefangen. Für mich war klar, dass es nicht einfach werden würde, zumal das Schnorcheln im immer kälter werdenden Wasser auch immer unangenehmer wurde. Ein neuer Plan musste her. Zunächst suchte ich mir bei meiner letzten Schnorcheltour Mitte Oktober eine zentrale Stelle, von der es möglich war, die Fische auch ohne Einsatz der Schwimmhilfe sicher landen zu können. Da ich mittlerweile auch im Vogelschutzgebiet keine Fische mehr fand, konnte man annehmen, dass die Karpfen sich ohnehin mehr im Gewässer verteilten. Mein Futter bestand aus Partikeln und wenigen, selbstgerollten Boilies unterschiedlicher Größe und Form, da meinen Beobachtungen zufolge alle Anderen mit Fertigboilies in Standardgrößen anfütterten. Auch meine Montage stellte ich nun um: Die Rigs blieben gleich, die Geflochtene wurde aber gegen eine monofile Schlagschnur getauscht.

Links: Es war der Schuppi, den ich beobachtete – ein Charakterfisch.
Rechts: Ich bin immer mit dem Herzen dabei!

Zudem montierte ich etwa zwei Meter hinter meinem Blei ein 20-Gramm-Sargblei, welches die ersten beiden Meter Schnur hinter dem Rig sicher am Boden halten sollte. Nachdem die ersten beiden Ansitze im Oktober erfolglos verliefen, wurde mir bewusst, dass ich mir nur über konstantes und bedachtes Füttern einen Vorteil gegenüber den anderen Anglern schaffen konnte. Ich vergrößerte den Abstand der Futterintervalle und reduzierte die Futtermenge weiter. Fütterte ich anfänglich noch drei Kilo Partikelmix und ein Kilo Boilies jeden zweiten Tag, waren es jetzt nur noch anderthalb Kilo Partikel und etwa 400 Gramm Boilies jeden dritten Tag. Bei meinem dritten Ansitz in der dritten Oktoberwoche war der Herbst schon stark voran geschritten, das Wetter entsprechend kalt geworden. Die Wassertemperaturen lagen gerade noch bei zehn Grad. Bereits am frühen Abend konnte ich eine Brasse fangen und gegen drei Uhr morgens einen extrem hochrückigen Spiegelkarpfen mit 13,5 Kilo. Ich freute mich wie ein kleines Kind, dem Gewässer endlich wieder einen Karpfen entlockt zu haben. Meine Taktik schien aufzugehen. Einige meiner Mitangler hatten wohl bereits aufgegeben, denn ich begegnete längst nicht mehr so vielen Anglern, wie in den Wochen zuvor. Dem Beißverhalten schien dieser Umstand gut zu tun. Denn auch Najib, einer der Einheimischen, mit dem ich mich auf Anhieb gut verstand, fing nach vier aufeinander folgenden Nächten ohne Biss ein weiteres Unikat. Es handelte sich dabei um einen hochrückigen Spiegler mit drei großen Schuppen auf dem Bauch, auch ihn kannte ich vom Schnorcheln. Nun witterte ich meine Chance. Ich fühlte mich dem urtümlichen Schuppi so nah wie noch nie. Ich hatte es im Gefühl, nur noch auf den richtigen Tag warten zu müssen. Oft gibt es im Spätherbst kurze Phasen mit deutlich milderen Temperaturen. Solche Phasen bedeuteten in der Vergangenheit bei meinen Freunden und mir oft außergewöhnliche Fänge. Solche Tage wollte ich abwarten und sie sollten bald kommen...

MEIN WEG

Der November löste den Oktober ab, begleitet von kalten Winden und sehr starken Regenfällen. Ich war mir sicher: Dieses Wetter würde wahrscheinlich auch die letzten meiner Mitangler aufgeben lassen. Doch bekanntlich folgt auf Regen Sonnenschein. Die Tage Anfang November waren verhangen, zumeist trocken und mild. Besonders die Nächte mit Tiefsttemperaturen von acht Grad rochen nach Erfolg. Die erste Nacht in dieser Phase fischte ich an einem riesigen „Low-Stock-Gewässer". Auch dort war es den Herbst über schwierig, an die Fische heranzukommen. Dennoch gelang es mir, in dieser ersten milden Nacht den zweitgrößten Fisch des Gewässers zu landen. Wie vorausgesehen schienen die Dicken zu laufen. Gleitend auf der Welle des Erfolges, musste ich auch die kommende Nacht am Wasser sein. Es war bereits dunkel, als ich nach einem langen, anstrengenden Tag an der Uni in das noch vom Vortag gepackte Auto stieg. Gespannt bahnte ich mir meinen Weg durch die Stadt, die vielen roten Ampeln brachten mich an diesem Abend nicht aus der Ruhe. Ich war ruhig und konzentriert. Stress und Hektik würden nach so einem langen Tag nur zu Fehlern führen, die durfte ich mir an diesem Abend nicht leisten, das spürte ich. Am See angekommen lief alles automatisch ab. Das Zusammenstellen des Tackles, der weite Weg zum Platz, das Aufbauen meines unscheinbaren Lagers – alles erfolgte wie in Trance. Meine erste Montage landete sofort perfekt, meine zweite, in die ich die größte Hoffnung setzte, weniger. Ich fluchte innerlich, denn ich wollte die Ruhe und die gespenstische Atmosphäre am Pool nur ungern durch das aufklatschende Blei stören. Der zweite Wurf gelang, vorsichtig hob ich die Schnur und somit das Absenkblei an. Behutsam zog ich es zwischen das Krautfeld, was zwischen mir und meinem Spot lag. Ein einzelner, unscheinbarer 22er Boilie diente als Hakenköder. Auf meiner Liege genoss ich noch einen wärmenden Tee und las einige Zeilen aus „Der alte Mann und das Meer" von Ernest Hemingway. Kurz bevor ich einnickte bemerkte ich, wie eine milde Brise aufkam – die Bedingungen waren einfach perfekt! Ein pfeifender Ton durchdrang meine Träume. Im nächsten Moment kam ich schlaftrunken, mit voll durchgebogener Rute in der Hand und einer kreischenden Rollenbremse wieder zu mir. Die erste Flucht war so brachial, es konnte sich nur um den einen Fisch handeln! Der Karpfen zog im ersten Run fast bis auf die andere Seeseite und kam erst in einem großen Krautfeld zum Stehen. Ich hielt voll dagegen, was das Urtier dazu bewegte, einfach noch ein paar Meter tiefer ins Kraut zu flüchten. Der Fisch saß nun bombenfest. Tausende Gedanken schossen mir durch den Kopf, immer wieder hielt ich mir vor Augen, dass dies meine Chance sei. Ich dachte an meine aufblasbare Matte, nein im Auto würde ich sie nicht finden, bewusst hatte ich sie die letzten Wochen zu Hause gelassen. Bestimmt zehn Minuten stand ich mit der krummen Rute da und wartete, die Schnur pfiff im Wind, doch es geschah nichts. Welche Möglichkeiten hatte ich? Die Rute aus der Hand zurück auf die Banksticks zu legen, kam nicht in Frage. Wie sollte ich so die Nacht überstehen? Also gab es nur einen Weg: Alles oder Nichts! Mit der linken Hand die Rollenbremse blockierend, zog ich an meiner abgewetzten Armalite so fest ich nur konnte. Ich rechnete jeden Moment mit Schnurbruch, denn auf der anderen Seite im Krautfeld tat sich nichts. Ich erinnerte mich an Hemingways Buch: Gerade in diesem Moment konnte ich mich gut in die Situation des alten, von allen belächelten Mannes hineinversetzen. Der über Tage mit einem riesigen Schwarzen Marlin kämpfte, weit draußen auf dem Golf von Mexiko. Der sich die ganze Zeit über nur von alten, rohen Köderfischen, Regenwasser und Urin ernährte, den Kampf nie aufgab und seinen Partner, den Fisch, schließlich besiegte. Dennoch verlor er seine hart erkämpfte Beute kurz vor dem rettenden Hafen an die Haie und das Meer, und stand trotz aller Strapazen wieder mit leeren Händen da. Ich stellte mir die Frage, ob meine Geschichte auch so

Meine 27-Kilo-Waage reichte nicht!

Der Dinosaurier – ein Fisch aus einer anderen Zeit!

unglücklich enden würde? Im nächsten Moment konnte ich vielleicht zehn Zentimeter Schnur gewinnen. Der Fisch war noch am Haken! Ja, die Hoffnung war wieder da und nein, verlieren würde ich diesen, für mich wegweisenden Fisch nicht, davon war ich fest überzeugt! Der Fluch schien gebrochen, solange sich der Fisch bewegen ließ, war es auch möglich, den Koloss aus dem Kraut zu bekommen. Ich hielt mit aller Kraft dagegen, gab ihm keine Schnur und pumpte ihn Zentimeter für Zentimeter aus dem Dickicht. Bald hatte ich ihn tatsächlich wieder auf meiner Seeseite, doch ich musste ihn noch durch das Krautfeld entlang der Uferkante bekommen. Dafür stieg ich schnell die Böschung hinauf, um einen höheren Standpunkt zu bekommen. Mit dem besseren Winkel sollte es gelingen, den Fisch zunächst vom Grund ins Mittelwasser und anschließend durch die Krautbank zu dirigieren. Und das funktionierte erstaunlich gut! Wie ein Ungeheuer aus einer anderen Welt tauchte der Karpfen mit einem mächtigen Schwall plötzlich vor mir auf. Meine Knie wurden weich, ich begann zu zittern. Er wälzte sich an der Oberfläche und zog noch ein letztes Mal los. Ich machte den Kescher bereit, doch es gelang einfach nicht, ihn darüber zu ziehen. Der Fisch konnte nirgendwo festhängen, denn er befand sich direkt vor mir im flachen Wasser. Dann dämmerte es mir: Er musste so hoch sein, dass er gestrandet war. Ich zog meine Füße aus den Stiefeln und ging ihm entgegen. Die Kälte spürte ich nicht, im Gegenteil, ich stand so unter Spannung, hätte das Wasser angefangen zu dampfen, mich hätte es nicht gewundert. Der nächste Versuch gelang und alle Wesen des Waldes trugen davon Kenntnis, ob sie es wollten oder nicht! Ich machte die Matte nass und hievte den Fisch darauf. Endlich war der richtige Moment gekommen, meine Petzl anzuknipsen. Was da vor mir lag, übertraf alles, was ich bisher gesehen hatte. Der Fisch war einfach gewaltig! Schon beim Anheben der Waage ahnte ich es. Und tatsächlich, der Zeiger meiner 27-Kilo-Waage schlug voll durch! Noch in der Nacht kontaktierte ich einige Freunde. Bis heute bin ich zugleich glücklich und dankbar, dass Ihr, Alex, Chris und Robin, den Aufwand auf Euch genommen habt, mitten in der Nacht über 100 Kilometer zurückzulegen, um mit mir diesen Moment zu teilen. An Schlaf war nicht mehr zu denken und als die Buben bei Tageseinbruch ankamen, fiel eine riesige Last von mir ab. Gemeinsam bestaunten wir den Fisch, der uns seine ganze Schönheit erst bei Licht präsentierte. Sein Rücken war schwarzgrau gezeichnet und sein massiver Bauch vom kalten Wasser rötlich gefärbt. Seine markante, urige Körperform, gab ihm den perfekten Schliff und seinen Namen. Wir waren uns einig: Der „Dinosaurier" war es würdig, den Titel des größten Karpfens der Stadt zu tragen! Nachdem die Fotos geschossen waren, verabschiedeten wir ihn in seine Freiheit. Als die Jungs wieder fort waren, ließ ich bei einem Kaffee und einer letzten Zigarette mein Angeln Revue passieren. Schöner als mit diesem Fisch hätte meine erste Saison in der neuen Heimat nicht enden können. Der See und die Region hatten mich verzaubert. Ich blickte neuen Abenteuern an unerforschten Gewässern entgegen und freute mich darauf, diesen See weiter entdecken zu dürfen. Denn wer konnte schon sicher sagen, welche Geheimnisse es noch zu lüften gab?! Manchmal, wenn ich so zurückblicke, frage ich mich, wie alles gekommen wäre, wenn ich mich in bestimmten Situationen anders entschieden hätte. Erfahren werde ich es nicht. Lasst die ausgetretenen Pfade hinter Euch, geht eigene Wege, denn nur die führen Euch zum Ziel.

Zufall schafft Legenden

von Mark Dörner

Ich blieb stehen, atmete tief ein und überlegte genau, in welche Richtung ich den nächsten Schritt machen sollte. Es war mir, als stünde ich vor einer tiefen Schlucht, die es zu überqueren galt. So als könnte der nächste Schritt mich tief in die Verdammnis stürzen oder aber in erlösende Sicherheit führen. Wenige Meter hinter mir, wo ich eben noch die Tür zugezogen hatte, beleuchtete der helle Schein unter der Hausnummer 10 die Gasse. Das Licht wollte mich zurück locken. Wie ein Insekt, das einer Lampe nicht widerstehen kann. Es würde mich durch die Haustür leiten, zurück zu dem kuscheligen Berg aus dicken Kissen und warmen Decken, von Kerzen beschienen. Wenn ich nur daran dachte, wurde die Müdigkeit noch unerträglicher. Als mein Handywecker anfing zu singen, lagen wir zusammengekuschelt im Bett, ließen uns vom Fernseher berieseln und sie sah mich ungläubig an: „Willst Du wirklich heute noch da raus?" „Ja!", sagte ich und stieg rasch aus dem Bett. Noch bevor meine Freundin mich von meinem Plan abhalten konnte, zog ich mich an, verabschiedete mich kurz und verließ das Haus. Da stand ich also nun im dünnen Septemberregen und plötzlich erschien es mir völlig sinnlos, auch nur einen einzigen weiteren Schritt zu gehen. Auf mich wartetet voraussichtlich das Gleiche wie in den letzten acht Nächten: ewiges Geschleppe und unruhiger Schlaf durchdrungen von Lärm, Nervosität, Angst und Aufregung. Erst spät nachts, wenn es gerade etwas ruhiger wurde, fiel ich dann in einen tiefen Schlaf und das Weckerschellen am Morgen fühlte sich an wie ein Schlag ins Gesicht. Übermüdet machte ich mich enttäuscht auf den Nachhauseweg – wieder und wieder.

DIE HOFFNUNG

Aber was, wenn gerade heute Nacht die Fische endlich kommen? Immerhin hatte Matthias vor zwei Nächten einen verloren. Bezeichnend: Der erste Biss seit Beginn unserer Futterkampagne blieb eine Enttäuschung. Wie die gesamte Aktion bisher, von der wir uns so viel versprochen hatten. Der Kanal wurde als Karpfengewässer unterschätzt, da waren wir uns einig. Mit der richtigen Herangehensweise würden wir dort sicher Fische fangen, von denen man an den überlaufenen Seen der Umgebung nur träumen konnte. Unsere Spekulationen schaukelten sich mit jedem Gespräch höher: Am Anfang sprachen wir noch von vielen 20-Pfündern, später gab es sicherlich auch so einige 30er, bestimmt auch 40er, vielleicht sogar 50er?!? Anfang September begannen wir dann mit unserer Futteraktion. Beide hatten wir noch einige Kilo Boilies übrig. Das Ende der Saison stand bevor und wir wollten nichts von dem alten Futter mit in die neue Saison nehmen. So entschieden wir uns von Beginn an, nicht zu kleckern sondern, freilich nicht ganz ohne Risiko, zu klotzen! Vielfüttern kann helfen, aber auch viel kaputt machen, das wussten wir. Aber angesichts der hohen Fischdichte und der geringen verbleibenden Zeit wollten wir schwere Geschütze auffahren. Eine Woche lang fütterten wir jeden Abend nach Einbruch der Dunkelheit acht Kilo Boilies. Ich erinnere mich an das Klackern der Kugeln im Trockennetz. Wir verteilten sie recht großflächig auf einer Wasserfläche, die in etwa der eines halben Fußballfeldes glich. Dann die erste Session: Zu unseren Hakenködern fütterten wir lediglich ein, zwei Hände der steinharten 20er und 24er Boilies. Auf Partikel verzichteten wir, denn nach unseren Informationen wimmelte es in diesem Gewässer nur so von kleinen Karpfen und Weißfischen, die sich gar nicht erst auf unserem Angelplatz breit machen sollten. Die ersten Nächte gingen wir leer aus. Doch wir fanden schnell eine Erklärungen für unser Versagen: Verknotete und abgeschnittene Vorfächer wurden als Grund entlarvt. Das geflochtene Material war fehl am Platz, auch das Seitenblei am Safety Clip. Die Wechselströmung und der Sog vorbeifahrender Schiffe sorgten für starke Wasserbewegungen, denen die Rigs nicht gewachsen waren. Wir sahen es als Lehrgeld, das wir zahlen mussten, wenn wir uns einem neuen Gewässer ohne nützliche Vorinformation widmeten. In gewisser Weise leisteten wir sogar echte Pionierarbeit. Natürlich hatten es schon zahllose Angler vor uns an diesem Kanal probiert und auch den einen oder anderen Fisch fangen können. Mit wem man sich aber unterhielt, der Konsens war der gleiche: viele kleine Fische, für viel zu viel Aufwand, dazu die Wechselströmung und der Verkehr – der Horror! Früher oder später hatten alle aufgegeben. Ich entschied mich an diesem Abend dafür, mich nicht in die lange Liste meiner Vorgänger einzureihen, nicht aufzugeben und tat den schweren Schritt in die Richtung, in der mich eigentlich gar nichts mehr lockte – außer Ehrgeiz.

Nein, ich würde nicht aufgeben, ich machte weiter! Aussitzen! Aushalten! Endlich belohnt werden?

DURCHHALTEN

Selbst nachdem unsere Montagen optimiert waren, kurbelten wir die Stiffrigs an Inline-Bleien nach bisslosen Nächten aus dem Wasser. Die ersten Male war das noch erträglich, wir mussten ja nicht auf Anhieb etwas fangen, doch nach knapp einer Woche ohne Aktion fingen wir an, unseren Plan in Frage zu stellen. Acht Kilo Boilies pro Abend waren nicht wenig, dennoch hielten wir die Futtermenge aufrecht, fischten maximal alle zwei Nächte unter der Woche und fütterten dazwischen munter weiter. Wenn ein Trupp passabler Fische vorbeikäme, würden sie mit dem Futter kurzen Prozess machen – hofften wir... Vielleicht passten wir auch einfach die Beißzeit noch nicht ab. Sollten wir

Links: Kurze Monos mit geflochtenen Haaren machten einen guten Job. Rechts: Ein guter 30er von der legendären Cassien-Session.

es tagsüber probieren? Als der erste Nachtfrost einsetzte, wurden wir ungeduldig. Wir befürchteten, dass sich die Fische doch schon in den angrenzenden Industriehafen zurückzogen. Von dort hörte man die wildesten Geschichten von großen Karpfen. An sonnigen Sommertagen würden sich dort wahre Ungetüme mit weit über 15 Kilogramm Gewicht an der Oberfläche zeigen. Fotos von solchen „Monstern" auf den Armen eines Anglers bekamen wir, bis auf Ausnahmen, nie zu sehen. Es gab halbwegs glaubwürdige Informationen von Fischen bis zu 20 Kilo, die dort schon gefangen wurden. Zwar erschienen die Fische auf den Bildern meist kleiner, aber zog man den „Wiegeschlingen- und Aufgeregtheitsbonus" mancher Angler ab, blieb immer noch ein ordentlicher 30er übrig – solche Fische wären uns genug Lohn gewesen! Der Kanal-30er war ein gemeinsamer Traum von Matthias und mir. Er erschien zu Beginn unserer Kampagne erfüllbar, doch im Verlauf rückte er in immer weitere Entfernung...

EIN HEIMLICHER PLATZ

So schnell ich konnte, polterte ich mit meinem vollgeladenen Trolley die Uferpromenade entlang. Links von mir reihten sich mit wildem Wein bewachsene Zäune aneinander, hinter denen sich Lagerhallen und Büroräume befanden. Rechts von mir verbarg dichtes Geäst den Kanal. Die kleine „Allee" hatten wir uns bewusst als Angelplatz ausgesucht. Weniger aufgrund der Bodenstruktur unter Wasser, die fast überall gleich war, sondern aus taktischen Gründen: Einerseits war es eines der wenigen etwas natürlich anmutenden Ufer am Kanal. Noch viel wichtiger war uns aber, dass man zwischen den Büschen und Bäumen nicht so schnell entdeckt werden würde. Es war nicht problemlos möglich, dort mit dem Auto hindurch zu fahren. Ein guter Grund für die Polizei, nicht zu kontrollieren und für uns somit ein Funken Zuversicht, nicht beim Nachtangeln hochgenommen zu werden. Unter der Woche fühlten wir uns sicher, da seltener kontrolliert wurde. Uns blieben ohnehin nur die Wochentage, denn Matthias befischte an den Wochenenden sein Hauptgewässer, einen 90 Hektar großen See. An eben diesem befand er sich auch in dieser Nacht. Er hatte sich Urlaub genommen und war schon seit einigen Tagen wieder dort. Ich fütterte unseren Spot also alleine weiter und würde nun die zweite Nacht in Folge dort angeln. Ich träumte so sehr von einem Kanalbrummer zum Saisonabschluss, dass ich nicht locker lassen wollte.

DIESES VERDAMMTE RIG

Als ich die kleine Lücke mittig in der „Hundescheißallee" erreicht hatte lud ich schleunigst den Trolley ab und baute meinen Schirm auf, um mein Tackle vor dem Nieselregen zu schützen. Ich war schon durchnässt. Weniger von außen, denn der bedeckte Himmel hielt die Temperatur höher als in den Nächten zuvor und so war der zuvor so angenehme Fleece-Anzug an diesem Abend doch zu viel des Guten. Da ich für solche Bequemlichkeiten keine Zeit hatte, machte ich mich sofort daran, die Ruten auszuwerfen. Das rechte Rig war schnell einsatzbereit und flog an die Uferkante, es folgten zwei halbvolle Schaufeln Boilies. Das Ausbringen der linken Rute entpuppte sich als arbeitsintensiver. Der Haken war stumpf und leider hatte ich keine vorgebundenen Stiffrigs mehr. Ich kramte also einen 4er Fox Serie 6 aus der Box und dazu etwas Mono fürs Vorfach. An das Ende der Schnur knotete ich eine kleine Schlaufe, zog einen harten 20er Boilie auf und schnitt das Material so ab, dass ich möglichst wenig Überschuss haben sollte. Als Schüler, der ich damals noch war, musste ich mit dem teuren Vorfachmaterial schließlich gut haushalten! Doch wer müde ist, hat kein gutes Augenmaß und bereits nach wenigen Wicklungen um den Hakenschenkel war klar, dass ich diesmal zu knauserig geschnitten hatte. Mich ärgerte es, dass ich das Material für ein halbes Vorfach verlor. Ich zog erneut Mono von dem kleinen Spender und schnitt es länger ab. Als der Haken mittels „No Knot" befestigt war, schien es genau die richtige Länge zu haben. Nur leider war am oberen Ende noch kein Wirbel befestigt. Ich wurde zornig! War ich doch an diesem Abend schlichtweg zu doof, ein vernünftiges Vorfach zu binden. „Scheiß drauf," dachte ich mir, „scharf ist der Haken!" Ich knotete einen Wirbel an, versuchte möglichst wenig Mono einzubüßen und starrte schließlich ungläubig auf ein Vorfach, das nur halb so lang war, wie geplant. Es gefiel mir nicht, sollte ich noch eins binden? Nein, ging nicht mehr, nur raus damit, weg mit den feuchten Klamotten und ab auf die Liege! Was sollte schon

Das Tuckern der Maschine, die Spiegelung der Lampen, Stimmen und Gelächter aus der Kajüte – oranger Nebel.

219

Bam Bam – wie sonst sollte ich ihn taufen? Ein unglaublich breiter Fisch, ein Vierziger aus meinem Kanal!

passieren? Dass ich leer ausging? Haha! Das hatte ich die letzten acht Nächte überlebt, heute würde ich wenigsten gut schlafen können. Die Montage flog also doch noch in die Schifffahrtsrinne und einige Schaufeln Boilies hinterher. Mehr als üblich, denn ich hatte die Nacht zuvor beim Angeln nur die obligatorische Hand voll auf die Montagen gefüttert und morgens nichts nachgelegt. Als ich endlich auf der Liege saß, ein Stück weiße Schokolade aß und dazu Pfirsich-Eistee trank, überlegte ich, ob diese nicht die letzte Nacht meiner Saison werden sollte. Es wurde Zeit, sich wieder auf die Schule zu konzentrieren. Morgen würde ich wieder aufnahmeunfähig im Stuhl hängen und mich dafür verfluchen, nicht zu Hause geschlafen zu haben. Und was konnte ich von der Saison noch groß erwarten? Ich hatte drei verschiedene 40er gefangen, zwei davon am legendären Cassien! Dazu einen Deutschen, meinen ersten Vierziger überhaupt. Knapp dahinter folgten zwei Fische mit 19,8 und 19,6 Kilo und zwölf weitere 30er. „Mehr als genug für einen 19 Jährigen!" flüsterte ich, um mein Ego aufzubauen. „Eigentlich kann es gar nicht mehr besser werden!", motivierte ich mich. Und langsam kehrte das Wohlbefinden zurück. Ich kuschelte mich in den Schlafsack. „Also, mal sehen was sie bringen wird, diese letzte Nacht...", dachte ich selbstironisch und schloss die Augen.

ORANGER NEBEL
Es waren nur ein paar einzelne Pieper, die meinen Schlaf durchdrangen, doch sofort raste mein Herz – mein allererster Biss an diesem Kanalstück! Ich stolperte die Böschung hinunter und nahm die linke Rute auf, die mir von der roten Nachleuchte meines Bissanzeigers angezeigt wurde. Es war die Rute in der Mitte des Kanals, die mit dem kurzen Vorfach! Ich kurbelte etwas lose Schnur ein, scheinbar kam der Fisch auf mich zu geschwommen. Schließlich verstand ich gar nichts mehr, als die Schnur parallel zum Ufer nach links führte. Bis zum Rand meiner Watstiefel stieg ich ins Wasser und machte

Druck. Ein Schwall vor den Buschreihen, gut dreißig Meter entfernt, zeigte deutlich einen Fisch an. Endlich setzte er sich in Bewegung, erst noch einige Meter am Ufer entlang, dann zur Kanalmitte. Langsam wurde ich wieder Herr meiner Sinne. Bislang passierte alles wie in einem Film. Es war, als hätte ich mir selber zugesehen. Ich hatte so fest geschlafen wie noch nie zuvor dort am Kanalufer. Jetzt erst bemerkte ich, wie kalt es geworden war. Meine Ruten waren kurz davor, Frost anzusetzen. Der Himmel leuchtete sternenklar. Es schien mir, als hätte ich Tage verschlafen. Der Fisch am anderen Ende meiner Schnur zog behäbig, ohne Hektik, aber bestimmend. Doch er folgte nach und nach dem Druck meiner Rute. Noch wenige Umdrehungen, dann würde der Schlagschnurknoten den Spitzenring durchlaufen. Ich konnte den Knoten im Schein der Kopflampe erkennen. Der Fisch war also nicht mehr weit, ich löschte das Licht. Obwohl ich die beste Saison meines Anglerlebens im Rücken hatte, fühlte ich mich, als würde ich zum ersten Mal einen Fisch drillen. Mein Herz schlug so stark, als wolle es aus dem Brustkorb springen. In meinem Mund war nichts mehr übrig, das ich hätte hinunterschlucken können, so staubtrocken war er. Der Fisch setzte gerade zu einer kraftvollen Flucht an, als ein orangefarbener Strahl den dichten Nebel durchschnitt und alles in magisches Licht hüllte – ein Dampfer durchbrach die Schwaden. Dieser Augenblick sollte sich für immer in mein Gedächtnis brennen. Ich stand mit einer bis zum Anschlag gekrümmten Rute bis zu den Knien im Wasser und vergaß fast meine Aufregung, so verzaubert war ich. Oranger Nebel tanzte auf dem Kanal, am anderen Ufer schimmerten die gelben Lichter der Autobahnausfahrt. Hin und wieder flitzten Autos oder LKW vorbei. Es war die Zeit, während der ich mich sonst immer im Tiefschlaf befand, kurz vor Morgengrauen. Ich erhöhte den Druck auf den Fisch. Keinesfalls wollte ich, dass er es wieder bis zur Mitte schaffte, bevor das Schiff passierte. Er folgte träge. Der Personendampfer fuhr langsam vorbei, als ich die ersten Windungen Schlagschnur auf der Rolle

Lange behüteten wir dieses Geheimnis und mit ihm viele weitere...

hatte. Er erzeugte kaum Sog und war bald verschwunden. Wenige Augenblicke später kescherte ich einen runden Spiegler. Nun konnte ich endlich wieder ausatmen. „Mann, hab ich einen Durst!", war mein erster Gedanke. Und auf Toilette musste ich auch dringen, mein Kopf pochte noch vor Aufregung.

BAM BAM

Als ich die Lampe anschaltete und in den Kescher blickte, machte sich ein Schmunzeln auf meinen Lippen breit. „Da ist er, Dein Kanal-30er!" wusste ich, als ich den Haken löste und den Kescher zusammenrollte. Mann, war ich Happy! Als ich den Fisch hochheben wollte, kippte ich nach vorne. Ich hatte den nötigen Kraftaufwand völlig falsch eingeschätzt. Beim zweiten Versuch klappte es, doch das Gewicht, das ich hob, stand in keiner Relation zu dem Fisch, den ich eben noch im Kescher begutachtet hatte. Als er auf der Abhakmatte lag mochte ich es kaum glauben, wie breit der Fisch war. Dass er annähernd so hoch wie lang war, hatte ich schon bemerkt, aber einen so extrem breiten Fisch hatte ich in meinem Leben noch nicht gesehen. „Was für ein Koffer! Ob er vielleicht...? Aber nein, sei zufrieden mit dem, was Du bekommst!" dachte ich, während ich die Wiegeutensilien vorbereitete. Ich „nullte" die Waage, schob den Fisch behutsam in die Schlinge und setzte zum großen Moment an. Worte können nicht greifen was in mir vorging, als auf der Digitalanzeige 20,68 Kilo blinkten. Ich hatte tatsächlich die 30-Pfund-Marke links liegen gelassen und den ersten mir sicher bestätigten Karpfen über 20 Kilo aus meinem Kanal gefangen! Als der Fisch versorgt war, flog das kurze Vorfach noch einmal gen Horizont, bevor ich mich wieder auf die Liege setzte und versuchte, jemanden zu erreichen – auch für die Fotos natürlich. Matthias war an seinem See, andere Kumpels hatten die Handys aus. Ich wollte den Fang möglichst geheim halten. Der Kanal glänzte nun für mich wie ein Diamant, den es zu schleifen galt und ich war mir sicher, in den nächsten Jahren hier noch viele schöne Stunden zu verbringen. Schließlich rief ich nur meine Freundin an. Sie hatte über die Saison hinweg bereits ein paar meiner Fische fotografiert. An Schlaf konnte ich nicht mehr denken, ich hütete den Fisch wie meinen Augapfel und saß lange völlig verfroren neben der Leine, die ins Wasser führte. Am nächsten Morgen empfing ich meine Freundin überglücklich bei gleißendem Sonnenschein und strahlend blauem Himmel. Wir taten uns schwer, den Koloss angemessen in Pose zu setzen. Leider zeigte er frontal nicht wirklich seine Ausmaße. Ich konnte ihn auch nicht richtig halten, er war einfach so unglaublich breit. Obwohl ich mir sicher war, dass die Bilder diesem Tier nicht gerecht würden, setzte ich den Fisch schleunigst zurück. Es war vollbracht und ich konnte mein Glück kaum fassen! Das spätere Ergebnis auf Dia war eine mittlere Enttäuschung. Dennoch, ich hatte ihn gefangen, den Großen aus meinem Hauskanal. Zwei Jahre später begegneten wir uns noch einmal und ich bekam die Bilder, die ich mir ersehnt hatte – wieder fotografierte meine Freundin. Erzählen würde ich von dem Fisch, den ich Bam Bam taufte, beide Male nur meinen besten Freunden Matthias und Sascha. Mehr Leute sollten zunächst nicht davon erfahren. Jahrelang behielten wir das Geheimnis von unserem Hausgewässer für uns und mit ihm noch viele weitere...

Die Blaue Lagune

von Christian Münz

Links: Christopher fing Frogger im Sommer 2005 mit über 18 Kilo. Rechts: Deshalb tauften wir den Spiegler Puzzle.

Karpfen haben Charakter, heißt es. Und an keinem zweiten Gewässer unterschieden sie sich so deutlich, wie an der Blauen Lagune. Nirgends sonst biss ich mir so die Zähne aus, wurde enttäuscht und erlebte solche Sternstunden. Der Heidsee bei Herongen – Paradies und Hölle zugleich. 2011, mein Lieblingssee muss wegen Misswirtschaft innerhalb des Vereins und der damit verbundenen Geldknappheit abgegeben werden. Das stimmt mich traurig. Jedes Mal, wenn ich die Gläser in meinem Küchenschrank erblicke, muss ich an diese prägende Zeit zurückdenken. Es sind nicht irgendwelche Gläser. Sie erinnern mich an harte Arbeit, besondere Momente und herbe Enttäuschungen, an mehr als drei Jahre Lagunen-Angelei. Was es damit auf sich hat, lest Ihr noch. Also fangen wir ganz vorne an.

NEUE UFER
Es war höllisch heiß. Auf dem flachen Torfstich in der prallen Sonne sammelte sich, vom Wind in meine Richtung getrieben, eine dicke Schicht Blaualgen. Kein gutes Zeichen, leitete dies doch wie an vielen (flachen) Seen im Sommer 2006 eine längere Beißflaute ein. Nein! So sollte es nach meinem fischreichen Frühjahr nicht weitergehen. Mit dem „Polster" im Fangbuch fasste ich Mut, um einem mir bereits bekannten Baggersee eine Chance zu geben, vor dem ich mich bisher drückte. Die blaue Lagune, so benannt wegen der Wasserski-Anlage und dem großen Strand, den im Sommer die Bikini-Schönheiten bevölkern. Es gab Gründe dafür, dass ich diesen See bisher mied. In Kurzform: 50 Hektar Wasserfläche, Tiefen bis 15 Meter, Boote verboten, nur rund 20 Prozent der Uferstrecke durften betreten werden, der Bestand belief sich auf gerade mal 12 bis 15 Karpfen. Gut 100 Graskarpfen als willige Mitesser würden es nicht leichter machen. Die Informationen hatte ich von Freunden und Bekannten, die hier bereits vorher fischten. Insgesamt also alles andere als gute Aussichten, doch die Gewichte und vor allem das Potential der wenigen Karpfen waren einfach zu verlockend.

DER BESTAND
Alle uns bekannten Fische trugen Namen, die ihre besonderen Merkmale widerspiegelten. Dabei hatte es die Natur mit dreien unserer Lieblinge besonders gut gemeint: Der auffälligste Fisch war „Der Zeiler", ein Zeilkarpfen wie aus dem Bilderbuch. Christopher

fing diesen bereits 2005 gleich in der zweiten Session. Mein persönlicher Favorit aber war ein anderer, der „Frogger". Ein Fisch mit einem Körperbau, wie ich ihn zuvor noch bei keinem anderen Karpfen sah. Der im Verhältnis zum Körper eher kleine Kopf, die abgeknickte Schwanzflosse, seine Länge und das markant geformte Maul – er erinnerte an eine überdimensionierte Schleie, hatte dabei auch etwas Amphibisches. Der Dritte im Bunde war ein hochrückiger Spiegler mit hohen und absolut straffen, spärlich aber beeindruckend beschuppten Flanken. Apfelscheibengroße Schuppen bedeckten seinen goldenen Körper. Anfangs nannten wir ihn darum „Apple Scale", nachher wurde daraus „Mighty Scale", denn dieser Fisch wurde einfach riesig. Angesichts des eher kleinen Kopfes und der kleinen Flossen handelte es sich bei „Mighty" und „Frogger" wohl um junge Fische. Neben diesen drei Ausnahmefischen zogen noch sechs weitere Karpfen, welche bei den „Locals" des Sees gut bekannt waren, ihre Runden in der Lagune. Darunter waren vier weitere Spiegler, alle auf ihrer Art einmalig. Sei es die bullige Körperform, wie bei „Big Head" oder „Short Tail", die Farbe, wie bei dem „Grauen" oder ein exquisites Schuppenbild, wie bei "Puzzle". Es gab jedoch nur einen weiteren Schuppenkarpfen von uriger Erscheinung. Großflächige Narben auf den Flanken und die zweifarbige Haut führten zum Namen „Two Tone". Tatsächlich handelte es sich um einen der wenigen, zusammen mit dem Zeiler vielleicht sogar um die einzigen verbliebenen Fische aus dem Urbestand des Sees. Sie waren keine der abwachsfreudigen Jungspunde, welche bereits in jungen Jahren hohe Gewichte erreichten. Diese Informationen und Fische vor Augen, kam ich schnell auf die Idee, dass es sich um absolute Einzelgänger handelt. Doch weit gefehlt! Neben der Wasserski-Anlage befand sich an der Lagune noch ein Tauchverein. Eine nützliche Quelle für Infos aus der Unterwasserwelt. Es war ein Taucher, der mir von zwei wirklich großen Schuppenkarpfen erzählte, die nebeneinander über die Sandbänke streiften. Der eine davon sah ziemlich mitgenommen aus. Kein Zweifel: „Frogger" und „Two Tone"!

DAS GOLDENE M, DER GOLDENE MORGEN
Es war im Frühsommer 2006, als ich an den Ufern der Lagune Felix Esser kennen lernte. Christopher und ich hatten beim Füttern ein Camp gesehen und wir wollten dem Neuen am See einen Besuch abstatten. Als wir um die Ecke bogen, grinste uns ein

Links: Two Tone mit über 20 Kilo, mein zweiter Fisch aus der Lagune. Rechts: Fast alle Fische dort fing ich mit diesem einfachen Rig.

Als ich ihn zum zweiten Mal fing hatte Big Head schon ordentlich zugenommen – ein standorttreuer Fisch.

überglücklicher Felix an, vor ihm auf der Matte lag „Mighty" und es stellte sich heraus, dass Felix hier schon vor uns angelte – aber unauffällig wie eine Katze bei Nacht. An Gesprächsstoff mangelte es nicht und aus Gleichgesinnten wurden Freunde. Wir beschlossen, unsere Energie zu bündeln und zu zweit einen Futterplatz über mehrere Wochen aufzubauen. Wir fütterten im Wechsel, doch mindestens einmal die Woche fuhren wir gemeinsam zum See, um unsere gemeinsam gerollten Boilies zu versenken. Mit der Zeit stellte sich das Ritual ein, auf dem Rückweg beim goldenen M einzukehren. Zu so später Stunde, meistens fütterten wir nachts, brannte nur noch dort Licht. Und zu jedem Maxi-Menü gab es damals ein Coca Cola-Glas dazu. Daher die Gläser in meinem Schrank. Es war die erste gemeinsame Session im Herbst 2006, nachdem wir bereits knapp zwei Wochen die für uns interessantesten Stellen konstant unter Futter hielten, als ich morgens um halb sieben einen Biss auf der Sandbank in dreieinhalb Metern Wassertiefe bekam. Nach kurzem aber heftigen Drill lag ein kurzer Fisch mit gewaltigem Kopf vor mir. Es war „Big Head" und er biss am gleichen Platz, wo ihn ein Jahr zuvor Christopher fing. Ich hatte kaum Zeit, der überschwänglichen Freude Luft zu machen. Denn wenig später lief auch die zweite Rute ab. Die kräftigen Kopfschläge deuteten klar auf einen Karpfen, kein Graser. Und wenig später glitt der „Two Tone" in den Kescher, am ersten Morgen bei der ersten Session an diesem schwierigen Gewässer. Das war für uns unfassbar, doch es bewies, wie wirkungsvoll Langzeitfutterkampagnen an solchen „Low Stock-Gewässern" sein können. Nach dem Start wollte natürlich keiner von uns etwas verpassen und so gingen wir in der darauf folgenden Woche immer gemeinsam füttern.

SESSION ZWEI

Am nächsten Wochenende bauten wir auf und fühlten uns schon wie Sieger. Tatsächlich sollte uns das gute Gefühl nicht täuschen. Die Nacht über lagen die Ruten tot, doch morgens, wie am Wochenende zuvor um exakt 10 Uhr, bekam ich einen langsamen „Run". Ich erinnere mich, dass ich mich während des Drills wunderte, wieder einen Karpfen und keinen Graser gehakt zu haben. Maximal 15 Karpfen teilen sich 50 Hektar Wasser mit sicher 100 der gefräßigen Asiaten. Doch unsere harten 24-Millimeter-Murmeln schienen den Vegetariern nicht zu munden. Dachten wir zumindest, sie waren einfach noch nicht auf den Geschmack gekommen. Ohne Probleme dirigierte ich den Fisch bis vor die steil abfallende Uferkante. Doch dann riss er mir in einer brutalen Flucht Schnur von der Rolle und zog nach links in einen überhängenden Busch. Ich eilte ihm hinterher und musste bis zum Hals ins kalte Herbstwasser, um den Busch zu passieren. Felix rannte auf der Landseite mit dem Kescher herum und Sekunden später atmete ich wieder durch. Das Tier war im Netz. Die Maschen umhüllten einen weiteren besonderen Fisch und mir vielen die Worte des Tauchers ein, „zwei große Schuppenkarpfen" – es war der „Frogger"! Wir fragten uns, ob er vielleicht auch schon letzte Woche über unseren Futterplatz zog und sein Begleiter einfach schneller war. Ich konnte mein Glück kaum fassen, wäre ich doch locker bereit gewesen, viel härter und länger für diesen Augenblick zu arbeiten... Wir führten unsere Futteraktion noch ein paar Wochen fort und gingen zwischendurch immer mal wieder für eine oder zwei Nächte fischen, aber mittlerweile waren die Graser auf unsere Stelle aufmerksam geworden.

Der Graue, ich sah ihn zuvor über dem Platz rollen – einer der alten Garde der Lagunen.

Links:
Die Lagune
strapaziert
die Geduld.
Rechts:
„Du darfst ihn
nicht verlieren!"

DIE NÄCHSTE SAISON

Im Frühherbst des nächsten Jahres machten wir da weiter, wo wir aufgehört hatten und begannen zu füttern. Doch inzwischen waren die Graser zur Plage geworden. Das Kraut hatten sie nachhaltig eingedämmt, jetzt standen wohl Boilies ganz oben auf dem Speiseplan. Obwohl wir regelmäßig große Schleien sahen, fingen wir nie eine. Brassen schien es hier gar nicht zu geben. Nur Graser oder Karpfen fraßen die Boilies und die unzähligen Krebse nagten daran herum. In 2002, dem ersten Jahr, in dem meines Wissens nach gezielt in der Lagune auf Karpfen geangelt wurde, waren die Krebse noch der Horror. Ein Bekannter, der in diesem Jahr hier fischte, stellte sich alle zwei Stunden einen Wecker, um die Rigs zu kontrollieren. Er fing damals neben einem noch 32 Pfund „kleinen" „Mighty" den „Grauen" mit 37 Pfund. Lange veränderte der Fisch sein Gewicht um kein Gramm. Bis wir anfingen, zu füttern und ich die Ehre hatte: Von den Startschwierigkeiten unbeeindruckt hielten wir an unserem Vorhaben fest. So war es wohl meine neunte oder zehnte Nacht auf unserer gemeinsamen Futterstelle, als Felix mich abends gegen halb sechs besuchte. Ich hatte bereits eine Nacht ohne Aktion hinter mir, doch ich erzählte Felix euphorisch, dass ich am Nachmittag einen Fisch unweit des Futterplatzes rollen sah. Auch hatte ich eine gute Vorstellung, welcher es gewesen sein könnte. Felix hörte es sich an und sagte, dass ich ja die heiße Zeit am Morgen und Vormittag des kommenden Tages noch vor mir hatte. Die letzten Silben des Satzes hatten seine Lippen noch nicht verlassen, da wurde er von einem leisen Surren unterbrochen. Voraussetzung fürs Piepen bei einem Run sind eingeschaltete Bissanzeiger. Typisch, dass ich es wieder vergessen hatte... Bis ins Handteil bog sich die Rute im Drill, kein

Graser! Ich folgte dem Fisch, der stetig die Uferkante lang zog. Natürlich wusste ich, welcher es war, es konnte nur der eine sein. Kurz vorm Kescher erkannte ich schon die graue Flanke und ein weiteres Original glitt in die Maschen. Er brachte vier Pfund mehr als sonst auf die Waage!

DIE VERZOGENE RUTE

Natürlich verbrachten Felix und ich die kommende Session wieder gemeinsam am Wasser. Meine Ruten lagen längst, als er noch mit der letzten beschäftigt war. Sie lag endlich zu seiner Zufriedenheit auf dem Futterplatz, das On-Signal des Bissanzeigers war gerade verstummt, da landete eine übermütige Ente mit voller Wucht in seiner Schnur und verzog das Rig deutlich. Lachen oder weinen? Der Erpel schnatterte höhnisch, platzierte sich vor Felix und wartete auf Brot. Doch er erntete nur Fluchen und Schreien. Felix war müde von der Arbeit. Ihm stand der Sinn mehr nach einem kühlen Blonden und einer Grillung. Also tat er, was er sonst nie machte: Er ließ die Rute liegen. „Wer weiß, wofür es gut ist!", sagte er und köpfte ein Bier. Wie so oft gaben die Bissanzeiger über Nacht keinen Pieper von sich. Beim Frühstück zur heißen Zeit starrten wir gebannt auf die Ruten. Felix überlegte, neu zu legen. Doch er entschied sich dagegen, jetzt zu stören. Die Hoffnung hatten wir schon aufgegeben, da ertönten einige Pieper. Die verzogene Rute? Es verging eine gute Minute, Felix spülte gerade das Geschirr, da raste die Rolle los. Unbeeindruckt stürmte der Fisch davon und stoppte erst nach einer endlos

Felix mit dem unangefochtenen König: Mighty Scale!

scheinenden Flucht. Ich wurde Zeuge des längsten Drills, den ich je erlebte. Immer wieder mobilisierte der Karpfen seine Kräfte, bis ich Felix aus seiner Anspannung erlöste und ihm den gewaltigen Spiegler kescherte. Es war „Mighty", das zweite Mal für meinen Freund, aber dieses Mal deutlich schwerer.

WIEDERSEHEN

Felix Doppelfang des Fisches, der gewichtsmäßig über allen anderen trohnte, leitete für mich eine schwarze Serie ein. Ich fing in einer der letzten Sessions des Jahres zwar zum zweiten Mal „Big Head", wieder dort, wo ich ihn auch beim ersten Mal fing und das auch mit deutlich mehr Pfunden auf den Gräten, verlor dann jedoch einen weiteren, sehr guten Fisch. Dieser konnte sich, wie es bereits manche der anderen versucht hatten, hinter einer der steil ansteigenden Sandbänke verschanzen. Hätte ich hier ein Boot zur Verfügung gehabt, wäre es sicherlich kein Problem gewesen, auch diesen Fisch zu landen. So aber war die Situation aussichtslos… Unsere ausgedehnten Futterkampagnen hatten sich bei den Grasern herum gesprochen. Wir fingen zehn bis zwölf je Karpfen. Darum fütterten wir in der nächsten Saison nur noch kurz vor Angelbeginn ein bis zweimal. Tja, dadurch reduzierten wir beides, Graser- wie Karpfenbisse. Tatsächlich verlor ich den einzigen Karpfen nach einiger Zeit im Drill. Er lieferte mir eine ebenso beeindruckende Flucht wie bereits im Vorjahr „Mighty". Unhaltbar verschwand er schließlich hinter einer der gemeinen „Sandklippen". Der Frust, die Wut zerfraß mich förmlich. Ich war mir so sicher, den König des Sees verloren zu haben… Wegen eines Umzugs schaffte ich es danach nicht mehr häufig an den See. Umso ärgerlicher war der Verlust. Von den Rückschlägen der vergangenen zwei Jahre erholt, wollte ich 2009 ein letztes Mal richtig an der Lagune angreifen. Doch ich kam erst Anfang August zu meiner ersten Session des Jahres an den See, der dich liebt oder hasst wie der Cassien. Nur einmal hatte ich in der Nähe meines Stammplatzes vorgefüttert: fünf Kilo knallharte 24er Boilies und drei Kilo Halibut-Pellets, zwei Tage vor der Session. Bis spät in den Morgen blankte ich.

VERGANGENHEIT UND GEGENWART

Felix kam gegen Mittag mit einem Freund zu Besuch und wir schwelgten in Erinnerungen. Wie viele Stunden hatten wir hier gemeinsam an dieser Stelle gewartet, um unsere Träume zu verwirklichen? Was hätten wir mit all der Zeit an anderen Gewässern fangen könne. Wie viele…Run!!! Der Fisch wehrte sich gewaltig, schlug heftig mit dem Kopf in den Blank. Ich blickte auf den See, zwei Augenpaare lasteten im Wechsel auf meinen Schultern und der Rute. Eines war klar, diesen Fisch durfte ich auf keinen Fall verspielen. Und die steile Kante wollte er unbedingt erreichen. Ein flaues Gefühl machte sich in meinem Magen breit, dazu die Ratschläge der beiden: „Nicht so viel Druck! Chris, den darfst Du nicht verlieren!" Doch ich hatte aus den verlorenen Fischen gelernt. Dieses Mal konnte ich gegenhalten, mit einer knallharten Rute statt den parabolischen Drei-Pfund-Stöcken, die ich hier sonst einsetzte. Ich blieb Sieger und sackte vor Erleichterung in mir zusammen, als ein Riese endlich in die Maschen glitt. Doch es war nicht der erhoffte „Mighty". Vor uns lag „Frogger", satte zehn Pfund schwerer und einfach nur gewaltig. Er war ein Wiederfang für mich und doch zu diesem Zeitpunkt mein schwerster Karpfen. Von dem unterschwelligen Gefühl der Enttäuschung konnte ich mich nicht ganz frei machen. Felix hatte sich diesen Fisch so sehr gewünscht wie ich mir „Mighty". Doch so ist es eben, auf manchen Karpfen steht Dein Name. „Frogger" mit seinem neuen Rekordgewicht blieb mein letzter Fisch an diesem See, der mir so oft in die Träume folgte. Felix und mir gelang es nicht mehr, hier noch einen Karpfen zu fangen und mittlerweile ist es unmöglich. Insgesamt aber fingen wir in dreieinhalb Jahren mit Ausnahme von drei Fischen den gesamten bekannten Bestand. Unter den dreien war aber leider auch der perfekte Zeiler, der nach unseren Informationen nach Christophers Fang nur noch ein Mal überlistet werden konnte. Wenn man den Gerüchten glauben kann, zieht er mittlerweile in einem anderen See seine Bahnen – es war wohl seine Schönheit, die ihm zum Verhängnis wurde... Lasse ich meine Zeit dort Revue passieren, muss ich immer wieder an Felix verzogene Rute denken, die ihm „Mighty" zum zweiten Mal bescherte. Vielleicht sollten wir die Sache manchmal einfach gelassener angehen. Es sind doch nur Fische, oder nicht?

Frogger war einfach nur gewaltig!

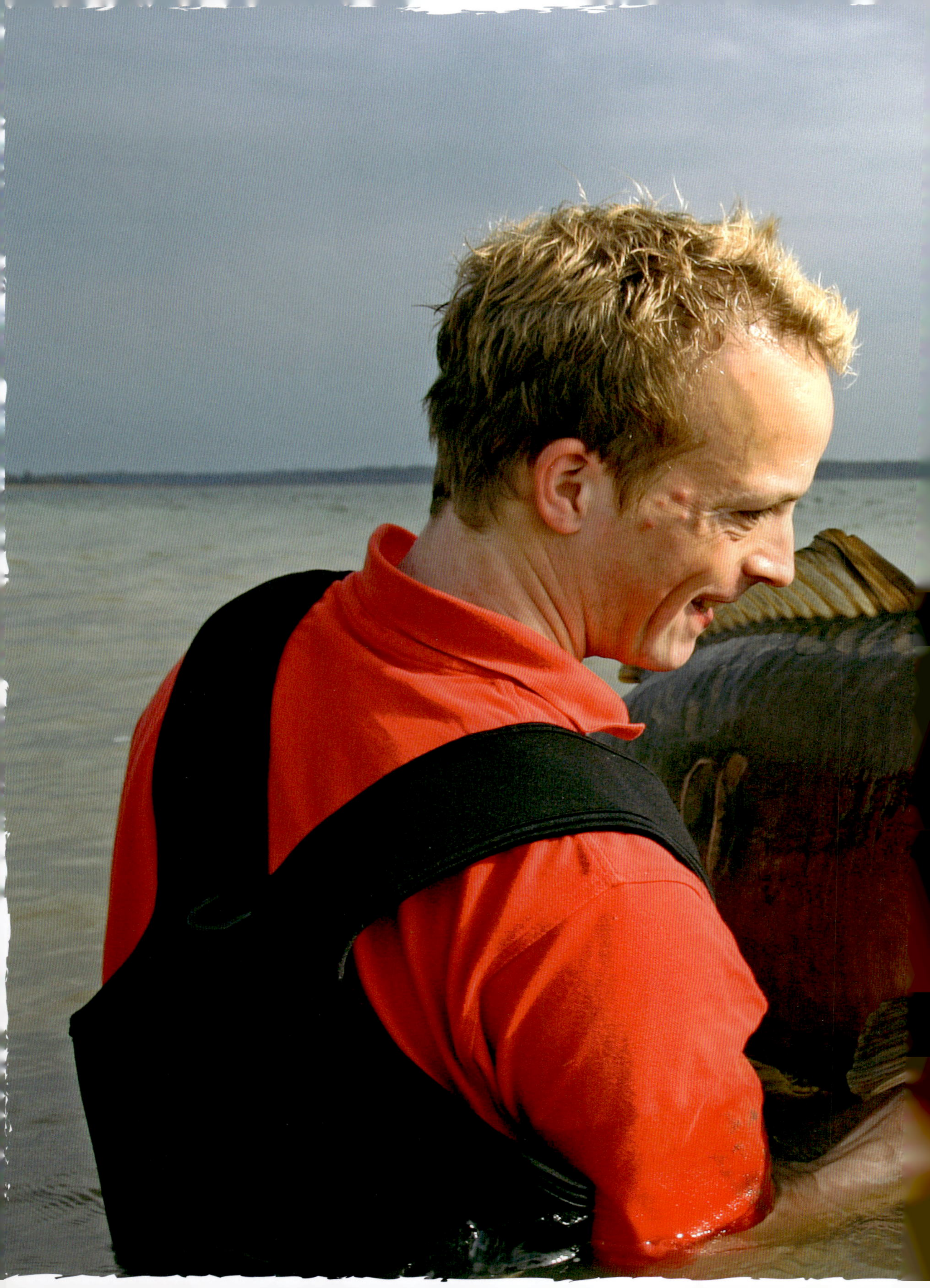

Der Fisch des Lebens

von Sascha Pingel

Links: Dieter Martens mit dem 60er von unserer legendären Tour im Jahre 1996. Rechts: Dieter fing zwei Traumfische über 50 Pfund, bevor ich die Stelle übernahm.

„Hauke, knips schneller, ich kann nicht mehr, ich kann ihn einfach nicht mehr halten!" Die Fotosession war Freude und Qual zugleich. Ich hatte das Gefühl, durch das Gewicht des Fisches auf den Armen immer tiefer im Schlamm zu versinken, die Arme machten einfach schlapp, doch das Grinsen ging mir nicht mehr aus dem Gesicht. Ich trug es an diesem 21. Oktober 2005, nahm es mit in den Schlaf und bis zum Ende der Tour – vier Wochen später – wurde es nur größer. Doch ich erzähle besser der Reihe nach...

EINE LEGENDÄRE REISE

Es war im Herbst des Jahres 1996, als ich das erste Mal am Ufer dieses heute legendären Gewässers stand – zusammen mit Dieter Martens und Walter Rechenberg. Ich werde den Namen dieses Gewässers hier nicht nennen, da wir uns in den Pionier-Tagen schworen, über unsere Gewässer zu schweigen. Was ich als damals erst 23-jähriger sah, war eine Schlammwüste. Der immer noch mehr als 2000 Hektar messende Rest einer gewaltigen Wasserfläche wurde vom Wind gekräuselt. Es roch einfach nach Abenteuern und großen Karpfen! Dieser See sollte unser See werden. Noch 13 Mal besuchte ich ihn nach dieser ersten Tour, immer für mindestens drei volle Wochen. Doch das Ergebnis dieser ersten Reise konnten wir nie wieder toppen: Der Schlamm knirschte zwischen den Zähnen, täglich mussten wir mit unseren Camps dem fallenden Wasser folgen, doch die Riesen fraßen! Dieter, mein Freund und Geschäftspartner von Adventure Fishing in Hamburg, fing neben vielen großen Karpfen einen 53er und einen unglaublichen Spiegler mit 60 Pfund! Ich fing einen wunderschönen, über 20 Kilo schweren Zeiler und zwei Spiegler über der magischen Marke: 50 und 54 Pfund. Während unseres Aufenthalts konnte Michael Brechtmann alias „Wuppi" den „Bulldozer" fangen, einen gigantischen Schuppi von 68 Pfund! Es war eine legendäre Tour, die durch mehrere Magazine ging und mir unvergesslich bleibt. Seitdem reise ich jedes Jahr im Spätherbst an diesen See. Erst seit 2007 nicht mehr, da sich vor Ort einige Dinge geändert haben. Bootsangler ankern heute dort, wo sonst unsere Montagen lagen. Jedes Jahr versuchte ich, mein Angeln zu verbessern, auf die Bedingungen dieses Extremgewässers mit seinen vielen Gesichtern abzustimmen. Dieser See verlangte mir immer aufs Neue alles ab. Mal lacht er Dich mit glatter Oberfläche an, mal geht hier die Welt unter, der Sturm reißt Zelte in Stücke, das Wasser verschluckt Rod Pods und Ruten, bringt Bissanzeiger um und nimmt Boote mit. Ich habe dort schon alles erlebt. Auch erinnere ich mich an viele gute Fische, genauso aber an zwei Wochen ohne Biss bei vier Anglern und 16 Ruten. Auf meinen nächsten 50er aus diesem Gewässer musste ich elf Jahre warten, bis zur dreizehnten Tour. Von diesem Erlebnis möchte ich hier berichten.

FLIEGENDER WECHSEL

Ein Jahr Vorbereitung lag an diesem Samstagnachmittag hinter mir, meine wichtigste Angeltour des Jahres vor mir. Wie schon in den Jahren zuvor hatte ich mit Dieter vor Ort einen fliegenden Wechsel geplant. So konnten wir unser Geschäft die gesamte Zeit über offen halten und die Stelle befischen, die wir wollten. Dieter und sein Angelpartner Olli befischten den See schon seit September. Sie fingen in den drei Wochen nicht viele Fische, doch die richtigen waren dabei: Zwei Granaten von 52 und 54 Pfund konnte Dieter landen! Die beiden reisten etwas früher ab als geplant und Hauke übernahm die Stelle. Als ich Samstag den Laden abschloss und in den überladenen Wagen stieg, war mein letzter Stand, dass er gleich in der zweiten Nacht einen Schuppi von 22 Kilo fing! Bei uns gilt die vorherige Absprache und ich hatte mich für die Stelle entschieden, die Hauke befischte. Als ich nach langer Fahrt von Hamburg ankam, zog er etwa 200 Meter weiter nach links. Unsere Taktik hier sieht so aus, dass wir eine sehr große Fläche befischen und die Ruten weit verteilen. Dann streuen wir eine große Mischung aus Boilies in verschiedenen Größen, Tigernüssen und Pellets über das gesamte Areal. Da wir viel Zeit zur Verfügung haben, setzen wir auf die großen Mengen gleich zu Beginn und hoffen, dass sich viele Fische einfinden und mit großem Vertrauen fressen. 200 Kilo Boilies, 50

Ein See mit einer ganz eigenen Magie.

Ein Berg von Fisch, bedeckt mit Schuppen – ich war fassungslos.

Kilo Pellets und ebenso viele Tigernüsse verbrauchte ich alleine bei dieser Tour. Seit Jahren verwende ich die Monster Crab/Robin Red Freezer Baits von Proline und lasse diese zehn Tage durchtrocknen. Die steinharten Kugeln kann ich dann vor Ort gut in Seewasser einweichen. Die produktiven Angeltiefen liegen im Spätherbst zwischen fünf und zehn Metern. Auch tiefer kann es gut sein, doch es ist längst nicht immer möglich, diese Tiefen vom Ufer zu beangeln. Bei dieser Tour war es nötig, bis zu 600 Meter weit draußen zu fischen. Hauke musste seine Rigs noch weiter rausschleppen, um interessante Strukturen zu erreichen. Fast täglich mussten wir umbauen, um dem sinkenden Wasserstand zu folgen. Manche Hotspots rückten so näher und konnten bequemer befischt werden, doch wurde es dort zu flach, liefen sie nicht mehr. An so extremen, großen Gewässern wie diesem See ist es unabdingbar als Team zu arbeiten. Hauke und ich fischten zwar gute 200 Meter auseinander, doch hatte einer von uns einen Biss, ruderte der andere ihn über den Fisch und half, wo er konnte. Damit das auch in tiefster Nacht möglich war, stellten wir alle acht Bissanzeiger auf eine Frequenz ein. Im Laufe der Jahre glich sich das bei uns aus. Doch auf dieser Tour hatte ich das goldene Los gezogen. Jede Nacht kam mir Hauke mindestens zweimal schnaufend entgegen gelaufen und versank dabei knietief im ewig saugenden Schlamm, während ich schon mit krummer Rute am Boot auf ihn wartete. Nie schalteten wir nachts die Kopflampen an. Wir wollten den vielen französischen Anglern nicht verraten, dass wir Aktionen hatten. Also hörte ich auch immer zuerst Haukes schwere, geplagte Schritte im Schlamm, bevor ich ihn sah. Die Fische, die ich fing, wogen bis etwa Mitte 30 Pfund.

DIE MAGISCHE STUNDE

Es geschah gegen 23 Uhr, der Trip war bereits zehn Tage alt. Nach einer letzten Kuksa (ein traditioneller Becher aus Birkenwurzel) gutem Rotwein hatte Hauke sich verabschiedet. Schnell nickte ich ein. Wie oft, wenn die Montagen extrem weit draußen liegen, riss mich ein Vollrun aus dem Schlaf. Nicht mal ein einzelner Pieper hatte ihn angekündigt. Routine: Ich schlüpfte in die Wathose, eilte zur Rute, nahm Kontakt auf, ohne Druck zu machen und wartete auf Hauke. Ich wunderte mich über den frühen Biss. Als Hauke zustieg, saß ich schon vorne im Boot. Nach dem 200-Meter-Sprint in voller Montur und Wathose war ihm nicht mal eine Verschnaufpause gegönnt. So schnell er konnte ruderte er mich über den Fisch. Für die Jahreszeit war es noch mild, vielleicht 14 Grad warm. Die perfekte Drillnacht, denn anders als oft dort im Herbst, kräuselte nur ein laues Lüftchen die Wasseroberfläche. Die Lampen blieben natürlich wie immer aus, kein Mond erhellte diese Nacht. Als wir über dem Fisch ankamen, spürte ich zwar einen massiven Widerstand, aber keine Bewegung mehr. Er hing fest, sicher in einer der vielen rotten Wurzeln am Grund. Wir versuchten alles, umpaddelten das vermeintliche Hindernis, ich ließ die Schnur locker und zog aus allen Winkeln – keine Chance. Hauke wickelte sich die dicke, monofile Schlagschnur um den Arm und zog. Ich hatte den Fisch schon aufgegeben, da rief er: „Frei! Ich glaube, der hing gar nicht fest, der stand nur da unten!" Ob er tatsächlich seine Masse nutzte und reglos am Grund verharrte oder doch festsaß, es begann endlich der typische Drill mit einem großen Karpfen. Der Fisch blieb tief und stur. Lange hielt ich einfach nur dagegen und wir starrten gebannt auf die Oberfläche, bis er sie endlich durchbrach. Ohne Licht führte Hauke den Kescher unter den Fisch. Da wir ihn gemeinsam ins Boot hoben, bemerkten wir nicht gleich, wie groß er war. Doch dann lag er im Boot, bedeckt von Maschen. Er schien den gesamten Innenraum des 3,20-Meter-Kahns auszufüllen, passte gerade so unter die Sitzbank! Hauke fand keinen Platz mehr für seine Beine, er konnte nicht paddeln. Ich schloss den E-Motor an und mit diesem Riesen an Bord schlichen wir durch die Nacht auf den kleinen roten Punkt am Ufer, die Camp-Markierung, zu. Hauke streifte dem Tier durchs Netz über die Flanke: „Das ist ein richtig großer Schuppi", sagte er, dann: „Nein, doch nicht! Da sind Riesen-Schuppen drauf!" Jetzt mussten wir es genau wissen. Weit beugten wir uns über die Flanke und schalteten die Kopflampen im Rotlicht-Modus ein: WOW! Das Licht wurde von gigantischen Schuppen reflektiert, die anscheinend den ganzen Körper des Riesen bedeckten – ein „Fully Scaled" und was für einer! Immer wieder mussten wir jetzt auf den Fisch leuchten, überschlugen uns dann mit den Schätzungen. Als wir versuchten, das Tier zu wiegen, bohrte sich die Wiegestange durch das Gewicht immer tiefer in den Schlamm. Der Fisch löste sich nicht von der Matte. Wir stützten die Stange auf einer Wurzel ab und dann schoss die Waage rum, schnurstracks auf 28 Kilo, mein schwerster Karpfen! Doch nicht nur das Gewicht raubte uns den Atem: Dieser Fisch war eine echte Perle, das Schuppenbild absolut einzigartig. Ich kenne diesen See und seine

„Knips schneller Hauke, ich kann nicht mehr!" Der 28 Kilo schwere Traumspiegler war uns bis dato völlig unbekannt!

Fische gut, habe Freunde und Bekannte, die hier jedes Fischbild archivieren. Doch niemand erkannte den Riesen. Wie es schien, hatte ich da einen zu diesem Zeitpunkt völlig unbekannten 56 Pfund schweren, vollbeschuppten Spiegler gefangen. Und das in einem Gewässer, das Jahr ein Jahr aus stark beangelt wird!

5 1/2 WOCHEN

Wenige Tage später verließ mich Hauke, seine drei Wochen waren um. Bei mir lief es jede Nacht besser. Immer mehr Fische fanden sich in dem Seeareal ein, das ich beangelte. Da der Wasserstand Ende Oktober noch deutlich höher war als in den vorausgegangenen Jahren, durfte die Nachtangelzone weiter beangelt werden. Bis sie am 14. November schloss, blieb ich am See – alleine. Volle fünfeinhalb Wochen befischte ich das Gewässer meiner Träume also an einem Stück und das Angeln wurde zu einem wunderbaren Alltag. Ich fing sogar noch einen kugelrunden, kräftigen Spiegler mit genau 50 Pfund. Kurz danach biss ein weit über einen Meter langer, schöner Fisch mit 46 Pfund. Nach dem Wiegen wollte ich den Fisch wie so oft zuvor gleich aus der Wiegeschlinge in den Karpfensack gleiten lassen. Doch er glitt einfach daneben – weg! Kein Foto! Bei den Bildern, die ich schon auf der Speicherkarte hatte war das halb so wild... Seither war ich noch einmal dort, wieder zusammen mit meinem guten Freund Hauke und seiner Freundin Lili. Dann kehrten wir diesem magischen Ort wegen der vielen Bootsangler und der veränderten Gegebenheiten den Rücken zu – bis heute. Doch wenn ich diese Zeilen überlese, höre ich wieder das Knirschen des Sandes zwischen den Zähnen, spüre den zerrenden Schlamm unter den Füßen und vermisse den Westwind im Gesicht. Vielleicht sollte ich Hauke anrufen. Vielleicht sollten wir wieder Pläne schmieden. Auf ein Wiedersehen!

Ein Gefühl absoluter Glückseeligkeit berauschte mich. 5 1/2 Wochen am Wasser.

Zum Schluss

Über ein Jahr lang arbeitete ich mal mehr mal weniger an diesem Buch. Wenn ich mir in Erinnerung rufe, wie viel Zeit von der Idee bis zum fertigen Werk verging, wie viele Gespräche ich führte, wie viele Sätze ich wieder löschte, wie viele Stunden ich bei der Bildauswahl vorm Rechner verbrachte, während meine Freunde fischten...

Doch es hat sich gelohnt, ich bin stolz auf dieses Buch und froh, dass ich es geschrieben habe. Was Sie hier durchblättern, ist wirklich handgemacht. Ein idealistisches Projekt: Denn ich habe Karpfenzeit verfasst, die Gastbeiträge redigiert, die Seiten selbst gestaltet. Dieses Buch ist eine Reise durch meine Gedanken zum Angeln, durch meine Welt am Wasser, durch mehr als 14 Jahre. Eine Reise an etliche Gewässer. Es ist eine letztlich doch eher kurze Revue so vieler Sessions, Abenteuer, Erlebnisse und Eindrücke, die ich und meine Mitschreiber niemals vergessen werden. Ich hoffe, Sie haben die Tour genossen.

Also, gehen wir der Zukunft am Wasser entgegen und besinnen uns auf die wahren Gründe, die uns immer wieder ans Ufer treiben: Freiheit und Leidenschaft, Freundschaft und Abenteuer – die Liebe zur Natur! Gehen wir angeln, ja, einfach angeln.

Christopher Paschmanns

Literaturverzeichnis

Kein Buch ohne Inspiration, keine Leidenschaft ohne Lektüre. Wen ich in diesem Buch zitierte, finden Sie hier. Und empfehlenswert sind die unten aufgeführten Werke allemal.

de Baets, Luc: De Dunne Lijn. 2009.
Bone, Q.; Marshall, N. B.: Biologie der Fische.
Gustav Fischer Verlag, Stuttgart, New York 1985.
Bursell, Jens: Specimen Hunting. Müller-Rüschlikon, Cham 1999.
Carpe Diem – 10 Jaar Vereniging van Belgische Karpervissers. 2002.
Danau, Alijn: Tegen De Stroom In. Degen-Holding 2002.
Danau, Alijn: Karper en andere Muzen. Westerlaan Publishers 2007.
Gibbinson, James A.: Der Karpfen – Verhaltensweise und
sportlicher Fang. Paul Parey 1968.
Hearn, Terry: In Pursuit Of The Largest. Bountyhunter Publications, Hampshire.
Hearn, Terry: Still Searching. Terry the Tench Publications 2006.
Koops, Koen; Vogel, Piet: Spiegelbeeld. Promocarp 2008.
Kurt, Roland: Stumm wie ein Fisch? Das akustische Leben
im Süsswasser. Riehen, Schweiz 2001.
Maddocks, Kevin: Carp Fever. Beekay Publishers 1988.
Plickat, Wulf: Modernes Karpfenangeln. Kosmos, Stuttgart 2004.
Reetz, Bastian; Talaga, Thomas: Watercraft – Passion Karpfenangeln.
carp connect, Voerde 2008.
Simon, Alvah: Nördlich der Nacht – meine Reise ins ewige Eis. TB 2002.
Sterckx, Eddy: it's my life. Westerlaan Publisher, Lichtenvoorde.
Steffens, Werner: Der Karpfen. Westarp Wissenschafts-Verlagsgesellschaft
mbH, Hohenwarsleben 2008.
Synwoldt, Kay: Abenteuer Karpfenangeln. Pätzold und Kohlmetz GmbH 1995.